COLLECTION
FOLIO THÉÂTRE

Georges Feydeau

La Dame de chez Maxim

Édition présentée, établie et annotée par Michel Corvin

Gallimard

PRÉFACE

La Dame de chez Maxim *serait, a-t-on dit*[1], le
« Soulier de satin *du vaudeville* ». *Elle l'est, d'apparence, par sa longueur, par l'importance quantitative de
son personnel dramatique (vingt-neuf rôles sans compter
la figuration du deuxième acte), par le nombre de fils
d'intrigue qui s'entrecroisent, par la richesse visuelle de
ses jeux scéniques, par l'originalité de sa facture (rythme
chorégraphique, notamment de l'acte II, dû à l'interven-
tion d'une actrice d'opérette, dansant et chantant), par
la caractérisation nettement individualisée de ses premiers rôles formant un quatuor (le docteur Petypon, sa
femme Gabrielle, la Môme, le Général), par son aptitude
à évoquer des mondes multiples (le Paris bourgeois du
couple Petypon, le Paris interlope de la Môme, le milieu
militaire avec le Général et Corignon, de surcroît ancien
amant de la Môme, la province avec ses cérémonies*

---

1. Le mot est de Pierre Marcabru dans *Le Figaro / L'Aurore* du
17 décembre 1981 ; il a été repris sans guillemets par Henry Gidel, grand
spécialiste de Feydeau et du vaudeville. Il se trouve dans son édition du
Théâtre complet de Feydeau, classiques Garnier, 1988, t. II, p. 711.

désuètes, ses notables et ses élégantes ridicules), par son souffle enfin et l'allégresse qui l'emportent et ont fait de la pièce une sorte d'emblème du «théâtre total», et la plus fêtée de toutes les œuvres de Feydeau.

Sans doute. Mais la pièce ne serait-elle pas aussi, révérence parler, la Bérénice *du Boulevard ? Ne faudrait-il pas surtout prendre garde au défi que s'est lancé Feydeau et qui le rapproche de l'auteur de* Bérénice *? Comme pour la pièce de Racine, toute l'invention consiste, dans* La Dame, *à (presque) «faire quelque chose de rien[1]» et à fonder le dynamisme de l'action sur un minimum de «matière». Qu'est-ce à dire ? Dans les œuvres précédant* La Dame (Un fil à la patte, L'Hôtel du libre-échange…) *Feydeau a prouvé surabondamment qu'il était passé maître en quiproquos, étant entendu que ce jeu plaisant sur la confusion des identités des êtres et des choses doit, à partir d'un certain degré d'invraisemblance, se dévoiler pour ce qu'il est et amener le dénouement. Pour* La Dame, *Feydeau a décidé (sans le dire) que le quiproquo initial — la Môme prise pour Mme Petypon — serait le tout de la pièce. Et ce, dès le titre, car écrire* La Dame *de chez Maxim est un oxymore[2] propice à quiproquo :* Maxim[3], *bien loin d'être le restaurant chic et snob qu'il est devenu, est en 1900 un lieu inter-*

---

1. On reconnaît les termes de Racine utilisés dans sa préface.
2. Le même oxymore apparaît, encore plus nettement, dans le titre de la pièce que Feydeau a cru bon — cas unique dans son œuvre — de faire succéder à *La Dame*, eu égard à son succès : *La Duchesse des Folies-Bergère*. L'opposition morale et sociale entre une dame et une femme de mauvaise vie est déjà pointée par Chamerot à l'acte II, scène 8 de *La Dame* quand il reconnaît la Môme : «Madame Petypon ! C'est une fille ! »
3. En réalité Maxim's si l'on s'en tient au vrai nom du restaurant.

lope à la société mêlée, et La Dame *n'en est pas une,
mais l'une des lionnes du demi-monde qui venaient là
pour plumer les bourgeois en goguette. Le quiproquo,
donc, serait le ressort unique et indéfini d'une pièce qui
parvient à son terme sans que l'entière vérité soit jamais
révélée à la principale intéressée, Gabrielle Petypon.*

À l'acte I, par un jeu de caches successifs et d'inventions burlesques, on réussira à dissimuler à cette dernière
la présence de la Môme dans le lit même de son mari, et
à dissiper la perplexité du Général, oncle de Petypon, en
lui laissant croire qu'elle est la femme de Mongicourt, le
collègue et ami de Petypon. L'acte se termine sur la per-
sistance du quiproquo, mais la pièce, faute d'aliment,
serait sur le point de mourir d'inanition si elle n'était
relancée à l'acte II par un transport de tous ses personnages dans le château provincial du Général où Gabrielle
ne peut manquer de tomber sur la Môme, prise pour elle
par toute la société du cru. Là encore Feydeau trouve un
subterfuge pour éviter que le quiproquo ne soit éventé : il
laisse Mme Petypon s'enfoncer elle-même dans l'erreur en
lui faisant déduire, logiquement, que la Môme est la
nouvelle épouse du Général puisqu'on vient, devant
elle, de l'appeler Mme Petypon ! Le jeu, cependant, est de
plus en plus risqué : trop de comparses (tels le Duc de
Valmonté et Clémentine, la fiancée de Corignon) pren-
nent la Môme pour la femme légitime de Petypon ; il s'en
faudrait d'un rien que Gabrielle et le Général ne soient
détrompés. Le troisième acte n'arrange rien pour ce qui
est de la dissimulation du pot aux roses, d'autant que
les scènes se déroulent à nouveau au domicile de Petypon
où Gabrielle a toute chance d'être reconnue pour la maîtresse du lieu. C'est bien ce qui arrive : les mensonges et

les erreurs sur les personnes sont démasqués les uns après les autres et, malgré l'aide que Petypon reçoit du « fauteuil extatique » pour gagner du temps en lui permettant de neutraliser ceux qui le harcèlent, Mme Petypon, en bon personnage de vaudeville, décidera, quand elle apprendra que son mari l'a trompée, de le chasser d'un appartement dont elle est la propriétaire.

La pièce est-elle finie ? Non, elle se prolonge et continuera à surprendre puisqu'elle s'achèvera par une réconciliation générale : la femme légitime sera bien informée de la conduite quelque peu irrégulière de son mari mais sans que l'essentiel — la présence d'une autre dans le lit conjugal — lui soit révélé. Petypon, que l'on n'aurait pas cru si roublard, exploite le quiproquo initial mais en lui trouvant un nouveau point d'ancrage. Ce qui entraîne à nouveau Gabrielle dans l'erreur : c'est par abnégation, et pour éviter un scandale qui aurait compromis le mariage de Corignon, qu'il a laissé croire que la Môme était sa maîtresse à lui, Petypon ! C'est à la dernière scène de la pièce que se produit cet ultime rétablissement : rétablissement et non retournement de situation ; c'est la reprise, par la bande, du quiproquo fondateur. Feydeau, comme Racine, se révèle capable d'un rare tour de force : faire tenir toute une pièce sur la variation d'une donnée unique. Dès la première scène de **Bérénice**, la décision de l'empereur de Rome de se séparer de la reine de Palestine est déjà prise — ce que confirmera le dénouement ; dès la scène 7 de l'acte I de **La Dame**, la crédulité de Mme Petypon est tellement insondable que lorsqu'elle sait la vérité, elle l'ignore *encore* — *ce que corrobore, à l'acte III, la scène 21 et dernière de la pièce.*

Une pièce qui avance à reculons

La pièce repose donc, pour beaucoup, sur un comique de situation : la personne et le langage de la Môme ne peuvent cohabiter ni avec le langage bien élevé ni avec les mœurs policées de la bourgeoisie tourangelle ou parisienne ; il faut, à toute force, que ne soit pas révélée la présence d'une « horizontale[1] » dans une société de collets montés, révélation qui précipiterait le dénouement. Mais comment faire durer l'ignorance de cette identité au-delà du possible et du raisonnable ? C'est là le coup de génie de Feydeau. Avec quelques failles, à tout le moins quelques bizarreries dans le « mécanisme délicat d'horlogerie dramatique » qu'admirait tant Francisque Sarcey[2]. Failles, du moins si l'on s'en tient à une dramaturgie traditionnelle comme on l'attend d'un Feydeau qui, par exemple, renchérit sur l'art des « préparations[3] » et sur le souci de vraisemblance, chers aux classiques. Tout d'abord, deux constats. Un : l'auteur tient jusqu'au bout le pari de

---

1. Philippe Baron, dans sa thèse sur *Le Théâtre de mœurs et les mœurs théâtrales en France de 1891 à 1914* (soutenue en 1987, non publiée) distingue, dans la hiérarchie des femmes entretenues, selon la terminologie de l'époque, les demoiselles ou bataillon de Cythère, les grandes cocottes ou horizontales et les demi-castors ou bourgeoises émancipées.

2. Dans son article du *Temps*, paru le 17 janvier 1899.

3. Poussées parfois jusqu'à la lourdeur. L'« apparition » mise en scène à la scène 8 de l'acte I par la Môme est pesamment préparée durant toute la première partie de la même scène.

maintenir le quiproquo initial ; deux : il donne un rôle tardif, à la fois essentiel et clignotant, à Corignon et à son aventure avec la Môme. Tardif sans doute, car il n'apparaît qu'à la scène 22 du premier acte (au second moment de l'exposition) pour tirer son futur cousin d'un mauvais pas ; il réapparaît tardivement à l'acte II, scènes 9 et 12 et c'est tout. Mais mention de lui a été faite dès la scène 10 de l'acte I où la phrase de la Môme (« La Môme Crevette faisant les honneurs au mariage de Corignon ! ») prépare et justifie la bascule de l'acte I sur l'acte II, de l'appartement de Petypon sur le château du Général. Corignon est-il alors mieux qu'un personnage épisodique et fade dont la tirade sentimentale sur l'amour libre (acte II, scène 9) sonne étonnamment faux[1] entre un viveur et une cocotte ? Si l'on s'en tenait là, on pourrait parler d'un défaut de construction, Feydeau faisant semblant de donner une fonction à une « utilité ».

Feydeau, en effet, va vider de contenu le collage de Corignon avec la Môme, tenu cependant pour lourd de conséquences fâcheuses pendant toute la fin de l'acte II : Corignon s'enfuit et ne réapparaîtra plus ; la Môme, prise en flagrant délit de racolage, est traitée de « drôlesse » par le Général (acte II, scène 14), sans conséquence apparemment, car ce dernier annonce simplement, en revenant à la scène 7 de l'acte suivant, qu'il va « tout arranger » ; mais on ne saura rien de ce qui s'est passé depuis la fin du II ; on ne parle plus dès lors ni de Corignon, ni de Clémentine, ni de leur mariage raté, ce qui

---

1. C'est un souvenir incontestable de la situation autrement fouillée de Bois-d'Enghien en face de Lucette Gautier dans *Un fil à la patte*.

rend rétrospectivement inutile une grande partie de l'acte II, devenu un hors-d'œuvre uniquement destiné à mettre en valeur les talents d'entraîneuse de Cassive, comédienne et chanteuse titulaire du rôle-titre.

Mais si Corignon a disparu définitivement comme personnage, son rôle n'est pas aboli : il réapparaît à la scène 17 de l'acte III en la personne de Marollier et Varlin, ses témoins pour le duel qu'il doit avoir avec Petypon. Il ne s'agit en fait que de réchauffer la pseudo-relation triangulaire Petypon / la Môme / Corignon et de donner à Petypon l'occasion de reprendre à son compte le quiproquo originel sur la présence intempestive, chez lui, de ladite Môme. Autrement dit, les débordements amoureux de Corignon avec « l'horizontale » n'étaient qu'un feu de paille, on dirait même un rideau de fumée. Ils n'ont d'incidence dramaturgique que lorsque l'auteur a besoin de lui pour faire avancer sa machine ; l'intérêt de son personnage est majoritairement ailleurs : il établit une continuité thématique entre les deux bouts de la pièce. On en déduira que la construction de la pièce est bancale par déséquilibre des masses ou qu'elle relève d'autres principes : on émettra l'hypothèse que cette construction est rétrospective, c'est-à-dire qu'elle part du dénouement (postulant la réconciliation de Gabrielle avec son mari mais sans que la vérité soit révélée) pour remonter, de scène en scène, au lever du rideau, avec toutes les conséquences qui doivent (terme aux valeurs à la fois modale et temporelle) en découler pour la présence ou l'absence des personnages.

La célèbre logique imparable de Feydeau que l'on admire

tant[1] *et qui se manifeste par son art minutieux des « pré-*
parations », propre, par son évidente rigueur, à faire
avaler aux spectateurs les couleuvres de la plus énorme
invraisemblance et à les « justifier », cette semble-logique
tient au fait qu'au spectacle comme à la lecture on se
laisse aller à une perception linéaire, progressive de
l'œuvre : on part… du début et, chemin faisant, on ren-
contre des notations très précises, apparemment insigni-
fiantes jusqu'à la gratuité, dont la nécessité sautera aux
yeux a posteriori *quand des conséquences, nécessaire-*
ment inévitables (risibles le plus souvent), en résulteront.
Il faut savoir inverser cette posture naïve et partir de la
fin, c'est-à-dire de l'objectif que se donne Feydeau. Ainsi
s'est-il donné pour but final, selon nous, non seulement
d'entretenir indéfiniment le quiproquo initial mais de
faire en sorte que sa pièce n'ait pas de dénouement au
sens où les inconnues se résoudraient, où les obscurités
se dissiperaient : jamais Gabrielle ne comprendra que la
Môme a passé la nuit dans le lit de son mari. Après une
scène (III, 18) de règlement de comptes provisoire où la
pièce paraît se dénouer de façon traditionnelle par une
rupture définitive, l'illusion est relancée, à la dernière
minute, et Gabrielle vient excuser Petypon, le justifier
même, aux yeux, enfin dessillés, du Général. Mais les
siens ne le seront jamais !

---

1. Logique que Feydeau lui-même s'est plu souvent à souligner,
comme dans cette lettre-réponse à un questionnaire : « Quand un vaudeville est bien fait, logique surtout, qu'il s'enchaîne bien, qu'il contient
de l'observation, que ses personnages ne sont pas uniquement des fan-
toches, que l'action est intéressante et les situation amusantes, il réussit »
(« Le vaudeville et le mélodrame sont-ils morts ? », lettre à Basset, citée
par Jacques Lorcey, *Georges Feydeau*, éd. La Table Ronde, 1972, p. 214).

On admirera au passage que les scènes d'éclaircisse-
ment de leur conduite, présenté tant par Petypon que par
la Môme, ont lieu dans la coulisse, pour éviter à la fois
d'entrer dans des détails qui pourraient être gênants
pour… la réputation de logicien de Feydeau et lassants
pour un public qui, lui, a tout compris dès le début.
Sans doute Petypon a-t-il fourni à sa femme des arguments pro domo convaincants et Gabrielle n'y a-t-elle
pas perçu le moindre grain de sable propre à faire grincer
la machine à mensonges qu'est le vaudeville. Or ce mensonge final repose sur le troisième fil de la pièce, le fil
Corignon, dont on se dit pourtant, à plusieurs reprises,
qu'il est bien ténu, voire inutile : Feydeau se sert de lui
de façon trop épisodique. Mais si, pour l'analyse, on
procède à reculons, si l'on part du postulat qu'il ne faut
pas que Gabrielle soit désabusée, il devient nécessaire de
trouver un tiers à qui faire porter le chapeau (de la
Môme) ; si Corignon est précisément cet indispensable
troisième homme, rien ne permet plus de dire que le personnage est superfétatoire.

Sans doute les apparences sont-elles contre lui. Ce qui
ne l'empêche pas d'exister, mais avec un autre statut :
Corignon est un « être de situation » et un repoussoir ; il
est le garant rationnel de la crédulité irrationnelle de
Gabrielle. Il établit donc un lien structurel entre deux
situations, entre deux séries (de personnages, de langage,
de moralité) étrangères l'une à l'autre : la série / situation « respectabilité bourgeoise » contre la série « monde
interlope des noceurs ». Certes, la responsabilité première
du carambolage intempestif des deux situations revient
à Petypon qui s'est « pochardé » un soir dans un milieu

qui n'est pas le sien mais, à partir du moment où la Môme s'est rhabillée et s'en va (I, 17), la pièce est menacée d'extinction et le quiproquo de ne plus avoir d'effet, à moins d'être exporté chez d'autres représentants de la respectabilité bourgeoise, au château du Grêlé. À la scène 18 de l'acte I se dessine en effet un creux dans la tension savamment entretenue jusqu'alors et Feydeau fait bifurquer la pièce vers le « fauteuil extatique » qui n'a à voir ni avec la série des bourgeois ni avec celle des noceurs ; du coup, Petypon oublie totalement de chercher une parade à de nouvelles déconvenues alors qu'il vient de dire un instant plus tôt : « Oh ! non ! non ! je n'en suis pas encore débarrassé ! » Ce sont bien alors le seul Corignon et son mariage qui permettent de remettre la situation sur ses rails, en fait par une simple amplification de ce qui vient de se produire à l'acte I, car le heurt entre les deux séries reste identique.

Dès lors, même si l'on estime que l'avant-dernière réplique de Gabrielle (III, 21) ne suffit pas à expliquer l'invention du personnage de Corignon, la possibilité pour la pièce d'avoir un acte II résulte, elle, de la seule relation de Corignon avec la Môme. La situation explosive de l'acte II a besoin du truchement de son ex-amant pour satisfaire à cette fameuse horlogerie feydalienne dont on a tant vanté les mérites et qui procède en fait d'un système d'induction remontant de l'effet à la cause. C'est ce que Feydeau semble dire lui-même quand il s'explique sur sa façon de composer : « Si vous comparez la construction d'une pièce de théâtre à une pyramide, on ne doit pas partir de la base pour aboutir au sommet, comme on a fait jusqu'ici. Moi, je pars de la pointe et

j'élargis[1]... » La pointe, c'est le dénouement (en l'occur-
rence la permanence du quiproquo) et l'élargissement
c'est tout ce qui le précède, tout ce qui le prépare, mais
après coup.

Comme Feydeau, en bon auteur de vaudeville, ne se
refuse rien, ces préparations se manifestent par le surgis-
sement, à la demande, de personnages ou d'objets qui
ont pour seule raison d'être d'accomplir une fonction
précise mais limitée : ce qui les entraîne à disparaître sitôt
que la fonction est remplie. Le Balayeur, à la fin de
l'acte I, est le meilleur exemple de ce personnage-outil :
une sorte de Corignon au petit pied, en somme[2]. De son
côté le pouf, qui servira de «doublure» à la Môme, se
voit bizarrement et minutieusement décrit dès les indications scéniques liminaires, avec sa couleur et le tapis qui
le recouvre[3]. Impossible dès lors de ne pas s'attendre à
une utilisation spéciale de cet objet. Ce sont des détails
de ce genre qui ont fait s'extasier les contemporains de
Feydeau comme devant une sorte de Dieu omniscient,
capable de tout prévoir et de tout développer selon un
plan rigoureusement défini à l'avance. Ramené à sa
dimension d'homme — ce qui n'enlève rien à son grand
talent d'architecte —, Feydeau, selon notre hypothèse,
« voyait » son œuvre globalement avant même que la première pierre en soit posée : il la voyait ou, à tout le moins,

1. Phrase citée par Michel Georges-Michel dans « L'époque Feydeau »,
Candide, 4 septembre 1939.
2. Il a aussi pour intérêt et fonction de clore l'acte I en force, par
une poursuite et des cris, ce que le vaudeville affectionne particulièrement.
3. Feydeau précise bien, dans les indications scéniques de l'acte III :
« *Le pouf, inutile pour l'acte, peut être supprimé*».

*il en subodorait le terme avant d'envisager les moyens
d'y parvenir ; le choix des matériaux, ensuite, n'était
qu'une affaire de technicien du bâtiment et de maître
d'œuvre attentif. C'est en cela que Feydeau peut affirmer :
« Mes pièces sont entièrement improvisées, l'ensemble et
le détail, le plan et la forme, tout s'y met en place à
mesure que j'écris. Et pour aucune d'elles je n'ai fait de
canevas[1]. » Si ce grand façonnier insiste tellement sur
les « préparations » c'est qu'elles sont indispensables pour
rendre vraisemblable et replacer dans un mouvement
incoercible et impitoyable le déclic inventif initial, fruit
de l'improvisation. Elles ne peuvent être composées qu'à
posteriori.*

Jouer avec le feu

*Au tour de force qui consiste à faire reposer toute sa
pièce sur un seul quiproquo, Feydeau en ajoute un autre,
plus fort encore : celui de frôler la catastrophe en mettant
ses personnages en passe de révéler la supercherie.
Souvent c'est la situation qui est responsable de ce risque
du fait que Feydeau a pris le parti d'imposer à ses pantins
des rencontres intempestives qui ne peuvent que mener
au pire : « Quand je fais une pièce, dit-il, je cherche
parmi mes personnages quels sont ceux qui ne doivent
pas se rencontrer. Et ce sont ceux-là que je mets aussitôt*

---

1. Cité par Adolphe Brisson, *Portraits intimes*, t. V, Armand Colin,
1901, p. 14. Dans ce même texte Feydeau révèle : « J'ai fait le second
acte de *La Dame de chez Maxim* et bâti le troisième pendant que le
premier était en répétition. »

que possible en présence[1]. » *Un des trucs de l'auteur
est de faire entrer et sortir (toujours à bon escient !) les
personnages gênants qui empêcheraient le quiproquo
de fonctionner à plein : ce procédé fait partie de l'art
des « préparations ». Feydeau ne répugne pas non plus
aux grosses ficelles pour provoquer ces rapprochements
explosifs. Les deux mondes de la Môme, et de la bourgeoisie, tout étanches qu'ils sont, sont très proches
l'un de l'autre : Corignon, l'ancien amant de la Môme,
est le futur cousin de Petypon ; et, au château du Grêlé,
au fin fond de la Touraine, la Môme est reconnue par
des officiers invités au mariage de Corignon ! Feydeau
joue, par là, à se faire peur… et à alimenter la machine :
à intervalles réguliers, le détournement de la vérité, corol-
laire du quiproquo, est stratégique et sert à soutenir le
rythme dynamique de la pièce ; ce détournement est
aussi, et peut-être surtout, remarquable par les effets,
comiques et mentaux, produits sur l'esprit du récepteur /
spectateur.*

*Quand, à la scène 14 de l'acte I, Mme Petypon (la
vraie !) dit au revoir au Général, elle lui lance : « Je vous
laisse avec mon mari ! » S'ensuit de la part de Mongicourt et Petypon un « oh ! » d'effroi. Feydeau ménage
alors un temps en faisant faire aux deux hommes un
mouvement qui n'a d'autre raison d'être que de laisser
aussi au spectateur le temps de se demander comment
l'auteur va s'en sortir. Temps souligné encore par une
réplique de commentaire catastrophé de Petypon et par le*

---

1. Réflexion attribuée à Feydeau parue à l'occasion du dixième anni-
versaire de sa mort dans *Les Nouvelles littéraires* du 30 mai 1931.

«temps de réflexion » *que prend le Général avant de*
«brusquement » *prendre son parti et de tendre la main
à Mongicourt en lui disant :* « Je ne me doutais pas que
j'avais affaire à madame votre femme ! » *Effet de surprise dont le spectateur rit, ébaubi devant l'habileté
inventive de Feydeau : que le Général prenne Mme Petypon pour Mme Mongicourt était évidemment indispensable pour le maintenir dans l'erreur, lui qui avait
pris la Môme pour Mme Petypon, mais il fallait y penser !
Le comique, ici, est de moindre intérêt que l'entorse intel-
lectuelle qui, en faisant prendre le faux pour du vrai,
viole les lois rationnelles élémentaires : confusion d'identités et surtout cheminement du raisonnement qui a
amené, nécessairement, à cette confusion. Le récepteur / spectateur ne peut faire autrement qu'acquiescer à
cette confusion comme à la résultante* logique *des pré-
misses posées ; il ne peut pas ne pas tomber dans le piège
de la vraisemblance de l'invraisemblable, de la logique
de l'absurde.*

*Parmi les risques pris, certains sont plus dangereux
que d'autres en ceci que la parade est plus difficile à
inventer et du coup d'une efficacité comique plus grande.
Certains sont le fait des personnages et de la situation
où ils sont plongés ; d'autres appartiennent au seul
Feydeau qui s'amuse à se mettre en danger sans nulle
nécessité dramatique : il établit alors une sorte de complicité avec son spectateur à qui il signale, comme par un
clin d'œil, l'exceptionnelle qualité de ses truquages. Assez
paradoxalement, ce sont les prises de risque les plus hardies
qui provoquent les réactions les plus vraisemblables.*

Celle que l'on vient de citer en fait partie tandis que n'est pas du tout vraisemblable l'attitude de Mme Petypon devant la robe de la Môme étalée sur une chaise dans le cabinet de travail de son mari (acte I, scène 5). Mais comme c'est Mme Petypon elle-même qui justifie cette présence insolite (à coups d'explications suspectes d'insistance), force est bien de lui accorder créance !

Pour ce qui est des prises de risque à mettre au compte de l'auteur, la première a lieu à la scène 11 de l'acte I quand Petypon réplique au Général : « Elle ! ma femme, ah ! non ! ah ! non, alors ! » Ce refus d'entériner le quiproquo pourrait avoir, pour la pièce, les conséquences les plus graves si Petypon était moins lâche et qu'il tînt bon ; mais devant la menace d'appeler les domestiques à témoigner de la véritable identité de la pseudo-Mme Petypon, le docteur se dédit et l'« engrenage » de la machine repart de plus belle : la révolte du mari capon n'a duré qu'un court moment. Cette brève séquence a cependant pour intérêt d'illustrer une affirmation de Feydeau sur sa façon, en tant que chimiste du vaudeville, de doser ses ingrédients : « J'introduis dans ma pilule un gramme d'imbroglio, un gramme de libertinage, un gramme d'observation[1]. » Un gramme d'observation (psychologique et sociale) sur trois, c'est beaucoup, c'est trop dire, mais sans être le Molière du vaudeville comme l'ont prétendu

---

1. Citation tirée de *Portraits intimes* d'Adolphe Brisson, *op. cit.*, p. 12. La même prise de risque est exploitée à la scène 15 de l'acte I quand Mongicourt refuse d'être tenu pour le mari de Gabrielle Petypon. L'issue de secours est trouvée alors par Petypon qui bafouille rapidement une vague explication qui suffit au Général.

certains de ses thuriféraires, Feydeau n'est pas seulement un manipulateur de robots : il leur laisse une petite chance d'avoir un caractère, sinon du caractère.

La rencontre intempestive de la robe d'une cocotte et d'un intérieur bourgeois est la première d'une série de risques qui vont émailler la pièce : à la scène 24 du même acte I, il s'en faut d'un rien que la lettre du Général invitant les Petypon à venir en Touraine ne soit lue par Gabrielle à son mari, lecture qui bouleverserait totalement les plans du docteur… et la suite de la pièce. Mais Petypon part en trombe et l'acte s'achève sur ce point d'interrogation : que va-t-il se passer au château du Grêlé ? C'est l'acte II qui le dira ; il comportera maintes prises de risque, toutes traitées différemment : quand Gabrielle, arrivée à son tour au château, rencontre enfin (à la scène 7) la Môme qui joue les maîtresses de maison à sa place, en tant que nièce du Général, comment la Môme pourra-t-elle éviter la catastrophe ? Elle réussit à neutraliser Gabrielle en l'asphyxiant littéralement de prévenances, d'embrassades et en «l'abrutissant de son caquetage ». Tout danger n'est pas écarté cependant car Gabrielle veut absolument savoir à qui elle a affaire et elle interroge à la cantonade. Mais personne, tellement la question paraît saugrenue et la réponse évidente, ne veut lui répondre, sauf le valet Émile qui lâche le nom qui peut tout flanquer par terre en désignant la Môme d'un : «Mais c'est madame Petypon ! » Nouveau coup de génie de Feydeau : Gabrielle n'a pas besoin de réfléchir longtemps pour lancer, «descendant d'une envolée jusqu'à l'avant-scène — et bien large : le Général est remarié ! » Et la machine folle est relancée !

Il n'y a pas que le vrai nom de la nièce du Général qui fasse question ; toute la conduite de la Môme devant la bonne société de Tours est l'occasion pour Feydeau, en qualité de professionnel du théâtre et non dans le cadre d'une fiction, de tester ce qu'il peut se permettre non seulement pour scandaliser des bourgeoises de province mais aussi et surtout pour jauger son public parisien et savoir jusqu'où il peut aller trop loin. La gradation dans l'inconvenance est significative : il s'agit d'abord (des scènes 1 à 4 de l'acte II) d'intonations parigotes et de mots du vocabulaire argotique (« charriez », « larbin »), qui détonnent dans la bouche d'une supposée parisienne bien élevée, mais ça passe ; ensuite (à la scène 4), la môme fait une démonstration de ses talents de danseuse de cancan en envoyant la jambe par-dessus une chaise. « Ah ! » fait « tout le monde, stupéfait », mais ça passe encore et tout le monde adopte très vite « le dernier genre de Paris ». Enfin, à la scène 8, la Môme lâche un « meerde » qui, lui, ne passe pas : « le rire s'est figé sur toutes les lèvres ». Petypon a beau dire que « c'est la grrrande mode à Paris », les invités sont « peu édifiés par ces arguments » et Petypon doit vite trouver une diversion pour éviter le scandale. C'est, selon Henry Gidel[1] la première fois que le mot de Cambronne était lancé sur une scène et Cassive, créatrice du rôle, apporte un témoignage précieux sur les réactions similaires du vrai public parisien et du public fictif de Tours : « Quand je prononçais le mot, cinq ou six spectateurs quittaient la salle chaque soir[2]. »

---

1. Dans son édition du *Théâtre complet* de Feydeau, *op. cit.*
2. Cité dans *Acteurs*, n° 2, février 1982, p. 35.

Mais le malheureux Petypon n'en a pas fini avec les débordements de sa supposée épouse et il finit (et Feydeau avec lui) par manquer d'imagination car il utilise exactement la même phrase : «C'est la grrrande mode à Paris» *pour excuser la Môme qui* «a pivoté dos au public et, d'une envolée, rejetant ses jupes par-dessus sa tête, remonte ainsi vers le fond» (scène 8). *C'est la figure finale traditionnelle du cancan mais à Tours elle provoque le* «grand scandale de toute l'assistance» *et Petypon ne trouve pas d'autre parade que d'inviter derechef à une farandole qui, apparemment, fait taire les grincheux. On se rend compte, à cet instant de la soirée, qu'il ne s'agit plus d'une prise de risque dans le cadre d'une société observée avec précision et justesse : Feydeau s'est délibérément affranchi du souci de vraisemblance et il s'amuse, sous couvert d'une excursion chez les provinciaux, avec les noceurs et les* «horizontales» *de son monde familier, celui du Maxim's ou du Moulin-Rouge. Y percevoir une satire mordante de la bourgeoisie, aveugle à force de bêtise et de snobisme, est faire montre d'une ignorance bien naïve des mœurs des uns et des autres.*

La dernière prise de risque de la pièce est aussi de la plus grosse ficelle et celle qui oblige Feydeau (à moins que ce ne soit délibéré de sa part) à faire fi de toute vraisemblance : à la scène 12 de l'acte III, quand le Général, sortant pour faire venir la Môme, dit à haute et distincte voix : «Toi ! attends-moi !… je vais chercher ta femme !», *Gabrielle ne peut que réagir :* «[…] il a dit "ta femme"». *La parade de Petypon, qui fait passer* «taphame» *pour le mot* «pipe» *en arabe, relève de la pure bouffonnerie.*

Bouffonnerie qu'apprécia particulièrement le public à la création, en 1899. Qu'ils soient admirateurs ou réticents, qu'ils s'appellent Catulle Mendès, Émile Faguet ou Léon Bernard-Derosne, tous s'extasient devant « l'imagination bouffonne », ou « une fantaisie assez bouffonne » : « Nous sommes dans la pure folie… »

De quoi rit-on chez Feydeau ?

On rit d'un rire de transgression et de supériorité / complicité, la première étant la cause dont la seconde est l'effet : c'est tellement agréable de se sentir plus intelligent qu'autrui, autrui fût-il un être de fiction ! Transgresser c'est sortir de son monde où tout est réglé et prévisible et entrer dans un domaine inconnu où le plaisir de l'interdit provoque une contraction des zygomatiques et une dilatation de la rate. Plus le public auquel s'adresse le spectacle est guindé et prisonnier de ses habitudes, de ses codes moraux, sociaux, linguistiques, plus la transgression opère avec efficacité pour provoquer un lâcher-tout (provisoire) des contraintes. Tout rire ressortit-il à la transgression ? Il semble bien. On pourrait croire cependant qu'il existe un rire gratuit, provoqué par la seule surprise devant une invention totalement inattendue. Ce serait le cas quand la Môme se transforme à vue en ange Gabriel pour annoncer à Mme Petypon qu'elle sera bientôt enceinte du sauveur… de la Patrie. Rien de gratuit, au premier abord, dans cette parodie précise de l'Annonciation. On peut en rire, voire s'en offusquer (ce qui, à ma connaissance, n'a pas

du tout été le cas) et trouver l'allusion à la religion émi-
nemment transgressive. Mais si l'on n'est pas sensible à
ce comique passablement irrévérencieux, on peut l'être à
un comique plus dramaturgique — gratuit celui-ci —
qui naît de la mise en scène d'un moment de théâtre
dans le théâtre, la Môme profitant de l'alcôve — celle-ci
a même des rideaux de tapisserie qui lui donnent un air
de scène authentique — pour organiser (ce sera com-
menté après coup par elle-même) un petit spectacle interne
contrevenant au fonctionnement classique de l'illusion
scénique. Ici, l'illusion, pour les spectateurs de la salle et
pour les spectateurs internes à la pièce que sont Petypon
et Mongicourt, est montée et démontée à vue. D'où le
plaisir de passer dans les coulisses et de participer aux
secrets, généralement cachés, de la mécanique théâtrale :
transgression encore, mais d'ordre esthétique. En fait, cet
épisode n'est pas le seul à dédoubler les personnages à la
fois en acteurs et en spectateurs, juges de ce à quoi ils
participent : quand Gabrielle est supposée être la seule à
voir le séraphin, Petypon et Mongicourt entrent dans son
jeu en surjouant l'extase admirative (scènes 7 et 8 de
l'acte I). Il y a même une réplique où le Général sort de
son rôle et fait du public son complice en disant de
Mme Petypon : « C'est une folle » (scène 14 de l'acte I).

Le plus souvent la transgression est feutrée et ne réside
que dans le heurt de deux situations, de deux types de
personnel dramatique, de deux variétés de langage et de
mœurs foncièrement incompatibles : il y a transgression
si les deux se chevauchent et comique si la transgression
n'est perçue que par les spectateurs, les personnages, eux,
naviguant dans l'inconscience. Il se produit alors le phé-

nomène du strabisme comique analysé par Ramon Fer-
nandez à propos de Molière[1] *: les spectateurs savent que*
Gabrielle est à sa place au château et que tous ses gestes
sont parfaitement naturels alors que les invités la pren-
nent pour une intruse, voire une toquée. La perception
du personnage «tête de Turc» louche *: celle des*
spectateurs internes à la pièce (les invités) va dans un
sens et celle des spectateurs de la salle, dans un autre.
Il en va de même quand Clémentine récite sa leçon de
gauloiserie préconjugale : les mots d'argot qu'elle emploie
ne sont pas drôles en eux-mêmes mais du fait de leur
situation déplacée, *en distorsion avec l'environnement*
bourgeois et l'innocence supposée de ladite Clémentine.

Les choses sont peut-être encore un peu plus compli-
quées car il est probable que la Môme assiste à tout
l'acte II comme à un spectacle, lançant (peut-être) des
clins d'œil aux spectateurs pour les rendre complices
du bon tour qu'elle joue aux naïfs que sont Petypon,
Gabrielle, le Général et toute la société de Tours. La gra-
dation dans les inconvenances qu'elle ose n'est-elle pas
délibérée pour voir jusqu'où elle peut aller trop loin ? Il
est difficile alors de décider si la responsabilité de la
transgression revient à l'habileté de l'auteur Feydeau
plutôt qu'à la richesse retorse du caractère de la Môme.
Comme il a été dit à la scène 6 de l'acte I que la Môme
«parle aussi bien français» que Mongicourt et qu'il s'en
est fallu de peu qu'elle ne passe son brevet supérieur, on
peut se demander si l'accent et la prononciation faubou-
riens qu'elle adopte à Tours, tout autant que, à l'in-

---

1. Dans *Molière ou l'Essence du génie comique*, Grasset, 1979.

verse, le jeu de parfaite maîtresse de maison qu'elle improvise, ne sont pas dus à son désir de transgresser (en l'exagérant à l'occasion) l'image qu'elle donne d'elle-même : elle en fait trop dans les deux cas ! Et dans les deux cas, elle profite de l'occasion pour prouver sa supériorité sur Petypon et sa société de bourgeois, incapables de sortir du carcan de leur bonne éducation : elle, elle est une femme libre, ce qui — de leur point de vue — est la pire forme de transgression !

Quand il s'agit de la transgression la plus marquée, celle des convenances morales touchant au sexe, il est bien difficile aujourd'hui de trancher, en les jugeant « salées » pour l'époque, habitués que nous sommes à des mises en scène où la verdeur des termes et la transparence paillarde des allusions sont doublées par un jeu physique qui gomme toute ambiguïté. Or l'ambiguïté justement est cultivée à plaisir par Feydeau avec toute l'hypocrisie nécessaire pour ne risquer aucun procès d'intention malsaine. Hypocrisie, ou habileté tacticienne. Un exemple : quand le Général aperçoit dans le lit de son neveu (acte I, scène 10) une forme allongée (dont Feydeau a pris soin de faire « saillir sa croupe »), il lui flanque une magistrale claque sur les fesses. Or cette forme appartient à une femme et chacun sait que mettre la main aux fesses d'une femme est passablement gaillard. Mais comme il y a erreur involontaire sur le destinataire, la claque est bien donnée, avec les connotations qui vont avec ; la morale, néanmoins, est sauve. Un autre exemple : le « fauteuil extatique » n'est pas seulement un appareil à endormir le patient, il a le pouvoir de révéler la face cachée et sexuée de son inconscient. Il a les vertus d'un

*sérum de vérité et, sans y toucher, Feydeau rejoint Charcot
pour ce qui est des effets de l'hypnose. Dangereux désta-
bilisateur des convenances bourgeoises et conjugales, le
fauteuil ne pousse pas cependant à fond les possibilités
de son rôle et s'insère soit dans des numéros chantants
de « caf'conc' » (III, 12), soit dans les préliminaires du
dénouement où les fredaines supposées de Petypon sont
dévoilées par un autre canal. À nouveau les apparences
sont sauves.*

*Les apparences, pour ce qui est de la Môme, sont tout
sauf ambiguës, du moins aux yeux d'aujourd'hui. Pourtant, bien que ses postures, tout au long de la pièce, se
parent de la plus franche coloration érotique (la Môme
en chemise dans le lit de Petypon, la Môme levant la
jambe et montrant son pantalon — équivalent 1900 de
la petite culotte d'aujourd'hui —, la Môme se frottant
au Général, la Môme caressant le Duc et le mettant dans
tous ses états…), on sait qu'à la création le jeu lui-même
était discret et exempt de toute insistance grivoise. Le
public, semble-t-il, ne l'aurait pas accepté, au dire
même de la Môme Cassive, revenant des années plus
tard sur l'atmosphère de la création : « On était plus
pudique alors, au théâtre, on n'aurait jamais osé montrer
des femmes en chemise. On m'avait obligée de mettre un
maillot de bain pour éviter tout mouvement de gorge. Le
jour de la répétition des photographes, une épaulette de
ma parure glissa et découvrit l'épaule. On arrêta les photographes le temps que j'aie réparé le désordre de ma toilette[1]. » Quant aux critiques, bien loin de souligner le*

---

1. Confidence rapportée dans *Acteurs*, n° 2, de février 1982. Les deux

*sex-appeal de l'actrice qui, selon ses propres paroles,
avait jusque-là « surtout joué avec [ses] jambes[1] », ils
insistent sur son jeu bon enfant : « Lorsque Cassive bou-
leversait par l'excentricité de ses allures le château du
Général, écrit Adolphe Brisson, on la sentait innocente,
elle agissait avec sérénité, elle n'imaginait pas que sa
conduite fût monstrueuse ou même répréhensible[2]. »*

De quoi rit-on alors en 1900 ? Du langage avant
toute chose, dont on ne cherche pas à amplifier les effets
en le mettant au service d'attitudes et de gestes, eux, plus
que douteux : on rit des mots à double entente dont le
vrai sens (grivois) est réservé aux spectateurs ; de tout ce
qui, dans le dialogue, révèle la bigoterie insensée de
Mme Petypon, bourgeoise supposée raisonnable ; de la
niaiserie du Duc, infantile malgré ses titres de noblesse
et sa richesse ; de la bêtise du Général confondant une
cocotte avec une bourgeoise respectable et masquant ses
appétits sexuels sous des airs de tonton gâteau ; de l'ignorance des Tourangelles qui gobent, sans en saisir le
moindre mot, le contenu fort épicé de La Marmite de
Saint-Lazare ; de l'innocence séraphique de l'Abbé ; du
grand écart inconscient que fait Clémentine entre ce

---

versants de l'érotisme direct et de la poussée de l'inconscient peuvent
être aisément mis en relief et, à partir de là, déteindre sur toute la
pièce. Les metteurs en scène contemporains ne se sont pas fait faute de
le montrer (cf. les mises en scène, *infra*, p. 375).

1. *Ibid.*

2. Cité par Jacques Lorcey, *Georges Feydeau*, La Table Ronde, 1972,
p. 232. C'est aussi le point de vue de René Peter (« Cassive, l'actrice la
plus fantaisiste et la plus nature », *Le Théâtre et la Vie sous la IIIe République*, Marchot, 1947) et de Henry Fouquier (« Cassive, c'est la belle
humeur, la liberté d'allures, la justesse de ton, la nature même », *Le
Figaro*, 20 janvier 1899).

*qu'elle dit et ce qu'elle est ; de l'affolement et de l'impuis-
sance à répétition du médecin et chirurgien compétent
que doit être Petypon, en un mot du monde renversé où
pénètrent, le temps d'un spectacle, les bourgeois épanouis
et raisonnables du théâtre des Nouveautés.*

Le plaisir du jeu

*Il n'est pas nécessaire de rire à gorge déployée pour
prendre un vrai plaisir au spectacle : Feydeau sait jouer
d'autres cordes que celles de la gaudriole et des faux
retournements de situation. En particulier du mouvement et des mouvements. Il y a le mouvement d'ensemble
marqué par la bousculade (pour faire sortir à toute force
ou empêcher d'entrer) et la précipitation : comme dans*
Un chapeau de paille d'Italie, *le héros-victime Petypon
est sans cesse en retard sur l'événement et il lui faut
accommoder très rapidement pour percevoir distinctement
la nature du danger et trouver la parade. Il s'y montre
bien pataud, encore qu'il ne manque ni de rouerie ni
parfois d'à-propos ; et il a, pour lui donner un coup de
main dans les situations désespérées, le « fauteuil extatique » qui immobilise ses adversaires une fois qu'ils l'ont
touché et provoque, avec l'arrêt sur image, des tableaux
vivants inattendus : autant de contrepoints au mouvement uniformément débridé du reste de la pièce.*

*Il y a mieux : par la minutie et la profusion de ses
indications scéniques, Feydeau procède en véritable metteur
en place et en jeu de ses nombreux personnages, notamment à l'acte II où constamment des groupes et des sous-*

groupes se constituent, se disloquent, s'ouvrent ou se referment pour laisser venir à l'avant-scène tel ou tel personnage privilégié à qui, pour un court temps, la parole est concédée avant qu'il ne soit absorbé à nouveau par le groupe : chœur et chorégraphie vont de pair sous la houlette de la diva Crevette qui, sans avoir l'air d'y toucher, mène tout son monde à la baguette[1]. Le plateau est soumis à un véritable découpage où des chiffres, de 1 à 3, délimitent les différentes zones, en profondeur, du plateau ; celui-ci est comme sous-tendu par une géométrie savante qui permet de déterminer, avec toute la précision voulue et à quelque moment que ce soit, les coordonnées de tel ou tel personnage. D'enregistrer également les moindres changements de position ainsi que l'amplitude et la direction, en quelque sorte vectorielle, de tout déplacement. De la sorte l'auteur ne perd jamais de vue la situation de ses personnages.

Cet espace quadrillé (dont le risque de raideur qu'il pourrait impliquer est neutralisé par le tempo infernal le plus souvent imposé) est aussi d'une grande plasticité : il est prêt à accueillir un registre extrêmement étendu d'attitudes car le corps des différents acteurs se prête à tous les modelages : dans La Dame *on se présente debout, couché, assis (effondré plutôt, en ce qui concerne Petypon), on se déplace sur ses jambes bien sûr, mais aussi à genoux (I, 8), voire à quatre pattes (II, 9) ; on s'immobilise dans les*

---

1. Par l'importance des chansons qui occupent la pièce dès sa première scène jusqu'à la scène 18 de l'acte III, sans parler de l'acte II dont les huit premières scènes sont égayées par des chants et des danses, Feydeau retrouve sans le dire la tradition du vaudeville à l'ancienne, bien que *La Dame de chez Maxim* soit simplement qualifiée de « pièce en trois actes ».

attitudes les plus cocasses quand le fauteuil extatique
entre en action ; on y mange (I, 5) ; on y dort (I, 1) ; on y
danse pendant une grande partie de l'acte II ; on y fait
aussi bien les gestes de la colère (les gifles pleuvent et les
bourrades dégringolent) que ceux du culte et de l'amour :
la Môme se livre, avec le Duc et le Général, à toute une
variété de conduites érotiques (II, 3 et 5 et III, 13). En
un mot, l'exploitation de l'espace scénique embrasse un
champ très vaste d'activités physiques qui, se combinant
entre elles, rendent nécessaire une orchestration des différents mouvements. En synchronisant en permanence les
postures et les évolutions de ses divers personnages, Feydeau
s'emploie à insérer chaque mouvement individuel dans
un ensemble harmonieux de gestes et de figures.

Une des formes les plus subtiles de rire est celui que
provoque Feydeau en se moquant de lui-même et en
démontant ses tours de prestidigitateur devant les spectateurs. Avec le truc du « fauteuil extatique » il risque de
s'entendre dire qu'il joue la facilité mais, pour parer à la
critique, il fait en sorte, à deux reprises à l'acte III, que
l'appareil ne fonctionne pas ou que la machine se retourne
contre son maître : le dompteur Petypon est mangé par le
lion. Mieux : le même Petypon a pris des leçons d'apparition céleste auprès de la Môme. Il reprend sa supercherie
à son compte à l'acte II et ça marche ; mais à l'acte III
(scène 19) quand, acculé dans ses derniers retranche-
ments, il refait le coup de l'ange, sa ruse ne tient pas
devant l'épée brandie par Gabrielle. Feydeau s'amuse et
ses personnages s'amusent avec lui : Mongicourt souvent,
la Môme toujours, et parfois même Mme Petypon, quand
elle joue la comédie de l'amour éperdu avec le Duc dans

*cette même scène 19 de l'acte III. À partir de quoi il n'est
pas certain que Gabrielle soit aussi sotte qu'elle veut bien
le laisser croire. Ce qui ouvre des perspectives nouvelles,
et encore plus divertissantes pour le jeu, si la comédienne
qui tient le rôle le joue en fausse dupe.*

*Il y avait du plaisir, à la Belle Époque, pour un public
rompu aux retournements (prévisibles) du vaudeville
boulevardier, à jauger comment Feydeau s'inscrivait dans
la lignée traditionnelle et en même temps la renouvelait.
Il y a certes du Labiche et du Victorien Sardou dans* La
Dame *avec l'amnésie qui a frappé brutalement Petypon
comme les deux bourgeois de* L'Affaire *de la rue de
Lourcine et avec le mouvement constamment survolté
du héros comme dans* Un chapeau de paille d'Italie *;
avec la distorsion, chez Sardou, entre le langage populaire de la maréchale Lefebvre (dans* Madame Sans-
Gêne*) et le décorum de la cour napoléonienne. Mais
dans* La Dame, *Feydeau enrichit la précipitation du*
Chapeau *d'une alternance reposante d'accélérations et
de coups de frein (notamment à l'acte II) et il ajoute au
langage argotique et parigot de la Môme un « gramme »
(comme il dit) de piment érotique. De plus, ces affluents
de comique découlent largement de la qualité de jeu qu'il
obtenait de ses acteurs. Feydeau est un rare génie comique,
certes, mais il l'est d'autant plus qu'il était servi — il l'a
reconnu de la façon la plus nette[1] — par le génie ludique
d'Armande Cassive.*

MICHEL CORVIN

---

1. Voir la notice, *infra*, p. 370.

La Dame de chez Maxim

PIÈCE EN TROIS ACTES

représentée pour la première fois,
le 17 janvier 1899,
au Théâtre des Nouveautés.

PERSONNAGES[1]

PETYPON	MM. Germain
GÉNÉRAL PETYPON DU GRÊLÉ	Tarride
MONGICOURT	Colombey
LE DUC	Torin
MAROLLIER	Mangin
CORIGNON	M. Simon
ÉTIENNE	Landrin
LE BALAYEUR	Lauret
L'ABBÉ	Véret
CHAMEROT	Royer
SAUVAREL	Milo
GUÉRISSAC	Draquin
VARLIN	Guerchet
ÉMILE	Miah
3e OFFICIER	Féret
VIDAUBAN	Ségus
TOURNOIS	Prosper
LA MÔME CREVETTE	Mme Cassive
MADAME PETYPON	R. Maurel
MADAME VIDAUBAN	De Miramont

MADAME SAUVAREL	J. Marsan
CLÉMENTINE	Dalvig
LA DUCHESSE DE VALMONTÉ	Chandora
MADAME PONANT	Lamart
MADAME CLAUX	Templey
MADAME VIRETTE	Mylda
MADAME HAUTIGNOL	Burkel
LA BARONNE	Fleury
MADAME TOURNOIS	Daguin

ACTE I

Le cabinet du docteur Petypon

*Grande pièce confortablement mais sévèrement meublée.
À droite premier plan, une fenêtre avec brise-bise et
rideaux. Au deuxième plan, en pan coupé (ou ad libitum, fond droit face au public), porte donnant sur le
vestibule. À gauche deuxième plan (plan droit ou pan
coupé ad libitum), porte donnant chez madame Petypon.
Au fond, légèrement en sifflet, grande baie fermée par
une double tapisserie glissant sur tringle et actionnée
par des cordons de tirage manœuvrant de la coulisse,
côté jardin. Cette baie ouvre sur la chambre à coucher de
Petypon. Le mur de droite de cette chambre, contre lequel
s'adosse un lit de milieu, forme avec le mur du côté droit
de la baie un angle légèrement aigu, de telle sorte que le
pied du lit affleure le ras des rideaux, alors que la tête
s'en éloigne suffisamment pour laisser la place d'une
chaise entre le lit et la baie. Celle-ci doit être assez grande
pour que tout le lit soit en vue du public et qu'il y ait
encore un espace de 75 centimètres entre le pied du lit et*

le côté gauche de la baie. De l'autre côté de la tête du lit,
une table de nuit surmontée d'une lampe électrique avec
son abat-jour. Reste des meubles de la chambre ad
libitum. *En scène, milieu gauche, un vaste et profond*
canapé anglais en cuir capitonné, au dossier droit et ne
formant qu'un avec les bras ; à droite du canapé, une
chaise volante. À droite de la scène, une table-bureau
placée perpendiculairement à la rampe. À droite de la
table et face à elle, un fauteuil de bureau. À gauche de
la table un pouf tendu « en blanc » et recouvert
provisoirement d'un tapis de table ; au-dessous de la
table une chaise volante. Au fond, contre le mur, entre
la baie et la porte donnant sur le vestibule, une chaise.
Au-dessus de cette chaise, un cordon de sonnette. Sur la
table-bureau, un buvard, encrier, deux gros livres de
médecine. Un fil électrique, partant de la coulisse en
passant sous la fenêtre, longe le tapis, grimpe le long du
pied droit (du lointain) de la table-bureau et vient
aboutir sur ladite table. Au bout du fil qui est en scène,
une fiche destinée à être introduite, au courant de l'acte,
dans la mâchoire pratiquée dans la pile qui accompagne
le « fauteuil extatique »* afin d'actionner celle-ci. À
l'autre bout, en coulisse, un cadran à courant intermittent
posé sur un tabouret. (Placer, en scène, les deux gros
livres de médecine sur le fil afin d'empêcher qu'il ne
tombe en attendant l'apparition du fauteuil extatique.)

---

* Pour l'achat ou la location de l'appareil électrique s'adresser chez
Bérard, 8, rue de la Michodière ; pour le « fauteuil extatique », chez
Bruland, 14, rue Monsieur-le-Prince (Téléphone : Gobelins 10-96).

SCÈNE PREMIÈRE

MONGICOURT, ÉTIENNE, *puis* PETYPON

Au lever du rideau, la scène est plongée dans l'obscurité ; les rideaux de la fenêtre ainsi que ceux de la baie sont fermés. Le plus grand désordre règne dans la pièce ; le canapé est renversé la tête en bas, les pieds en l'air ; renversée de même à côté, la chaise volante, à un des pieds de laquelle est accroché le reste de ce qui fut un chapeau haut de forme. Sur la table-bureau un parapluie ouvert ; par terre le pouf a roulé ; un peu plus loin gît le tapis de table destiné à le recouvrir. La scène est vide, on entend sonner midi ; puis, à la cantonade, venant du vestibule, un bruit de voix se rapprochant à mesure jusqu'au moment où on distingue ce qui suit :

voix de mongicourt : Comment! Comment! Qu'est-ce que vous chantez!

voix d'étienne : C'est comme je vous le dis, monsieur le docteur!

mongicourt, *pénétrant en scène et à pleine voix à Étienne qui le suit* : C'est pas possible! Il dort encore!

étienne : Chut! Plus bas, monsieur!

mongicourt, *répétant sa phrase à voix basse* : Il dort encore!

étienne : Oui, monsieur, je n'y comprends rien! Monsieur le docteur est toujours debout à huit heures; voici qu'il est midi…!

mongicourt : Eh bien! en voilà un noceur de carton!

Il remonte légèrement vers le fond.

étienne : Monsieur a dit?

mongicourt : Rien, rien! C'est une réflexion que je me fais.

étienne : Ah! c'est que j'avais entendu : « noceur »!

mongicourt, *redescendant même place* : Pardon! j'ai ajouté : « de carton ».

étienne : Mais, ni de carton, ni autrement! Ah! ben, on voit que monsieur ne connaît pas monsieur! Mais je lui confierais ma femme, monsieur!

mongicourt : Aha! Vous êtes marié!

étienne : Moi? Ah! non, alors!… Mais c'est une façon de parler!… pour dire que s'il n'y a pas plus noceur que monsieur!…

MONGICOURT, *coupant court* : Oui, eh bien ! en attendant, si vous donniez un peu de jour ici ; il fait noir comme dans une taupe.

ÉTIENNE : Oui, monsieur.

> *Il va à la fenêtre de droite dont il tire les rideaux : il fait grand jour.*

ÉTIENNE ET MONGICOURT, *ne pouvant réprimer un cri de stupéfaction en voyant le désordre qui règne dans la pièce* : Ah !

ÉTIENNE, *entre la fenêtre, et la table-bureau* : Mais, qu'est-ce qu'il y a eu donc ?

MONGICOURT, *au milieu de la scène* : Eh bien ! pour du désordre !...

ÉTIENNE, *gagnant le milieu de la scène en passant devant la table* : Mais, qu'est-ce que monsieur a bien pu faire pour mettre tout ça dans cet état !

MONGICOURT (1)[1] : Le fait est !...

ÉTIENNE (2) : À moins d'être saoul comme trente-six bourriques !

MONGICOURT, *sur un ton de remontrance blagueuse* : Eh ! ben, dites donc, Étienne !

ÉTIENNE, *vivement* : Oh ! ce n'est pas le cas de monsieur ! Un homme qui ne boit que de l'eau de Vichy !... et encore il l'allonge !... avec du lait !

MONGICOURT, *indiquant le pouf en blanc renversé par terre* : Ah ! là ! là ! Qu'est-ce que c'est que ce pouf ? Pas élégant !

ÉTIENNE, *relevant le pouf et le couvrant du tapis de table, qui gît près de là* : Oh ! c'est provisoire ! Madame est en train de faire une tapisserie pour.

Alors, en attendant, on met ce tapis dessus. (*D'un geste circulaire, indiquant tous les meubles en désordre.*) Non, mais, regardez-moi tout ça !

MONGICOURT, *retirant le restant de chapeau du pied de la chaise* : Ah !... et ça !

ÉTIENNE, *prenant le chapeau des mains de Mongicourt* : Oh !... Un chapeau neuf, monsieur !

MONGICOURT : On ne le dirait pas !

ÉTIENNE, *remettant la chaise sur ses pieds* : Vraiment, moi qui ai la mise-bas[1] de monsieur ! si c'est comme ça qu'il arrange mes futures affaires !...

> *Tout en parlant, il est allé déposer le chapeau sur la table-bureau.*

MONGICOURT : C'est pas tout ça ! Je voudrais bien voir votre maître ; il me semble que ce ne serait pas du luxe de le réveiller à cette heure-ci.

ÉTIENNE, *tout en refermant le parapluie qui est grand ouvert sur la table* : Dame, si monsieur en prend la responsabilité !

MONGICOURT, *il remonte dans la direction de la baie* : Je la prends.

ÉTIENNE, *remontant rejoindre Mongicourt à la baie* : Soit !... Mais alors, avec des bruits normaux.

MONGICOURT (1), *blagueur* : Qu'est-ce que vous entendez par des bruits normaux ?

ÉTIENNE (2) : C'est monsieur qui les appelle comme ça. C'est, par exemple, de ne pas aller lui tirer un coup de canon dans les oreilles.

MONGICOURT, *même jeu* : Je vous assure que je n'ai pas l'intention !...

ÉTIENNE : Mais, au contraire, de le réveiller petit
à petit; par des bruits doux et progressifs, en
chantonnant, par exemple!... Nous pourrions
chantonner, monsieur?

MONGICOURT, *bon enfant* : Si vous voulez.

ÉTIENNE : D'abord doucement; et puis en aug-
mentant.

MONGICOURT, *blagueur* : Il n'y a pas un air spécial?

ÉTIENNE : Non! par exemple, tra la la la la la.

> *Il chantonne l'air de* Faust *: « Paresseuse
> fille[1]. »*

MONGICOURT, *souriant* : Tiens, vous connaissez
ça?

ÉTIENNE, *avec indulgence* : C'est le seul air que
joue madame au piano, à force de l'entendre!...

MONGICOURT, *remontant* (2) *jusqu'à la tapisserie
qui ferme la baie* : Eh bien! allons-y!... Justement,
c'est un air matinal!

ÉTIENNE, *qui* (1) *a suivi Mongicourt* : Doucement
pour commencer, hein!

MONGICOURT : Entendu! Entendu!

MONGICOURT* ET ÉTIENNE, *entonnant à l'unisson* :

Paresseuse fille	Tralala lalalaire
Qui sommeille encor,	Tralala lala
Déjà le jour brille	*Chanté à Mongicourt*
Sous son manteau d'or.	Moi, j'sais pas les paroles
	Alors je chant' l'air !

---

* Ils commencent piano, puis donnent plus de voix à mesure qu'ils

Tralala lalalaire
Tralala lala
Tralala lala…

MONGICOURT, *imposant silence à Étienne qui continue à chanter* : Chut !

ÉTIENNE : …*laire…* Quoi ?

MONGICOURT : J'ai entendu comme un grogne-ment d'animal.

ÉTIENNE, *en homme renseigné* : C'est monsieur qui se réveille.

MONGICOURT : Ah ? bon !…

VOIX DE PETYPON, *toujours invisible du public,* — *grognement* : Hoon !

MONGICOURT, *appelant à mi-voix et dans la direction de la chambre du docteur* : Petypon !

ÉTIENNE, *appelant de même* : Monsieur !

MONGICOURT : Hé ! Petypon !

VOIX DE PETYPON, *nouveau grognement* : Hoon ?

MONGICOURT, *dos au public* : Eh ! ben, mon vieux !

VOIX DE PETYPON : Hoon ?

MONGICOURT : Tu ne te lèves pas ?…

VOIX DE PETYPON, *ensommeillée* : Quelle heure est-il ?

MONGICOURT, *se retournant* : Ah çà ! mais !… on dirait que la voix ne vient pas de la chambre…

---

avancent dans le morceau et arrivent ainsi à chanter à tue-tête. Ils chan-tent dos tourné au spectateur, face à la chambre du fond. À la huitième mesure du chant, on entend un grognement sourd et prolongé sortir on ne sait de quel coin.

ÉTIENNE, *avec un geste du pouce par-dessus l'épaule* : C'est vrai ! ça sort comme qui dirait de notre dos.

> *Il se retourne.*

MONGICOURT, *cherchant des yeux autour de lui* : Où es-tu donc ?

VOIX DE PETYPON, *endormi et bougon* : Hein ? Quoi ? Dans mon lit !

MONGICOURT, *indiquant le canapé* : Mais c'est de là-dessous que ça sort !

ÉTIENNE : Mais oui !

> *Ils se précipitent tous deux, Étienne à gauche, Mongicourt à droite, derrière le canapé dont ils soulèvent le dossier de façon qu'il soit parallèle au sol. On aperçoit Petypon en manches de chemise, la cravate défaite, dormant paisiblement, étendu sur le côté droit (la tête côté jardin, les pieds côté cour.)*

ÉTIENNE ET MONGICOURT, *ahuris* : Ah !

MONGICOURT : Eh bien ! qu'est-ce que tu fais là ? *(Petypon ouvre les yeux, tourne la tête de leur côté et les regarde d'un air abruti. Mongicourt, pouffant, ainsi qu'Étienne.)* Ah ! ah ! ah ! Elle est bien bonne !

PETYPON, *se retournant, d'un geste brusque, complète-ment sur le côté gauche* : Ah ! tu m'embêtes !

MONGICOURT : Eh ! Petypon ?

> *Il lui frappe sur les pieds.*

PETYPON, *se retournant sur le dos* : Eh ! bien, quoi ? (*Il se remet sur son séant et va donner de la tête contre le dossier du canapé.*) Oh !… mon ciel de lit qui est tombé !

> *Il se réétend sur le dos.*

MONGICOURT, *riant, ainsi qu'Étienne* : Son ciel de lit ! Ah ! ah ! ah !

> *Il relève presque entièrement le canapé en attirant le dossier à lui de façon à découvrir Petypon.*

PETYPON, *sur le dos, regardant Mongicourt debout à ses pieds* : Qu'est-ce que tu fais sur mon lit, toi ?

MONGICOURT, *gouailleur* : C'est ça que tu appelles ton lit, tu es sous le canapé.

PETYPON, *sur le dos* : Quoi ! je suis sous le canapé ! Qu'est-ce que ça veut dire : « Je suis sous le canapé » ? Où ça, le canapé ?

MONGICOURT, *il fait redescendre le dossier du canapé de façon à recouvrir complètement Petypon* : Tiens, si tu ne le crois pas !

PETYPON, *rageur, se débattant sous le canapé* : Qu'est-ce que c'est que cette plaisanterie ? Qui est-ce qui m'a mis ce canapé sur moi ?

MONGICOURT, *relevant à moitié le canapé* : Tu ferais mieux de demander qui t'a mis dessous.

PETYPON : Allons, retire-moi ça ! (*On relève complètement le canapé, contre lequel Petypon, qui s'est remis sur son séant, reste adossé, l'air épuisé.*) Oh ! que j'ai mal à la tête !

MONGICOURT, *qui a fait le tour du canapé, redescendant extrême gauche et allant s'asseoir* (1) *sur le canapé* : Aha ! C'est bien ça !

PETYPON, *tout en se frottant les yeux, d'une voix lamentable* : Est-ce qu'il fait jour ?

MONGICOURT, *blagueur* : Oui ! *(Un temps.)* encore un peu ! *(Un temps.)* Mais, dépêche-toi, si tu veux en profiter.

PETYPON (2), *se prenant la tête lourde de migraine* : Oh ! la la, la la ! *(À Mongicourt.)* Ah ! mon ami !

MONGICOURT : Ah ! oui ! il n'y a pas d'autre mot.

ÉTIENNE, *descendant* (3) *à droite du canapé* : Monsieur veut-il que je l'aide à se lever ?

PETYPON, *à part, sur un ton vexé* : Étienne !…

ÉTIENNE : Monsieur n'a pas l'intention de rester toute la journée par terre ?

PETYPON : Quoi, « par terre » ? Si ça me plaît d'y être ? Je m'y suis mis exprès tout à l'heure !… parce que j'avais trop chaud dans mon lit ! Ça me regarde !

ÉTIENNE, *bien placide* : Ah ! oui, monsieur… (*À part.*) seulement, c'est une drôle d'idée.

> *Il ramasse la redingote de Petypon qui traînait par terre.*

PETYPON, *se levant péniblement, aidé par Mongicourt* : Et maintenant, je me lève parce que ça me plaît de me lever ! Je suppose que je n'ai pas besoin de vous demander la permission ?

ÉTIENNE, *tout en secouant la redingote* : Oh ! non,

monsieur… *(À part.)* Ce qu'il est grincheux quand il couche sous les canapés.

> *Il met la redingote sur le bras du canapé.*

PETYPON, *maugréant, à Mongicourt* : C'est assommant d'être vu par son domestique dans une position ridicule ! *(Sans transition.)* Oh ! que j'ai mal à la tête !

> *Il se prend la tête.*

ÉTIENNE (3), *d'un ton affectueux* : Monsieur ne veut pas déjeuner ?

PETYPON (2), *comme mû par un ressort* : Ah ! non. *(Avec dégoût.)* Ah ! Manger ! Huah !… Je ne comprends pas qu'on mange.

ÉTIENNE, *dégageant vers la droite* : Bien, monsieur.

PETYPON : Ah !… Où est madame ?

ÉTIENNE, *qui a débarrassé la table du parapluie et du chapeau, revenant avec ces objets dans les mains* : Madame est sortie ! Elle est allée jusque chez M. le vicaire de Saint-Sulpice.

MONGICOURT : Toujours imbue de religion, ta femme ?

PETYPON, *à Mongicourt* : Ah ! oui !… et de surnaturel. Ne s'imagine-t-elle pas maintenant qu'elle est voyante ? Enfin ! *(À Étienne qui, près de lui et tout souriant, approuve de la tête ce qu'il dit.)* Eh ! ben, c'est bien, allez !

ÉTIENNE : Oui, monsieur ! *(À part, tout en remon-*
tant.) Oh ! il est bien bas !

> *Il sort deuxième plan droit, en emportant*
> *chapeau et parapluie.*

SCÈNE II

PETYPON, MONGICOURT

MONGICOURT, *considérant Petypon qui se tient la tête*
à deux mains, la droite sur le front, la gauche sur le
cervelet, — lui frappant amicalement sur l'épaule : Ça
ne va pas, alors ?

PETYPON, *sans changer de position, les yeux au ciel,*
sur un ton lamentable : Ah !

> *Il se traîne jusqu'à la chaise du milieu*
> *sur laquelle il s'assied.*

MONGICOURT, *debout* (1) *et bien gaillard* : Ah ! ah !
Monsieur veut se lancer dans ce qu'il ne connaît
pas !… Monsieur se mêle de faire la noce… !

PETYPON (2), *effondré sur sa chaise* : Mais, serpent !
c'est toi qui m'as entraîné dans ces endroits
d'orgie !

MONGICOURT : Ah ! elle est forte !

PETYPON : Est-ce qu'il me serait jamais venu en
tête, moi tout seul !… Seulement, tu t'es dit :
« Voilà un homme sérieux ! un savant ! abusons de
son ignorance ! »

MONGICOURT : Ah ! non, mais, tu en as de bonnes ! Je t'ai dit tout simplement : « Petypon ! avant de rentrer, je crève de soif ; nous venons de passer deux heures à faire une opération des plus compliquées !... Quand on vient d'ouvrir un ventre... ça vaut bien un bock ! »

Il remonte en arpentant vers le fond.

PETYPON, *qui a fait effort pour se lever, tout en se traînant vers le canapé* : Et tu m'as mené où ? Chez Maxim[1] !

Épuisé, il s'assied sur le canapé.

MONGICOURT, *redescendant* (2), *toujours en arpentant de long en large* : Un soir de Grand Prix, c'était un coup d'œil curieux ! Je t'ai proposé un « cinq minutes ». Ce n'est pas de ma faute si ce « cinq minutes » s'est prolongé jusqu'à... *(Se retournant vers Petypon.)* jusqu'à quelle heure, au fait ?

PETYPON, *levant les yeux au ciel* : Dieu seul le sait !

MONGICOURT : Ah ! tu vas bien, toi !... C'est pas pour dire, mais quand l'ermite se fait diable !... il n'y avait plus moyen de te faire déguerpir.

PETYPON : Et alors, lâche, tu m'as abandonné !

Tout en parlant, il renoue sa cravate.

MONGICOURT, *gagnant la droite de son même pas de badaud* : Tiens ! moi, je suis un noceur réglé ! Je coordonne ma noce ! tout est là !... Savoir concilier ses plaisirs avec son travail !... *(S'asseyant sur le pouf à gauche de la table droite de la scène.)* Tel que tu me vois, et pendant que tu dormais, toi… sous ton canapé…

PETYPON, *la tête douloureusement renversée contre le dossier du canapé* : Quel fichu lit !

MONGICOURT : Je m'en doute !… *(Alerte et éveillé.)* Eh ! bien, moi, à huit heures, j'étais à mes malades… *(Se levant et allant à Petypon.)* À onze heures, j'avais vu tout mon monde ; y compris notre opéré d'hier.

PETYPON, *subitement intéressé* : Ah ?… Eh ! bien ? comment va-t-il ?

MONGICOURT, *debout à gauche de la chaise du milieu, sur un ton dégagé* : C'est fini !

> *Il sort un étui à cigarettes de sa poche.*

PETYPON, *vivement* : Il est sauvé ?

MONGICOURT : Non ! Il est mort !

> *Il tire une cigarette de l'étui.*

PETYPON : Aïe !

MONGICOURT : Oui. *(Moment de silence.)* Oh ! il était condamné.

PETYPON : Je te disais bien que l'opération était inutile.

MONGICOURT, *dogmatique* : Une opération n'est jamais inutile. *(Remettant l'étui dans sa poche.)* Elle peut ne pas profiter à l'opéré… *(Tirant une boîte d'allumettes de son gousset.)* elle profite toujours à l'opérateur.

PETYPON : Tu es cynique !

MONGICOURT, *avec une moue d'indifférence profes-*

sionnelle, tout en frottant son allumette : Je suis chirurgien.

PETYPON, *bondissant en le voyant approcher son allumette enflammée de sa cigarette* : Hein ! Ah ! non !
ffue !

> *Il souffle l'allumette.*

MONGICOURT, *ahuri* : Quoi ?

PETYPON : Oh ! ne fume pas, mon ami, je t'en
prie ! Ne fume pas !

MONGICOURT, *avec une tape amicale sur l'épaule* : À
ce point ? Oh ! la la, mais tu es flapi, mon pauvre
vieux !

PETYPON : À qui le dis-tu ! Oh ! ces lendemains
de noce !… ce réveil ! Ah ! la tête, là !… et puis la
bouche… mniam… mniam, mniam…

MONGICOURT, *d'un air renseigné* : Je connais ça !

PETYPON : Ce que nous pourrions appeler en
terme médical…

MONGICOURT : La gueule de bois.

PETYPON, *d'une voix éteinte en passant devant Mongicourt* : Oui.

MONGICOURT : En latin « gueula lignea ».

PETYPON, *se retournant à demi* : Oui ; ou en grec…

MONGICOURT : Je ne sais pas !

PETYPON, *minable* : Moi non plus !

> *Il s'affale sur le pouf, le dos à la table.*

MONGICOURT : Ah ! faut-il que tu en aies avalé
pour te mettre dans un état pareil.

PETYPON (2), *levant les yeux au ciel* : Ah ! mon ami !

MONGICOURT, *prenant la chaise du milieu, la retournant (dossier face à Petypon) et se mettant à califourchon dessus* : Mais tu as donc le vice de la boisson ?

PETYPON, *l'air malheureux* : Non ! J'ai celui de l'Encyclopédie !... Je me suis dit : « Un savant doit tout connaître. »

MONGICOURT, *avec un petit salut comiquement respectueux* : Ah ! si c'est pour la science !

PETYPON : Et alors... *(Avec un hochement de tête.)* tu vois d'ici la suite !

MONGICOURT, *gouailleur* : Tu appelles ça la suite ?... Tu es bien bon de mettre une cédille !

> *En ce disant, il se lève et du même mouvement replace la chaise à droite du canapé.*

PETYPON : En attendant, me voilà fourbu, éreinté ; les bras et les jambes cassés !... Un véritable invalide !

MONGICOURT, *descendant à gauche, devant le canapé* : L'invalide à la gueule de bois.

PETYPON, *se levant et gagnant le milieu de la scène* : Oh ! c'est malin !

> *À ce moment on entend la voix de madame Petypon à la cantonade* : « Ah ! monsieur est enfin debout ? Ah bien ! ce n'est pas trop tôt ! Tenez, Étienne, débarrassez-moi de ces paquets ! là ! prenez garde, c'est fragile ! » *etc.*, ad libitum.

PETYPON, *bondissant aussitôt qu'il a entendu la voix de sa femme et parlant sur elle, tout en se précipitant sur sa redingote qui est sur le canapé* : Mon Dieu, ma femme !… Dis-moi : est-ce qu'on voit sur ma figure que j'ai passé la nuit ?

MONGICOURT (1), *avec un grand sérieux* : Oh ! pas du tout !

PETYPON (2), *rassuré* : Ah !

MONGICOURT, *tout en l'aidant à passer sa redingote* : Tu as l'air de sortir d'une veillée mortuaire.

PETYPON : Quoi ?

MONGICOURT : Côté du veillé ! À part ça !…

PETYPON : Ah ! que tu es agaçant avec tes plaisanteries !… Attends ! si je… ? *(Se redressant et se passant la main dans les cheveux tout en s'efforçant de prendre l'air guilleret.)* Est-ce que ?… hein ?

MONGICOURT, *gouaillant* : Non, écoute, mon vieux, n'essaie pas ! Tu chantes faux !

SCÈNE III

LES MÊMES, MADAME PETYPON

MADAME PETYPON, *son chapeau encore sur la tête, surgissant de droite, pan coupé, et les bras tendus vers son mari* : Ah ! te voilà ; tu es levé ! Eh ! bien, tu en as fait une grasse matinée. Bonjour, mon chéri.

Elle l'attire à elle pour l'embrasser.

PETYPON (2), *auquel l'étreinte de sa femme donne une secousse dans la tête endolorie* : Bonjour Gab... oh !... rielle !

MADAME PETYPON (3) : Bonjour, monsieur Mongicourt.

MONGICOURT (1), *très aimable* : Madame, votre serviteur !

MADAME PETYPON, *retournant son mari face à elle* : Oh ! mais, regarde-moi donc !... Oh ! bien, tu en as une mine !

PETYPON : Ah ?... Tu trouves ?... Oui ! oui ! Je ne sais pas ce que j'ai, ce matin ; je me sens tout chose.

MADAME PETYPON, *inquiète* : Mais tu es vert ! (*À Mongicourt.*) Qu'est-ce qu'il a, docteur ?

MONGICOURT (1), *affectant la gravité du médecin consultant* : Ce qu'il a ?... Il a de la gueula lignea, madame !

PETYPON, *à part* : Hein ?

MADAME PETYPON, *sursautant, sans comprendre* : Ah ! mon Dieu, que me dites-vous là !

MONGICOURT, *d'une voix caverneuse* : Oui, madame !

MADAME PETYPON, *affolée* : C'est grave ?

MONGICOURT, *avec importance, la rassurant du geste* : Je réponds de lui !...

MADAME PETYPON, *sur un ton profondément reconnaissant* : Ah ! merci !... (*À Petypon, avec une affectueuse commisération.*) Mon pauvre ami !... Alors, tu as de la « gueula lignea » !

PETYPON, *embarrassé* : Ben... je ne sais pas !... C'est Mongicourt qui...

MADAME PETYPON, *vivement* : Oh ! mais, il faut te

soigner. *(À Mongicourt.)* Qu'est-ce qu'on pourrait lui faire prendre?... peut-être qu'un réconfortant?... *(Brusquement.)* un peu d'alcool?...

> *Ravie de cette inspiration, elle fait mine d'aller chercher de ce qu'elle propose.*

PETYPON, *comme une vocifération* : Oh! non!... *(Avec écœurement.)* Non, pas d'alcool!

MADAME PETYPON, *redescendant, toujours n° 3* : Mais alors, docteur, quel remède?

MONGICOURT, *avec une importance jouée* : Mon Dieu, madame, en général, pour cette sorte d'indisposition, on préconise l'ammoniaque.

GABRIELLE, *n'en demandant pas davantage et remontant* : L'ammoniaque, bon!

PETYPON, *vivement* : Hein? Ah! non! *(Bas à Mongicourt, pendant que sa femme, arrêtée par son cri, revient vers lui.)* Tu veux me faire prendre de l'ammoniaque!

MONGICOURT, *ayant pitié de l'affolement de Petypon* : Mais, actuellement, votre mari est dans la période décroissante...

GABRIELLE : Ah! tant mieux!

MONGICOURT : Des tisanes, du thé avec du citron; voilà ce qu'il lui faut!

MADAME PETYPON, *remontant, empressée* : Je vais tout de suite en commander.

MONGICOURT, *blagueur, à Petypon* : N'est-ce pas?

PETYPON, *à mi-voix, sur un ton de rancune comique, à Mongicourt* : Oui, oh! toi, tu sais!...

MADAME PETYPON, *qui s'est arrêtée en chemin, se tour-*

nant vers Petypon : Ah ! qui m'aurait dit que tu te réveillerais dans cet état, quand ce matin tu dormais d'un sommeil si paisible ! *(Petypon, stupéfait, tourne un regard ahuri vers Mongicourt.)* Tu n'as même pas senti quand je t'ai embrassé.

PETYPON, *de plus en plus stupéfait, se retournant vers sa femme* : Hein ?… Tu… tu… ?

MADAME PETYPON : Quoi, « tutu » ?

PETYPON : Tu m'as embrassé ?

MADAME PETYPON, *très simplement* : Oui.

PETYPON, *insistant* : Dans… dans mon lit ?

MADAME PETYPON : Eh ! bien oui ! quoi ?… Tu dormais, enfoui sous tes couvertures ; je t'ai embrassé sur le peu de front qui émergeait de tes draps. Qu'est-ce qu'il y a d'étonnant ?

PETYPON, *abruti* : Oh ! Rien ! rien !

MADAME PETYPON, *remontant pour sortir* : Je vais chercher le thé.

MONGICOURT, *accompagnant la sortie de madame Petypon* : C'est ça ! c'est ça !

> *Aussitôt madame Petypon sortie, pan coupé droit, il redescend n° 2.*

SCÈNE IV

PETYPON, MONGICOURT, *puis* LA MÔME

PETYPON, *qui est resté médusé sur place, les yeux fixés sur le canapé et récapitulant* : Elle m'a embrassé dans mon lit !… et je dormais sous le canapé !…

MONGICOURT, *dans le même sentiment que Petypon* :
Oui !

> *L'air concentré, il prend de la main droite
> la chaise qui est près du canapé et l'amène
> devant lui.*

PETYPON (1), *avec un hochement de la tête* : Comment
expliques-tu ça, toi ?

MONGICOURT (2), *écartant de grands bras* : Je
cherche !

> *Il enfourche la chaise et, à califourchon
> dessus, se met à méditer en se tenant le
> menton.*

PETYPON, *brusquement, se laissant tomber sur le
canapé* : Mon Dieu ! Est-ce que je serais somnambule ?

> *Ils restent un moment dans cette pose
> méditative, le dos tourné l'un à l'autre,
> Petypon face à l'avant-scène gauche, Mongi-
> court à l'avant-scène droite. Tout à coup
> un long et bruyant bâillement se fait entendre
> venant de la pièce du fond.*

LA VOIX : Ahouahouahahah !

PETYPON, *tournant la tête vers Mongicourt* : Qu'est-
ce que tu dis ?

MONGICOURT, *tournant la tête vers Petypon* : Moi ?
j'ai rien dit !

PETYPON : Tu as fait « ahouahouhahouhah » !

MONGICOURT : C'est pas moi !

PETYPON : Comment, c'est pas toi !

LA VOIX, *nouveau bâillement* : Ahouhahah ! aah !

PETYPON, *se levant et se tournant dans la direction d'où vient le bruit* : Eh ! tiens !

MONGICOURT, *se levant également en enjambant sa chaise* : Eh ! Oui !

LA VOIX : Aouh ! ah ! ouhah !

PETYPON : Mais ça vient de ma chambre !

MONGICOURT : Absolument !

PETYPON, *tout en se dirigeant, suivi de Mongicourt, vers la tapisserie du fond* : Je ne rêve pas !... il y a quelqu'un par là !...

> *Simultanément ils écartent les deux tapis-*
> *series. Petypon en tirant celle de gauche, côté*
> *jardin, Mongicourt celle de droite, côté cour.*
> *Chacun d'eux fait un bond en arrière en*
> *apercevant, couchée dans le lit, en simple*
> *chemise de jour, une jeune femme au minois*
> *éveillé, aux cheveux blonds et coupés court[1].*

PETYPON ET MONGICOURT : Ah !

LA MÔME, *se dressant sur son séant et sur un ton gamin* : Bonjour, les enfants !

PETYPON, *ahuri* : Qu'est-ce que c'est que celle-là ?

MONGICOURT, *tombant assis, en se tordant de rire, sur la chaise à droite et contre le chambranle de la baie* : Eh ! ben, mon vieux !... tu vas bien !

PETYPON, *les cheveux dressés et affolé, au pied du lit* : Hein ! Mais pas du tout !... Qu'est-ce que ça veut dire ?… (*À la Môme.*) Madame ! Qu'est-ce que ça signifie ?… D'où sortez-vous ?…

LA MÔME, *d'une voix amusée* : Comment, d'où que je sors ? Eh bien ! tu le sais bien !

PETYPON (1), *indigné* : Mais je ne vous connais pas !… mais en voilà une idée !… Pourquoi êtes-vous dans mon lit ?

LA MÔME (2) : Comment, pourquoi que j'y suis ?… Non mais, t'en as une santé !… (*À Mongicourt.*) Dis donc, eh !… l'inconnu ! Il me demande pourquoi que j'y suis, dans son lit !

MONGICOURT, *se tordant* : Oui !… Oui !

PETYPON : Mais, absolument ! Quoi ? J'ai le droit de savoir… (*Furieux, à Mongicourt.*) Mais ne ris donc pas comme ça, toi ! c'est pas drôle ! (*À la Môme.*) Qui êtes-vous ? Comment êtes-vous ici ?

LA MÔME : Non, mais on se croirait chez le juge d'instruction !… Qui que je suis ?… Eh ! ben, la môme Crevette, parbleu !

MONGICOURT : La danseuse du Moulin-Rouge[1].

LA MÔME, *de son lit, donnant une tape du plat de la main sur la joue de Mongicourt* : Tu l'as dit, bouffi !

MONGICOURT, *se levant et descendant en s'esclaffant à gauche, près de la table* : C'est mourant !

LA MÔME, *désignant Petypon du doigt* : Avec ça qu'il ne le savait pas, le vieux bébé ! puisqu'on s'est pochardé tous deux ! et qu'il m'a ramenée à son domicile !

PETYPON, *ahuri* : Moi, je ?… c'est moi qui ?…

LA MÔME, *sans transition, regardant à droite et à gauche* : Dis donc c'est bien, chez toi.

PETYPON, *brusquement* : Ah ! mon Dieu !

MONGICOURT ET LA MÔME, *qui précisément vient de sauter hors du lit, côté lointain* : Quoi ?

PETYPON, *gagnant* (2) *jusqu'à Mongicourt* (3) : Mais alors !… le baiser !… sur le front !… dans mon lit !… C'était la môme Crevette !

MONGICOURT, *d'une voix caverneuse* : C'était la Môme !

PETYPON, *d'une même voix caverneuse* : Gabrielle a embrassé le front de la môme Crevette !

MONGICOURT, *de même* : La vie est pleine de surprises !

> *Ils restent comme figés, côte à côte, épaule contre épaule, les jambes fléchissantes, les yeux ahuris fixés sur la môme Crevette.*

LA MÔME, *qui pendant ce qui précède a enfilé un jupon, une combinaison, un pantalon*[1] *(suivant ce qu'on porte), descend en scène en les regardant d'un air moqueur* : Eh ben quoi ? Non ! mais en v'là des poires !… (*D'un mouvement de danseuse de bal public, passant vivement la jambe par-dessus le dossier de la chaise qui est au milieu de la scène.*) Eh ! allez donc ! c'est pas mon père !

> *Elle se laisse tomber sur le canapé et s'y étend tout de son long, la tête côté gauche.*

PETYPON, *bondissant, hors de lui, vers la Môme, tandis que Mongicourt a remonté la chaise du milieu et la pose contre le chambranle gauche de la baie* : Mais, allez-vous-en, madame ! On peut venir... Je suis un homme sérieux !... vous ne pouvez pas rester ici !

LA MÔME (1), *le toisant avec des petits yeux gouailleurs* : J' t'adore !

PETYPON : Quoi ?

LA MÔME, *le narguant en chantonnant* :

Adieu, Grenade la charman-an-te !

PETYPON (2), *lui tirant les jambes pour les ramener à terre* : Mais il n'y a pas de « Grenade ! » Voulez-vous vous rhabiller !...

VOIX DE MADAME PETYPON, *à la cantonade* : Eh ! bien, quoi ? n'importe ! chez l'épicier ou chez le fruitier... Vous avez de l'argent ? Attendez !

PETYPON, *bondissant à la voix de sa femme et parlant sur elle* : Ah ! mon Dieu ! Gabrielle !...

MONGICOURT : Ta femme !

PETYPON, *entraînant la Môme vers le fond* : Cachez-vous !... ne vous montrez pas !...

MONGICOURT, *l'entraînant également* : Venez là ! là !

LA MÔME, *ahurie* : Mais quoi ? quoi !

PETYPON, *la poussant dans la chambre* : Mais cachez-vous donc !

> *Mongicourt et lui referment vivement les tapisseries[1]. Au moment où paraît Gabrielle, ils n'ont que le temps de se retourner et restent sur place, Mongicourt (1), Petypon (2), en se dandinant bêtement pour avoir l'air d'être à l'aise.*

SCÈNE V

LES MÊMES, LA MÔME,
cachée, MADAME PETYPON

MADAME PETYPON, *surgissant de droite, pan coupé.*
Elle porte un plateau avec la théière, le sucrier et la tasse
sur sa soucoupe. Sans regarder les deux hommes, elle
descend jusqu'à la table déposer son plateau : Voilà le
thé ! J'ai envoyé Étienne acheter un citron.

PETYPON, *affolé et l'œil toujours sur sa femme, profi-*
tant de ce qu'elle ne regarde pas pour dire très haut par
l'interstice des deux tapisseries afin de prévenir la Môme :
Ma femme ! hum ! hum !… Madame Petypon, ma
femme !

MONGICOURT, *même jeu* : Sa femme ! Madame
Petypon !

MADAME PETYPON, *étonnée, se retourne vers son mari,*
puis traversant la scène en riant de façon à passer n° 1 :
Eh bien quoi ? Tu me présentes au docteur, maintenant ?

MONGICOURT, *inconsidérément* : Madame, enchanté !

> *Il descend, tout en parlant, derrière le*
> *canapé.*

PETYPON, *à Gabrielle assise sur le canapé* : Mais non,
je dis : — tu ne me laisses pas achever — « Madame
Petypon, ma femme, … tu ne trouves pas qu'on
étouffe ici ? »

MADAME PETYPON : Ici ? non !

PETYPON (3) : Si ! Si ! *(Brusquement, de la main droite, lui saisissant le poignet gauche.)* Allons prendre l'air, viens ! Allons prendre l'air !

MADAME PETYPON, *résistant, bien qu'entraînée par Petypon* : Mais non ! Mais non !

PETYPON, *l'entraînant vers la droite, pan coupé* : Mais si ! mais si !

> *Il imprime une secousse du poignet au bras de sa femme qui se trouve ainsi lancée n° 3, juste pour aller virevolter autour de la chaise sur laquelle sont les vêtements de la Môme.*

MADAME PETYPON, *à droite de la chaise, avisant les vêtements* : Ah ! Qu'est-ce que c'est que ça, qui est sur cette chaise ?

PETYPON, *à gauche de la chaise* : Quoi ?

MADAME PETYPON, *prenant les vêtements et descendant avec n° 2* : Cette étoffe ?... on dirait une robe !

PETYPON, *médusé, à part* : Nom d'un chien ! la robe de la Môme !

MONGICOURT, *entre ses dents en se laissant tomber sur le canapé* : Boum !

MADAME PETYPON : Mais oui !... En voilà une idée d'apporter ça dans ton cabinet... Depuis quand c'est-il là ?

PETYPON, *descendant vivement entre Mongicourt et madame Petypon* : Je ne sais pas ! je n'ai pas remarqué ! Ça n'y était pas cette nuit !... Il me semble que c'est ce matin, hein ?... n'est-ce pas,

Mongicourt? On a apporté ça ce... (*Agacé par le silence et le regard moqueur de Mongicourt qui semble s'amuser à le laisser patauger.*) Mais dis donc quelque chose, toi!

MONGICOURT, *sans conviction* : Hein? oui!... oui!

PETYPON, *à sa femme* : Ça doit être une erreur!... c'est pas pour ici!... Je vais la renvoyer!

> *En ce disant il empoigne la robe et passant devant Gabrielle pique vers la porte de sortie.*

MADAME PETYPON, *qui n'a pas lâché l'autre bout de la robe, en tirant à soi, fait virevolter son mari et le ramène à elle* : Mais, pas du tout, ce n'est pas une erreur.

PETYPON (3) : Hein?

MADAME PETYPON (2) : Seulement, c'est une drôle d'idée d'apporter ça chez toi!

PETYPON : Comment?

MADAME PETYPON : Moi, pendant ce temps-là, j'écris une lettre à cheval[1] à ma couturière.

PETYPON : À ta?...

MADAME PETYPON : Mais oui, elle devait déjà me livrer cette robe hier; alors, moi, ne voyant rien venir...

PETYPON : Hein?

MONGICOURT, *à part* : Ah bien! ça, c'est le bouquet!

PETYPON, *qui n'a qu'une idée c'est de reprendre la robe* : Mais non!... Ce n'est pas possible!... D'abord, je te connais, tu n'aurais pas choisi une robe si claire !... Allez ! donne ça ! donne ça !

Il a saisi la robe et fait mine de l'emporter.

MADAME PETYPON, *défendant son bien* : Ah ! que tu es brutal ! Tu sais bien que je ne choisis jamais !... Je dis à ma couturière : « Faites-moi une robe ! » et elle me fait ce qu'elle veut ; je m'en rapporte à elle. C'est un peu clair, c'est vrai !...

PETYPON : Oui, oui ! *(Saisissant la robe et essayant de l'arracher à sa femme.)* On va la faire teindre !...

MADAME PETYPON, *tirant de son côté et d'un coup sec faisant lâcher prise à Petypon* : Oh ! mais, voyons, à la fin !... C'est un peu clair, mais une fois n'est pas coutume !... Ah ! tu as une façon de manipuler les toilettes ! Ah ! si on les laissait entre tes mains !... vrai !...

Elle sort par le deuxième plan gauche en emportant la robe.

SCÈNE VI

LES MÊMES, *moins* MADAME PETYPON

PETYPON, *qui est resté comme cloué sur place — entre canapé et baie — en voyant disparaître sa robe* : Eh bien ! c'est du joli !

MONGICOURT (1), *riant* : Ffutt ! Confisquée, la robe !

PETYPON (2) : Non, mais tu ris, toi ! Qu'est-ce que nous allons faire ?

> *En ce disant il est remonté jusqu'à proximité du point de jonction des deux tapisseries de la baie.*

LA MÔME (3), *passant brusquement la tête entre les deux tapisseries* : Eh ben ? Elle est partie ?...

PETYPON, *qui a eu un soubresaut en voyant surgir la tête de la Môme à proximité de son nez, redescendant sans changer de numéro* : Ah ! L'autre, à présent !

LA MÔME, *descendant (3) à la suite de Petypon* : Dis donc ! tu m'avais pas dit que t'étais marié, toi !... En voilà un petit vicieux !...

> *Elle lui pince le nez.*

PETYPON, *avec humeur, tout en dégageant son nez d'un geste brusque de la tête* : Oui ! Oh ! mais je ne suis pas ici pour écouter vos appréciations !... Il s'agit de filer ! et un peu vite !

LA MÔME, *sans se déconcerter et sur un ton un peu traînard mais gentil* : Ah ! c'est pas pour dire ! t'étais plus amoureux hier soir !

> *Elle gagne légèrement à droite.*

PETYPON, *sec* : Oui ! Eh bien ! je suis comme ça, le matin !... Allons, allons !... dépêchez-vous !

LA MÔME, *revenant à lui et, gracieusement, sur le même ton que précédemment* : Oh ! tu peux me dire « tu ».

PETYPON, *de même* : Vous êtes bien bonne ! dépêchez-vous !

LA MÔME : Mais dis-moi donc «tu»; je te dis «tu»... T'as l'air d'être mon domestique !

> *Elle gagne la droite.*

PETYPON, *avec rage* : Oh!... Eh bien! dépêche-toi, là!... Cré nom d'un chien !

LA MÔME, *s'asseyant sur le pouf, les jambes étendues l'une sur l'autre et le dos à table* : À la bonne heure !

PETYPON, *bondissant en la voyant installée* : Hein ! (*Un peu au-dessus d'elle, et lui indiquant la sortie.*) Et file !

LA MÔME, *s'étalant bien, dos à la table, les deux bras étendus sur les rebords* : «Et file !...» Vois-tu ça !... Oh ! mais, tu m'as pas regardée, mon petit père !... Je suis habituée à ce qu'on ait des égards avec les femmes !

PETYPON, *croyant comprendre* : Ah ! (*Changeant de ton.*) C'est bien, on va t'en donner !... Combien ?

> *Il tire son porte-monnaie.*

LA MÔME, *le sourcil froncé, avançant la tête* : Quoi ?

PETYPON, *qui est redescendu plus en scène* : Eh ! bien, oui, quoi ?... Il n'y a pas à mâcher les mots, ça perd du temps !... Tu es une femme d'argent; je te dois une indemnité pour ton... dérangement... Combien ?

LA MÔME, *le genou gauche entre ses mains jointes sur un ton persifleur, à Petypon* : Oh ! vrai, t'es un peu mufle, tu sais !... t'as une façon !... (*Se levant et passant n° 2*) Si j'avais seulement pour deux sous d'idéal !...

PETYPON, *descendant n° 3* : Oui, mais comme tu n'en as pas !...

LA MÔME : Je ne me vends pas, moi, tu sauras !

PETYPON, *remettant son porte-monnaie dans sa poche* : Ah ?... Non ?... Bon !... Alors, ça va bien !... *(Lui serrant la main.)* Je te remercie bien ! *(Voulant la faire passer (3) dans la direction de la sortie.)* et à une autre fois !

LA MÔME, *résistant de façon à garder le même numéro, — bien gentiment* : J'accepte un petit cadeau ; ce qui n'est pas la même chose !

PETYPON (3), *édifié* : Ah !... tu acceptes !...

LA MÔME, *indiquant Mongicourt* : Ah ! ben, merci ! Qu'est-ce que doit penser monsieur ?

MONGICOURT (1) : Oh ! moi tu sais !... je suis bronzé[1].

PETYPON (3), *décidé à en finir coûte que coûte, sortant de nouveau son porte-monnaie* : Enfin, il s'agit de ma tranquillité !... Je n'y regarderai pas !... *(Tirant deux pièces de vingt francs en les tendant à la Môme du bout des doigts.)* Voilà... quarante francs[2].

LA MÔME : Quarante francs ! Oh !... *(Repoussant doucement la main de Petypon.)* c'est pour la bonne !

PETYPON : Hein ?... Je ne sais pas, moi ; c'est... pour les deux.

LA MÔME : Tu rigoles ?

PETYPON (3) : Quoi ? Ça ne te suffit pas ?... Eh ben ! vrai ! C'est ce que je prends, moi : une visite, quarante francs !

LA MÔME (2), *pendant que Petypon rengaine son porte-*

monnaie : Ah ! oui ! Mais, Dieu merci, je ne suis pas médecin !… Non, mais, pour qui qu' c'est t'y qu' tu me prends ?

MONGICOURT (1), *riant* : Aha !… « … Pour qui qu' c'est t'y que tu me prends ?… » Oh ! non ! qui qu' c'est t'y qui t'a appris le français ?

LA MÔME, *allant à Mongicourt* : Quoi ? quoi ? qu'équ' t'as l'air de chiner[1], toi ? eh !… bidon ! tu sauras que si je veux je parle aussi bien français que toi ! (*Déclamant :*)

> C'est en vain qu'au Parnasse un téméraire auteur
> Pense de l'art des vers atteindre la hauteur,
> Si le ciel en naissant ne l'a créé poète[2]…
> Mon histoire, messieurs les juges, sera brève[3]…

MONGICOURT, *s'inclinant* : Mâtin, du classique !…

LA MÔME : Mais oui, mon cher ! et je pourrais t'en débiter comme ça à la file !… T'as l'air de croire parce que je parle rigolo !… c'est le milieu qui veut ça ! mais tu sauras que j'ai fait des classes, moi ! Je suis de bonne famille tout comme tu me vois ! Je n'en parle pas parce que ça ne sert à rien, mais si je ne suis pas institutrice, c'est qu'au moment où j'allais passer mon brevet supérieur, je me suis laissé séduire par un gueux d'homme qui avait abusé de mon innocence pour m'entortiller de belles promesses !…

MONGICOURT : Non ?

LA MÔME : Il m'avait promis le collage[4].

PETYPON, *qui commence à en avoir assez, prenant la*

Môme et la faisant passer n° 3 : Oui ! eh ! bien, c'est très intéressant, mais tu nous raconteras tes mémoires une autre fois !

LA MÔME, *se retournant vers lui* : Tout ça c'est pour dire qu'on n'offre pas quarante francs !…

PETYPON, *s'échauffant* : Eh ben ! c'est bien ! fais ton prix ! et finissons-en !

LA MÔME : Mais qui qu' c'est t'y qui te demande de l'argent, … mon gros poulot ? *(Lui pinçant le nez.)* Ouh ! le gros Poulot !

PETYPON, *dégageant son nez* : Allons, voyons !

LA MÔME : Tu veux qu'on se trotte ? on se trottera !

PETYPON, *respirant* : À la bonne heure !

LA MÔME : Eh ! je comprends, parbleu ! si ta légitime me trouvait là…

PETYPON : Évidemment !

LA MÔME : …é gueulerait.

PETYPON, *sans réfléchir, sur la même intonation que la Môme* : É gueu… *(Changeant de ton.)* Oh ! non ! entendre ces choses-là !

LA MÔME, *remontant, suivie de Petypon* : Eh bien ! on y va !… Et comme tu veux absolument me faire un petit cadeau… eh ! ben, tiens ! ma robe !… ma robe que j'avais hier ! : je la dois ; tu la paieras… *(Un temps.)* V'là tout.

Elle redescend.

PETYPON, *hébété* : V'là tout ?

MONGICOURT, *moqueur* : V'là tout. Ah bien ! ça, c'est délicat ?

PETYPON, *amer* : Ah ! oui !… *(Brusquement.)* Enfin !
Quand on est dans une impasse !… *(Tirant une
pièce de cent sous de son porte-monnaie.)* Combien ta
robe ?

LA MÔME, *comme elle dirait trois sous* : Vingt-cinq
louis.

PETYPON, *ravalant sa salive* : Cinq… cinq cents
francs ?

LA MÔME, *avec une admiration comique* : Oh ! comme
tu comptes bien !

> *Elle lui pince le nez.*

PETYPON, *rageur, dégageant son nez* : Allons, voyons !
*(Il tire cinq billets de cent francs de son portefeuille et les
donne un à un à la Môme.)* Un… deux… trois…
quatre… cinq !

LA MÔME, *happant le dernier billet* : Merci.

PETYPON, *vivement, la rattrapant par le poignet* : Il
n'y en a pas deux ?

LA MÔME, *se dégageant* : Mais non, quoi ?

PETYPON, *remontant en lui indiquant la porte* : Bon !
eh ben ! maintenant, file !

LA MÔME, *qui est remontée, au lieu de sortir, décrochant et allant à la chaise où était sa robe* : C'est ça !
Ma robe ! où est ma robe ?

PETYPON (3) : Comment ta robe ?

LA MÔME (2), *ne trouvant pas sa robe à la place où
elle pensait la trouver, allant voir sur l'autre chaise de
l'autre côté de la baie* : Eh bien ! oui, quoi ? ma robe !

PETYPON : Non ! Non ! C'est inutile !… il n'y en a
pas !… Tu es très bien comme ça !… va, file !

LA MÔME : Hein ? Non mais t'es marteau ? Tu penses pas que je vais me balader dehors en liquette

PETYPON : En quoi ?

MONGICOURT : Euphémisme ! veut dire en chemise[1].

PETYPON : Ah !… Oh ! la la ! qui est-ce qui y ferait attention ! Tiens ! mets ça !

> *Il a pris vivement le petit tapis qui recouvre le pouf et en revêt les épaules de la Môme.*

LA MÔME, *se dégageant des mains de Petypon, enlevant son tapis et le jetant à Mongicourt* : Mais jamais de la vie ! En v'là un piqué. Je la veux, ma robe !

PETYPON, *hors de ses gonds* : Oui ! eh ben ! eh ben ! je ne l'ai pas, ta robe, là ! elle n'est plus là ! Y en a plus !

LA MÔME, *marchant sur Petypon* : Comment, elle n'est plus là !… Eh ! ben, où c' t'y qu'elle est ? *(Un temps.)* Qui c't'y qui l'a ?

PETYPON : Quoi ?

MONGICOURT, *gagnant la gauche* : Oh ! non, non, ce français !

PETYPON, *presque crié* : C'est ma femme qui l'a prise, là ! Tu as bien entendu, tout à l'heure !

> *Du talon, il pousse le pouf sous la table et, maussade, s'assied sur le coin de celle-ci.*

LA MÔME : Comment, c'était de ma robe qu'é disait, ta femme ?… Eh ben ! mon salaud !… t'as pas peur ! Donner ma robe !… Si tu crois que je l'ai fait faire pour ta femme !... une robe de vingt-cinq louis !

PETYPON, *appuyé à la table* : Enfin, quoi ? après ?

LA MÔME : J'espère bien que tu vas me la rembourser !

PETYPON, *ahuri* : Comment ?... Mais je viens de te la payer !

LA MÔME : Tu me l'as payée... *(Un temps.)* pour que je la garde ! *(Un temps.)* pas pour que je la donne !

PETYPON : Mais, alors, ... ça fait deux robes !

LA MÔME : Eh ! bien, oui, *(Un temps.)* celle que tu me donnes *(Un temps.)* et celle que tu me prends !

MONGICOURT, *ironiquement concluant* : Ça me paraît bien raisonné !

PETYPON : Eh ! bien, elle est raide, celle-là !

VOIX DE MADAME PETYPON, *à la cantonade* : Elle est folle, ma parole, cette couturière ! Elle est folle. Je ne sais pas sur quelles mesures elle m'a fait cette robe !...

PETYPON, *bondissant aux premiers mots de sa femme, saisissant la Môme par la main et la faisant vivement passer nº 3* : Ciel ! ma femme ! Cache-toi ! Cache-toi !

LA MÔME, *bousculée* : Oh ! ben, quoi donc !

MONGICOURT, *s'élançant à son tour* : Vite ! Vite !

LA MÔME, *tournant dans l'affolement à droite à gauche sans bouger de place* : Elle est donc tout le temps fourrée ici, ta femme ?

PETYPON, *qui tout de suite après avoir fait passer la Môme s'est précipité sur la porte derrière laquelle est sa*

femme pour empêcher celle-ci d'entrer, — *à Mongicourt* :
Mais cache-la, nom d'un tonnerre !

MONGICOURT, *affolé lui-même* : Oui, oui !

LA MÔME : Où ? où ?

MONGICOURT, *la flanquant par terre pour la pousser
sous la table* : Là ! Là-dessous !

LA MÔME, *à quatre pattes* : Mais, j' peux pas ! y a le
pouf !

PETYPON : Mais va donc, nom d'un chien ! va
donc !

MONGICOURT : Attends ! bouge pas !

> *Il profite de ce qu'elle est à quatre pattes
> devant la table pour la couvrir du tapis,
> après quoi il s'assied sur son dos comme il
> le ferait sur le pouf.*

SCÈNE VII

LES MÊMES, MADAME PETYPON

MADAME PETYPON, *dont on n'a pas cessé d'entendre la
voix à travers la porte, en même temps qu'elle secouait
celle-ci, entrant sur une poussée plus violente* : Mais
enfin, qu'est-ce qu'il y a donc ?

PETYPON (2), *se laissant tomber de dos sur l'estomac
de madame Petypon, ce, en poussant des petits cris inarticulés comme un homme qui a une crise de nerfs* : Aha !
aha ! aha !

> *Il amène ainsi sa femme, par petits sou-*
> *bresauts, par le milieu de la scène, presque*
> *devant le canapé.*

MADAME PETYPON, *affolée, enserrant son mari sur son estomac* : Ah ! mon Dieu ! qu'est-ce qu'il a ?... Docteur, vite ! « La gueula » qui le reprend !

MONGICOURT, *sans bouger du dos de la Môme* : La gueula !... tenez-le bien ! ne le lâchez pas !

MADAME PETYPON (2) : Non !... *(À Petypon qui geint toujours et s'est placé de biais, face à l'avant-scène gauche, de façon à forcer sa femme à tourner le dos à Mongicourt.)* Lucien ! mon ami !... Oh ! mais, il est trop lourd !... Mongicourt, venez le prendre ; je n'en puis plus !

> *Elle fait le mouvement de se tourner vers*
> *Mongicourt.*

PETYPON, *la ramenant d'un coup de reins dans la position première* : Non ! toi ! toi ! pas lui !... Aha ! aha !

MADAME PETYPON, *les bras toujours passés sous les aisselles de Petypon* : C'est que tu es un peu lourd !

PETYPON, *face au public, ainsi que madame Petypon, derrière lui, d'une voix mourante* : Ça ne fait rien !... Aha !... Tourne-moi au nord !... Tourne-moi au nord !

MADAME PETYPON, *abasourdie, tournant son mari face à Mongicourt* : Au nord ?... où ça le nord ?

PETYPON, *vivement, en même temps que d'un coup de reins il la ramène face à l'avant-scène gauche* : Non !

ça, c'est le midi !... Dans ces crises, il faut tourner au nord !... Aha !... Tourne-moi au nord !

MADAME PETYPON, *s'énervant* : Mais, est-ce que je sais où il est, le nord !

PETYPON : En face du midi !

MADAME PETYPON : Oh ! Asseyons-nous ! je n'en peux plus ! *(Sans se retourner et par-dessus l'épaule.)* Monsieur Mongicourt ! avancez-moi le pouf qui est derrière vous !

PETYPON, *criant* : Non, pas de pouf !

MADAME PETYPON : Mais c'est pour nous asseoir.

PETYPON, *de même* : Je veux rester debout !... Aha !... Mongicourt, tu m'entends ? Enlève le pouf ! Je ne veux pas voir le pouf !

MONGICOURT : Que j'enlève le pouf ?

MADAME PETYPON, *criant comme Petypon* : Eh ! bien, oui, quoi ? enlevez donc le pouf puisqu'on vous le dit !

PETYPON : Oui !... oui !

MONGICOURT : Bon ! Bon ! Enlevons le pouf alors !... Enlevons le pouf !

> *Il passe ses deux mains jointes sous les genoux de la Môme et la transporte ainsi en chien de fusil, et toujours couverte de son tapis, jusque dans la chambre sur quoi donne la baie.*

PETYPON, *sans sortir de sa pamoison simulée* : Eh ! bien, ça y est-il ?

MONGICOURT, *redescendant, après avoir déposé la*

Môme et jeté sur la chaise du fond droit le tapis qui la recouvrait : Voilà ! ça y est !

PETYPON, *semblant renaître aussitôt* : Ah ! ça va mieux !

MADAME PETYPON, *lâchant son mari* : Oui ?... Ah ! que tu m'as fait peur !

> *Elle gagne, par le fond, jusqu'à la droite de la table et verse une tasse de thé.*

PETYPON, *très alerte* : Voilà ! c'est passé !... c'est passé !... Ces crises, c'est comme ça : très violent !... et puis, tout d'un coup, plus rien !... (*À Mongicourt.*) N'est-ce pas ?... (*Bas.*) Mais dis donc quelque chose !

MONGICOURT, *vivement, en dégageant un peu à droite* : Oui, oui... Tout d'un coup plus rien, et puis, et puis...

PETYPON : Et puis c'est tout ! quoi ?

MONGICOURT : Et puis c'est tout, oui !

MADAME PETYPON, *par au-dessus de la table, descendant (2) avec la tasse de thé à la main* : Pourvu que ça ne te reprenne pas, mon Dieu ! (*Tendant la tasse de thé à Petypon.*) Tiens !

PETYPON : Merci.

MADAME PETYPON : Vois-tu, tout ça... je crains bien que ce ne soit le ciel qui t'ait puni de ton scepticisme !

PETYPON (1), *tournant un visage ahuri vers sa femme* : Quoi ?

MADAME PETYPON : Quand tu te moquais de moi, hier, à propos du miracle de Houilles, je t'ai dit :

«Tu as tort de ne pas avoir la foi! Ça te portera malheur!»

PETYPON, *haussant les épaules en riant*: Ah! ouat!

MONGICOURT, *se rapprochant de madame Petypon et affectant un grand intérêt*: Le miracle de Houilles? Qu'est-ce c'est que ça?

MADAME PETYPON: Vous ne lisez donc pas les journaux? Sainte Catherine est apparue dernièrement, à Houilles, à une famille de charbonniers!

MONGICOURT (3): C'était de circonstance... à Houilles[1].

Il se tord.

PETYPON (1): Évidemment...

Il se tord également.

MADAME PETYPON (2): Oh! ne faites donc pas les esprits forts!... Et depuis, tous les soirs, la sainte réapparaît. C'est un fait, ça!... Il n'y a pas à dire que cela n'est pas!... Et la preuve, c'est que je l'ai vue!

MONGICOURT, *bien appuyé*: Vous?

MADAME PETYPON: Moi!... Elle m'a parlé!

MONGICOURT: Non?

MADAME PETYPON: Elle m'a dit: «Ma fille! le Ciel vous a choisie pour de grandes choses! Bientôt vous recevrez la visite d'un séraphin[2] qui vous éclairera sur la mission que vous aurez à accomplir!... (*D'un geste large, les deux mains, la paume en l'air.*) Allez!»

PETYPON, *profitant de la main en l'air de sa femme*

pour y déposer sa tasse : C'est ça ! va, ma grosse ! et débarrasse-moi de ma tasse.

MONGICOURT (2), *à madame Petypon, qui se dirige vers la table pour y déposer la tasse* : Et il est venu, le séraphin ?

MADAME PETYPON (3), *simplement* : Je l'attends !

PETYPON (1), *gouailleur* : Eh bien ! tu as le temps d'attendre !

VOIX DE LA MÔME, *dans la pièce du fond, comme une personne qui en a assez* : Oh ! la, la ! la, la !

PETYPON, *bondissant, à part* : Nom d'un chien, la Môme !

> *Il remonte vivement, à toute éventualité, près de la baie. Mongicourt prend le n° 1.*

VOIX DE LA MÔME : Oh ! ben, zut, quoi ?... Ça va durer longtemps[1] ?

PETYPON, *voyant sa femme qui prête l'oreille, donnant beaucoup de voix pour couvrir celle de la Môme* : Ah !... Ha-ha !... Alors, tu crois aux apparitions, toi ?... Mongicourt ! elle croit aux apparitions !... Aha ! ah ! *(Bas et vivement.)* Mais, dis donc quelque chose, toi !

MONGICOURT, *même jeu* : Ah !... Ha-ha ! Madame croit aux apparitions !

TOUS DEUX : Aha ! elle croit aux apparitions ! Aha !

MADAME PETYPON, *d'une voix impérative* : Taisez-vous donc ! On a parlé par là !

PETYPON, *se démenant et faisant beaucoup de bruit* :

Où donc? J'ai pas entendu!... Tu as entendu, Mongicourt?

MONGICOURT, *même jeu que Petypon* : Pas du tout; j'ai rien entendu! J'ai rien entendu!

PETYPON, *même jeu* : Nous n'avons rien entendu! Il n'a rien entendu!

MADAME PETYPON : Mais je suis sûre, moi!... C'est dans ta chambre!

PETYPON ET MONGICOURT : Non! Non!

VOIX DE LA MÔME, *d'une voix céleste et lointaine* : Gabrielle!... Gabrielle!

PETYPON, *bondissant en arrière* : Elle est folle d'appeler ma femme!

MADAME PETYPON : C'est moi qu'on appelle! Nous allons bien voir.

PETYPON, *s'interposant en voyant sa femme remonter vers la baie* : Non! Non!

MADAME PETYPON, *le repoussant* : Mais si, quoi? (*Elle tire les rideaux de la baie et fait aussitôt un bond en arrière.*) Ah! mon Dieu!

MONGICOURT, *riant sous cape* : Nom d'un chien!

> *On aperçoit sur le pied du lit, dans la pénombre, une grande forme blanche, transparente et lumineuse. C'est la Môme, qui a fait la farce de se transformer en apparition. Pour cela, elle s'est couverte d'un drap de lit qui lui ceint le front et qu'elle ramène de ses deux mains sur la poitrine, de façon à laisser le visage visible. Sous le drap, elle tient un réflecteur électrique qui projette sa*

lumière sur sa figure. Toute la pièce du fond est dans l'obscurité, de façon à rendre plus intense la vision*.

MADAME PETYPON : Qu'est-ce que c'est que ça ?

PETYPON (2) ET MONGICOURT (1), *faisant ceux qui ne voient pas* : Quoi ? Quoi ?

MADAME PETYPON (4), *indiquant la Môme (3)* : Là ! Là ! Vous ne voyez pas ?

PETYPON ET MONGICOURT : Non ! Non !

MADAME PETYPON : Voyons, ce n'est pas possible ! Je ne rêve pas ! Attends, j'en aurai le cœur net !

Elle fait mine de se diriger vers le fond.

LA MÔME, *voix céleste jusqu'à la fin de la scène* : Arrête ! (*Cet ordre coupe l'élan de madame Petypon, qui, le corps à demi prosterné, les bras tendus, décrit une conversion qui l'amène face au public, à gauche de la table. Arrivée là, elle reste dans son attitude à demi prosternée et écoute ainsi les paroles de la Môme.*) C'est pour toi que je viens, Gabrielle !

MADAME PETYPON, *les bras tendus, la tête courbée* : Hein !

LA MÔME : Ces profanes ne peuvent me voir ! Pour toi seule je suis visible !

MADAME PETYPON : Est-il possible !…

---

* Avoir un fil électrique en coulisse, côté jardin, assez long pour arriver jusqu'à la Môme (à son côté gauche). Au bout du fil une ampoule électrique fixée sur un manche surmonté d'une coquille, blanche extérieurement, argentée intérieurement, qui épouse la moitié de l'ampoule de façon à servir de réflecteur.

LA MÔME : Ma fille, prosterne-toi !... Je suis le séraphin dont tu attends la venue.

MADAME PETYPON, *d'une voix radieuse* : Le séraphin ! *(Se mettant à genoux, — et à Petypon et à Mongicourt.)* À genoux ! À genoux, vous autres !

PETYPON ET MONGICOURT, *ayant peine à retenir leur rire, et entrant dans le jeu de la Môme* : Pourquoi ? Pourquoi ça ?

MADAME PETYPON, *comme illuminée* : Le séraphin est là ! Vous ne pouvez le voir ! Mais je l'entends ! je le vois ; il me parle !

LA MÔME, *à part, sur le ton faubourien* : Eh ! bien, elle en a une santé !

MADAME PETYPON : À genoux !... À genoux !

> *Les deux hommes obéissent en riant sous cape. Mongicourt à genoux devant le canapé, Petypon entre le canapé et le pied du lit, madame Petypon à gauche de la table.*

SCÈNE VIII

LES MÊMES, ÉTIENNE

ÉTIENNE, *avec un citron dans une soucoupe, surgissant porte pan coupé droit et descendant à droite de la table* : Voilà le citron !

MADAME PETYPON, *sursautant.* Chut donc !

PETYPON, *à part* : Étienne, nom d'un chien !

ÉTIENNE, *effaré, en apercevant l'apparition sur le lit* :
Ah!... Eh! ben, quoi donc?

MADAME PETYPON, *toujours à genoux, impérative* :
Taisez-vous! et à genoux!

ÉTIENNE, *les yeux toujours fixés sur la Môme* : Oh!
mais, qu'est-ce qu'il y a sur le lit?

MADAME PETYPON, *gagnant sur les genoux jusqu'au
coin de la table et avec une pieuse admiration* : Est-il
possible! Quoi, vous aussi, vous voyez?

ÉTIENNE, *descendant presque devant la table, sans
quitter l'apparition des yeux* : Eh! ben, oui! Je vois là
comme une espèce de loup-garou!...

MADAME PETYPON, *scandalisée* : Malheureux! c'est
un séraphin!... Rendez grâce au ciel, qui vous
met au nombre de ses élus!... Ce que vous voyez
et ce que je vois, aucun de ces messieurs ne le
perçoit.

ÉTIENNE, *ahuri* : C'est pas possible!

MADAME PETYPON : À genoux! et écoutez la parole
d'en haut!

ÉTIENNE : C'est pas de refus! *(Il s'agenouille à droite
de la table, tandis que madame Petypon, s'écartant d'un
pas sur les genoux, reprend son attitude première,
recueillie et prosternée, — brusquement.)* Je mets ce
citron là!

Il le dépose sur la table.

MADAME PETYPON, *sursautant et sur un ton rageur* :
Mais oui, quoi? votre citron!... *(À la Môme, sur un
tout autre ton.)* Je t'écoute, ô mon séraphin!

LA MÔME, *d'une voix céleste* : Gabrielle! je viens

d'en haut exprès pour t'enseigner la haute mission qui t'est réservée !

PETYPON, *à part* : Quel aplomb !

LA MÔME : Femme ! tu m'écoutes ?

MADAME PETYPON : Je suis tout oreilles !

LA MÔME : Tu vas te lever sans perdre un instant ! D'un pas rapide, tu iras jusqu'à la place de la Concorde dont tu feras cinq fois le tour !

PETYPON, *bas* : Je comprends !

MONGICOURT, *bas* : Pas bête !

LA MÔME : Puis tu attendras à côté de l'Obélisque jusqu'à ce qu'un homme te parle ! Recueille pieusement sa parole, car de cette parole te naîtra un fils !

MADAME PETYPON : À moi !

PETYPON, *à part* : Qu'est-ce qu'elle raconte ?

> *Il rit sous cape, ainsi que Mongicourt, tandis que la Môme, espiègle, leur fait des grimaces malicieuses.*

LA MÔME, *reprenant* : Ce fils sera l'homme que la France attend ! Il régnera sur elle et fera souche de rois.

MADAME PETYPON, *d'une voix pâmée* : Est-il possible !

MONGICOURT, *à part, d'une voix rieuse* : Oh ! mais, elle parle comme un livre !

LA MÔME : Va, ma fille !... Pour ton fils ! *(Un temps.)* pour ton Roi ! *(Un temps.)* pour la Patrie !

MADAME PETYPON, *se levant et, sans se retourner, brandissant un étendard imaginaire* : Pour mon fils !

(Un temps.) pour mon Roi ! *(Un temps.)* pour la Patrie !

LA MÔME : Va !... *(Un temps.)* et emmène *el* domestique !

MADAME PETYPON, *tandis que Mongicourt et Petypon donnent des signes d'approbation de la tête* : Sur la place de la Concorde ?

LA MÔME : Non ! de la chambre !... Sur ce, à la prochaine ! et que nul ne franchisse d'ici ce soir le seuil de cette pièce ! Moi, je m'évanouis dans l'espace et regagne les régions célestes ! Piouf !

> *Elle se laisse tomber à plat ventre, toujours recouverte de son drap, qui se confond dès lors avec celui du lit. En même temps, la lumière qu'elle tenait à la main s'est éteinte*.*

MADAME PETYPON, *conserve une seconde son attitude, puis, n'entendant plus rien, se retourne vers le lit* : Parti ! il est parti !... Vous avez entendu ?

PETYPON et MONGICOURT, *se relevant en même temps et faisant la bête* : Mais non ! Non ! Quoi donc ?

> *Ils descendent un peu, Mongicourt (1) et Petypon (2).*

---

* Du fait que le fil qui actionne l'ampoule électrique longe le côté gauche de la Môme, en même temps que celle-ci tombera à plat ventre, la lampe tombera sur le lit, côté lointain, ce qui empêchera par la suite le fil de s'entortiller dans les jambes de l'artiste quand elle aura à sauter du lit. Au surplus, il sera facile, aussitôt ce jeu de scène, de tirer le fil dans la coulisse pour plus de sûreté.

ÉTIENNE, *se levant également, mais sans quitter sa place* : Ah ! ça, c'est curieux !

MADAME PETYPON, *avec exaltation, à Petypon* : Ah ! que n'as-tu pu entendre !…

PETYPON, *à part, n'en revenant pas* : Oh ! non ! ça a pris !

MADAME PETYPON, *brusquement et avec chaleur* : Écoute, Lucien ! Les moments sont précieux ! le séraphin est venu ; il m'a parlé ; je sais de lui ce que le ciel attend de moi !

PETYPON, *mélodramatique* : Mais, quoi ? quoi ?… tu me fais peur !

MADAME PETYPON, *l'amenant en scène* : Place de la Concorde ! là-bas ! près de l'Obélisque ! un homme doit me parler !

PETYPON, *avec une indignation comique* : Un homme !…

MADAME PETYPON : De cette parole naîtra un fils !…

PETYPON, *même jeu* : Malheureuse !

MADAME PETYPON, *vivement* : Il sera roi, Lucien ! La France l'attend ! Il le faut ! Le Ciel le veut !

PETYPON, *avec des trémolos dans la voix* : *Man* Dieu ! *man* Dieu !

MADAME PETYPON, *les arguments les uns sur les autres, comme pour convaincre plus vite son mari* : Songe que c'est d'une parole ! Tu ne peux être jaloux ! Ta susceptibilité d'époux ne peut s'affecter d'un fils qu'engendre une parole !

PETYPON, *de même* : Mais, ce fils, ce ne sera pas de moi !

MADAME PETYPON, *avec lyrisme, et du tac au tac*:
Qu'importe, puisqu'il n'est pas d'un autre[1]!

PETYPON, *de même*: Mon Dieu! qu'exigez-vous de
moi!

MADAME PETYPON, *de même*: Pense que tu seras
père de roi!

ÉTIENNE, *bien prosaïque*: Moi, je serais à la place
de monsieur, je dirais oui.

MONGICOURT, *sur un ton comiquement persuasif*:
C'est la Patrie qui attend ça de toi, Petypon!

MADAME PETYPON, *à Mongicourt*: C'est ça! c'est
ça!... Venez à mon aide... Persuadez-le!... *(Se précipitant aux genoux de Petypon.)* Lucien! mon
Lucien!

PETYPON, *une main sur le crâne de sa femme et d'une
voix mourante*: Oh! Dieu! ma volonté faiblit!
(Comme illuminé.) Quelles sont ces voix qui me
parlent? ces visions lumineuses qui étendent vers
moi leurs bras suppliants?

MADAME PETYPON, *radieuse*: Ah! tu vois, ... tu
vois! tu es touché de la grâce!

PETYPON: «Cède! cède!» implorent ces voix?
«Pour ton fils, pour ton Roi, pour la Patrie!»

MADAME PETYPON, *se redressant*: Pour la Patrie!

MONGICOURT et ÉTIENNE: Pour la Patrie!

VOIX DE LA MÔME, *sous son drap, d'une voix lointaine*: Pour la Patrie!...

MADAME PETYPON ET ÉTIENNE, *dévotieusement*: La
voix du Séraphin!

MADAME PETYPON, *à Petypon*: Tu l'as entendue?

PETYPON, *comme touché de la grâce, passant* (3) *devant*

sa femme : Oui, oui !… J'entends ! je vois ! je crois !
je suis désabusé[1] ! *(Prenant sa femme par la main et
la refaisant passer nº 3.)* Va, va ! je ne résiste plus ! je
consens ! je cède ! Pour mon fils ! pour mon Roi !
pour la Patrie !

MADAME PETYPON : Pour la Patrie !… *(Avec un geste
théâtral.)* Allons !

> *Elle remonte vers la porte de sortie.*

PETYPON, *avec le même lyrisme* : Va !… Et emmène
el domestique !

MADAME PETYPON : Ah ! oui !… Venez, Étienne !

ÉTIENNE, *avec lyrisme* : Pour la Patrie ! *(Prenant le
plateau et le citron.)* Et j'emmène *el* domestique !

> *Il sort à la suite de madame Petypon.*

SCÈNE IX

LES MÊMES,
moins MADAME PETYPON *et* ÉTIENNE.

> *Aussitôt les deux personnages partis, les
> deux hommes se regardent, bouche bée, en
> hochant la tête.*

MONGICOURT (1), *devant le canapé* : Eh ben ! mon
vieux !…

PETYPON (2), *à droite au milieu de la scène* : C'est
raide !

MONGICOURT : Plutôt !

Ils ne peuvent s'empêcher de rire.

LA MÔME, *rejetant son drap, sous lequel elle s'est tenue coite jusque-là, sautant hors du lit et enjambant la chaise à droite du canapé*: Eh! allez donc! c'est pas mon père!

Elle descend n° 2.

PETYPON (3), *à la Môme*: Ah! non! tu sais, tu en as un toupet!

LA MÔME (2): Plains-toi donc! Mon ingéniosité te tire une rude épine du pied!

PETYPON: C'est égal, le rôle que tu nous fais jouer!... Le fils qui lui naîtra place de l'Obélisque!

LA MÔME: Avoue que je suis bien dans les apparitions!

MONGICOURT (1): Ça, le fait est!... cette mise en scène! ce drap lumineux!... Qu'est-ce que tu t'étais donc fourré pour être lumineuse comme ça?

LA MÔME. La lampe électrique qui est à côté du lit; alors, allumée sous le drap!...

PETYPON: Eh ben! et l'auréole?

LA MÔME. La carcasse de l'abat-jour.

PETYPON, *descendant à droite*: C'est ça! elle a détraqué mon abat-jour!

LA MÔME: Qu'est-ce que tu veux? on n'est pas outillé pour les apparitions!

PETYPON, *revenant à la Môme*: Oui, eh ben! maintenant, ma femme est partie; tu vas faire comme elle!

LA MÔME, *d'un ton détaché*: Je ne dis pas non!... Vêts-moi!

PETYPON : Quoi ?

LA MÔME, *plus appuyé* : Vêts-moi ! *(Voyant Petypon qui la regarde bouche bée.)* Donne-moi un vêtement, quoi !

MONGICOURT, *avec le plus grand sérieux* : Vêts-la.

PETYPON : Ah ! « vêts-moi » !… Eh ! comment veux-tu que je te vête ?… ma femme a la manie de tout enfermer !…

LA MÔME, *remontant* : Ah ben ! mon vieux… arrange-toi !

PETYPON, *allant* (2) *à Mongicourt* : Ah ! Mongicourt !

MONGICOURT : Mon ami ?

PETYPON : Veux-tu ? descends ! cours jusqu'au premier marchand de nouveautés et rapporte-nous un manteau, un cache-poussière, n'importe quoi !

MONGICOURT : Entendu ! je vais et je reviens.

> *Il prend en passant son chapeau sur la table et sort.*

PETYPON, *remontant* (1), *à la Môme* (2) : Moi, je vais voir dans mon armoire si je ne trouve pas une robe de chambre, quelque chose que tu puisses mettre en attendant.

LA MÔME (2) : Bon.

PETYPON, *au-dessus du canapé, tout en se dirigeant vers la porte de gauche* : Surtout, ne te fais pas voir ! Si ma femme… ou quelqu'un, venait, file dans ma chambre et cache-toi !

> *Il sort.*

LA MÔME : Compris!... *(Enjambant la chaise à droite du canapé.)* Eh! allez donc! c'est pas mon père!... Ah! non, ce qu'ils sont rigolos tout de même!... C'est égal, ils ont une façon de pratiquer l'hospitalité!... ils finiraient par me faire croire que je suis de trop!... *(On entend un bruit de voix, cantonade droite.)* Qu'est-ce que c'est que ça? Mais on vient par ici... Allons! bon, du monde! Ah! bien! me voilà bien!... *(Elle se précipite vers la baie dont elle veut fermer les rideaux avant de pénétrer dans la chambre.)* Eh! bien, qu'est-ce qu'il y a? Ça ne ferme pas!... Oh! caletons!

> *Elle saute à plat ventre sur le lit, ramène vivement le drap sur sa tête, et ainsi couverte entièrement, reste dans l'immobilité complète.*

SCÈNE X

LA MÔME *couchée,*
puis LE GÉNÉRAL *et* ÉTIENNE.

LE GÉNÉRAL, *redingote et guêtres blanches, le chapeau haut de forme sur la tête, entrant, suivi d'Étienne :* Annoncez son oncle, le général Petypon du Grêlé!

ÉTIENNE, *qui, aussitôt paru, s'arrête sur le pas de la porte :* Oui, monsieur.

LE GÉNÉRAL (1), *au milieu de la scène :* Eh! ben?

Qu'est-ce que vous attendez dans la porte ? Entrez !

ÉTIENNE, *avec gravité* : Oh ! non ! monsieur !... non ! j'peux pas !

LE GÉNÉRAL : Vous ne pouvez pas ! Pourquoi ça, vous ne pouvez pas ?

ÉTIENNE : C'est l'archange qui l'a défendu.

LE GÉNÉRAL : La quoi ?

ÉTIENNE : L'archange !

LE GÉNÉRAL : L'archange ? Qu'est-ce que c'est que cet animal-là ?

ÉTIENNE, *pénétré de son importance* : Mon général ne peut pas comprendre ! c'est des choses supérieures !

LE GÉNÉRAL : Eh ! ben, dis donc ! t'es encore poli, toi !

ÉTIENNE : Sauf votre respect, mon général, que mon général veuille bien chercher monsieur dans cette chambre... ou dans l'autre !

LE GÉNÉRAL, *regardant autour de lui* : Quoi, « dans cette chambre » ? Où ça, « dans cette chambre », puisqu'il n'y est pas ?

ÉTIENNE : Monsieur est quelquefois sous les meubles.

LE GÉNÉRAL : Mais il est fou !... c'est un fou : « Quelquefois sous les meubles ! » Allez, rompez !

ÉTIENNE : Oui, mon général !

Il sort et referme la porte sur lui.

LE GÉNÉRAL, *ronchonnant* : A-t-on jamais vu ?... « Quelquefois sous les meubles ! » Allons ! il n'est pas dans cette pièce… Allons voir dans l'autre ! *(Il gagne la pièce du fond ; arrivé au pied du lit, il jette un rapide coup d'œil circulaire.)* Personne ?…

> *Il poursuit son inspection dans la chambre, disparaissant ainsi un instant aux yeux du public.*

LA MÔME, *la tête sur l'oreiller, soulevant légèrement la couverture pour passer son nez* : Je n'entends plus rien ! *(Elle se soulève sur les mains sans se découvrir et dans une position telle qu'on voit saillir sa croupe plus haut que le reste du corps sous le drap. À ce moment, le Général, qui a reparu et se trouve au-dessus du lit près du pied, aperçoit ce mouvement. Persuadé qu'il a affaire à Petypon couché, d'un air farceur, il montre la croupe qu'il a devant lui, a un geste comme pour dire : « Ah ! toi, attends un peu ! », et, à toute volée, sur ladite croupe, il applique une claque retentissante. La Môme, ne faisant qu'un saut qui la remet sur son séant.)* Oh ! chameau !

LE GÉNÉRAL, *interloqué et, instantanément, d'un geste coupant de haut en bas, enlevant son chapeau de sa tête* : Oh ! pardon ! *(Considérant la Môme, qui le regarde en hochant la tête d'un air maussade, tout en frottant la place endolorie.)* Mais, c'est ma nièce, Dieu me pardonne !

LA MÔME, *ahurie, ne comprenant rien à ce qui lui arrive* : Quoi ?

LE GÉNÉRAL : Faites pas attention ! Un oncle, c'est pas un homme ! *(À la bonne franquette, lui tendant la main.)* Bonjour, ma nièce !

LA MÔME, *ahurie, serrant machinalement la main qu'on lui présente* : Bon… bonjour, monsieur !

LE GÉNÉRAL : Je suis le général baron Petypon du Grêlé ! Vous ne me connaissez pas, parce qu'il y a neuf ans que je n'ai pas quitté l'Afrique !… Mais, mon neveu a dû vous parler de moi !

LA MÔME : Votre neveu ?…

LE GÉNÉRAL : Oui !

LA MÔME, *à part, pendant que le général, contournant le lit, va se placer contre le pied de celui-ci* : Comment, il me prend pour !…

LE GÉNÉRAL : Eh ! ben, voilà ! c'est moi ! *(Considérant la Môme avec sympathie.)* Cré coquin ! Je lui ferai mes compliments, à mon neveu, vous savez !… Je ne sais pas quels idiots m'avaient dit qu'il avait épousé une vieille toupie !… Des toupies comme ça, c'est dommage qu'on ne nous en fiche pas quelques escouades dans les régiments !

LA MÔME, *avec des courbettes comiques jusqu'à toucher les genoux avec sa tête* : Ah ! général !… Général !

LE GÉNÉRAL, *lui rendant en courbettes la monnaie de sa pièce* : J'dis comme je pense !… J'dis comme je pense !

LA MÔME, *même jeu* : Ah ! général ! *(À part.)* Il est très galant, le militaire !

LE GÉNÉRAL : Mais, vous n'êtes pas malade, que vous êtes encore couchée ?

LA MÔME : Du tout, du tout !… J'ai fait la grasse matinée ; et j'attendais pour me lever qu'on m'apportât *(t)* un vêtement.

LE GÉNÉRAL, *jovial* : Aha ! « *tatte* un vêtement »,

oui! oui! « *tatte un vêtement!…* » *(Tout en allant s'asseoir sur la chaise qui est à la tête du lit.)* Et, maintenant, vous savez ce qui m'amène? Vous avez reçu ma lettre?

LA MÔME (1) : Non!…

LE GÉNÉRAL (2) : Vous ne l'avez pas reçue?… Qu'est-ce qu'elle fiche donc, la poste?… Enfin, vous la recevrez! Elle sera inutile, puisque j'aurai plus vite fait de vous dire la chose tout de suite. Vous connaissez ma nièce Clémentine?

LA MÔME, *assise sur le lit* : Non.

LE GÉNÉRAL : Si! Clémentine Bourré!

LA MÔME : Bourré?

LE GÉNÉRAL : Que j'ai adoptée à la mort de ses parents… Mon neveu a dû vous parler d'elle!…

LA MÔME, *vivement* : Ah! Bourré! Bourré! oui, oui!

LE GÉNÉRAL : Clémentine!

LA MÔME : Clémentine! mais voyons : Clémentine! la petite Bourré!

LE GÉNÉRAL : Eh bien! voilà… J'ai besoin d'une mère pendant quelques jours pour cette enfant! une jeune mère! j'ai compté sur vous!

LA MÔME, *tournant des yeux étonnés vers le Général, avec un mouvement de tête qui rappelle celui du chien qui écoute le gramophone*[1] : Sur moi.

LE GÉNÉRAL : Je crois que je ne pouvais pas trouver mieux!… Vous comprenez, moi, j'ai beau être général, *(Riant.)* je n'ai rien de ce qu'il faut pour être une mère!…

LA MÔME, *riant* : Ah! non!… non!

LE GÉNÉRAL, *riant* : Je ne sais même pas si je saurais être père !

LA MÔME, *tout en riant* : Oh !… Oh !

LE GÉNÉRAL, *vivement* : Au-delà… au-delà, veux-je dire, du temps qu'il est nécessaire pour le devenir. *(Tous deux s'esclaffent.)* Oui, oui ! c'est un peu gaillard, ce que je viens de dire ! C'est un peu gaillard !

Il se tord.

LA MÔME : Oh ! ça ne me gêne pas !

LE GÉNÉRAL : Non ? bravo ! Moi, j'aime les femmes honnêtes qui ne font pas leur mijaurée !… Bref — pour en revenir à Clémentine ! — vous comprenez si seulement j'avais eu encore ma femme !… *(Se levant et gagnant jusqu'au pied du lit.)* Mais, ma pauvre générale, comme vous savez, n'est-ce pas, ffutt !… *(D'un geste de la main il envoie la générale au ciel.)* Ah ! je ne l'ai jamais tant regrettée !… *(Changeant de ton.)* Alors, n'ayant pas de femme pour elle, je me suis dit : « Il n'y a qu'un moyen : c'est de lui trouver un homme ! »

LA MÔME, *se méprenant et affectant l'air scandalisé* : Oh ! oh !… général !

LE GÉNÉRAL, *ne comprenant pas* : Quoi ? il faut bien la marier !

LA MÔME, *bien étalé* : Ah ! c'est pour le mariage ?

LE GÉNÉRAL : Ben, naturellement !… Pourquoi voulez-vous que ce soit ?

LA MÔME : Oui !… Oui, oui ! *(Riant, et avec des*

courbettes de gavroche, comme précédemment.) Évidemment!... Évidemment!

LE GÉNÉRAL, *rendant courbettes pour courbettes, par-dessus le pied du lit*: Ehehé!... ehehé!... (*Brusquement sérieux.*) Et voilà comment la petite épouse, dans huit jours, le lieutenant Corignon!

LA MÔME, *son drap ramené sous les aisselles, bondissant sur les genoux jusqu'au pied du lit*: Corignon!... du 12ᵉ dragons?

LE GÉNÉRAL, *l'avant-bras gauche appuyé sur le pied du lit*: Oui!... Vous le connaissez?

LA MÔME, *se dressant sur les genoux*: Si je connais Corignon!... Ah! ben!...

LE GÉNÉRAL: Comme c'est curieux!... Et vous le voyez souvent?

LA MÔME, *sans réfléchir, tout en arrangeant son drap derrière elle*: Oh! je vous dirai que depuis que je l'ai lâché...

LE GÉNÉRAL, *étonné*: Que vous l'avez lâché?...

LA MÔME, *vivement, se retournant vers le général*: Euh!... que je l'ai lâché... de vue! de vue, général!

LE GÉNÉRAL: Ah!... Perdu de vue, vous voulez dire!

LA MÔME: C'est ça! C'est ça! Oh! ben, «lâché, perdu», c'est kif-kif!... Ce qu'on lâche, on le perd!

LE GÉNÉRAL: Oui, Oui.

LA MÔME: Et ce qu'on perd...

LE GÉNÉRAL: On le lâche! (*Courbettes et rires.*) C'est évident! C'est évident!

LA MÔME, *rires et courbettes* : Ehehé !… ehehé !…
Vous êtes un rigolo, vous !

LE GÉNÉRAL : Je suis un rigolo ! oui, oui, j'suis un
rigolo ! *(Changeant de ton.)* Eh bien ! ce Corignon,
je l'ai eu longtemps sous mes ordres en Afrique,
avant qu'il permute !… Bon soldat, vous savez ! de
l'avenir !…

LA MÔME, *assise sur ses talons* : Aha !

LE GÉNÉRAL : Oh ! oui !… Avec ça, du coup d'œil !
de la décision… Ah !… c'est un garçon qui
marche[1] bien !…

LA MÔME, *les yeux à demi fermés, sensuellement, les
dents serrées, tout en se dressant sur les genoux* : Ah !
oui !…

LE GÉNÉRAL, *la regarde, puis s'inclinant* : Je suis
enchanté que vous soyez de mon avis !…

> *Il descend un peu en scène.*

LA MÔME, *à part, pendant que le général a le dos
tourné* : Ah ! ce coquin de Corignon ! Vrai ! Ça me
redonne un béguin pour lui !

LE GÉNÉRAL, *remontant vers le lit* : Et, alors, voilà :
le mariage a lieu dans huit jours. Demain, contrat
dans mon château en Touraine. Et je viens vous
demander sans façon, à vous et à mon neveu, de
m'accompagner. Je vous le répète, comme je vous
l'ai écrit : il me faut une mère pour cette enfant,
et une maîtresse de maison pour faire les honneurs ! Me refuserez-vous votre assistance ?…

LA MÔME, *riant sous cape, tout en remontant sur les*

genoux jusqu'au milieu du lit : Moi ?... Ah ! ce que c'est rigolo !

LE GÉNÉRAL : Est-ce convenu ?

LA MÔME, *hésitant* : Mais, je ne sais... le... le docteur !...

LE GÉNÉRAL, *tout en se dirigeant vers la table de droite pour y déposer sa canne et son chapeau* : Votre mari ?... Oh ! lui, j'en fais mon affaire !

LA MÔME, *à part, tandis que le général a le dos tourné* : Ah ! ma foi, c'est trop farce !... La môme Crevette faisant les honneurs au mariage de Corignon !... Non ! rien que pour voir sa tête !...

LE GÉNÉRAL, *se retournant, et de loin* : Eh ben ?

LA MÔME : Eh ben ! j'accepte, général !

LE GÉNÉRAL, *remontant vers la Môme* : Ah ! dans mes bras, ma nièce !

LA MÔME, *toujours à genoux sur le lit, et par-dessus l'épaule du général tandis que celui-ci l'embrasse* : Ah ! c'est beau, la famille !

SCÈNE XI

LES MÊMES, PETYPON.

PETYPON, *arrivant de gauche et derrière le canapé* : Je ne sais pas où cet animal d'Étienne a fourré ma robe de chambre ?... (*Apercevant du monde au fond.*) Eh bien ! qu'est-ce qui est là, donc ?

LE GÉNÉRAL, *se retournant et descendant, reconnaissant Petypon* : Eh ! te voilà, toi !

PETYPON, *s'effondrant et roulant pour ainsi dire contre le dossier du canapé, ce qui l'amène à l'avant-scène gauche* : Nom d'un chien ! mon oncle !

LA MÔME, *à part* : V'là l'bouquet !

PETYPON, *ahuri, et ressassant sa surprise* : Mon oncle ! C'est mon oncle ! C'est pas possible ! Mon oncle du Grêlé !... C'est mon oncle !

LE GÉNÉRAL, *qui est descendu* (2) *milieu de la scène* : Eh ! bien, oui, quoi ? c'est moi ! Embrasse-moi, que diable ! Qu'est-ce que tu attends ?

PETYPON : Hein ? Mais, voilà ! j'allais vous le demander !... (*À part, tout en passant devant le canapé pour aller au général.*) Mon Dieu ! et la Môme !... en chemise !... dans mon lit ! (*Haut, au général.*) Ah ! mon oncle !

Ils s'embrassent.

LA MÔME, *sur son séant, dans le lit, et les jambes sous le drap* : Non ! ce que je me marre !

PETYPON, *les deux mains du général dans les siennes* : Ah ! bien, si je m'attendais !... depuis dix ans !

LE GÉNÉRAL : N'est-ce pas ? C'est ce que je disais : « Il va avoir une de ces surprises ! »

PETYPON, *riant jaune* : Ça, pour une surprise !...

LE GÉNÉRAL, *dévisageant Petypon* : C'est qu'il n'a pas changé depuis dix ans, l'animal !... Toujours le même !... (*Même modulation.*) en plus vieux !

PETYPON, *un peu vexé* : Vous êtes bien aimable. (*Lui reprenant les mains.*) Ah ! ben, vous savez !... si je m'attendais !...

LE GÉNÉRAL, *retirant ses mains et sur le ton grognard* : Oui ! Tu l'as déjà dit !

PETYPON, *interloqué* : Hein ? Ah ! oui !… oui ! en effet !

LE GÉNÉRAL, *descendant plus en scène* : Tel que tu me vois, j'arrive d'Afrique !… avec ta cousine Clémentine !

PETYPON : Oui ?… Ah ! ben, si je m'attendais !

> *Il descend à lui les mains tendues.*

LE GÉNÉRAL (2) : Eh ! bien, oui ! oui ! c'est entendu ! *(À part.)* Oh !… il se répète, mon neveu !

PETYPON (1) : Et vous n'êtes pas pour longtemps à Paris ? Non ?… Non ?

LE GÉNÉRAL (2) : Non, je pars tout à l'heure.

PETYPON : Ah ?… Ah ?… Parfait ! Parfait !

LE GÉNÉRAL : Comment, parfait ?

PETYPON : Non ! c'est une façon de parler !

LE GÉNÉRAL : Ah ! bon ! Je me suis accordé un congé de quinze jours que je passe en Touraine ; le temps de la marier, cette enfant ! Et, à ce propos, j'ai besoin de toi ! Tu es libre pour deux ou trois jours ?

PETYPON, *avec une amabilité exagérée* : Mais il n'est d'affaires que je ne remette pour vous être agréable !

LE GÉNÉRAL, *riant* : Allons, allons ! n' p'lote pas ! Tu n'as qu'à répondre oui ou non sans faire de phrases ! Ce n'est pas parce que je suis l'oncle à héritage !… Je ne suis pas encore mort, tu sauras !

PETYPON : Oh ! mais, ça n'est pas pour vous presser !

LE GÉNÉRAL : Tu es bien bon de me le dire ! *(Sur le ton de commandement.)* Donc, je vais t'annoncer une nouvelle : tu pars avec nous ce soir !

PETYPON : Moi ?

LE GÉNÉRAL, *même jeu* : Oui !... Ne dis pas non, c'est entendu.

PETYPON : Ah ? Bon !

LE GÉNÉRAL : Et ta femme vient avec toi !

PETYPON, *gracieux* : Ma femme ? Mais elle sera ravie.

LE GÉNÉRAL : Je le sais ! Elle me l'a dit !

PETYPON, *ahuri* : Elle vous l'a... Qui ?

LE GÉNÉRAL : Ta femme ?

LA MÔME, *sous cape* : Boum !

PETYPON : Ma femme ? Où ça ? Quand ça ?... Qui, ça, ma femme ?

LE GÉNÉRAL : Mais elle !

Il désigne la Môme.

PETYPON, *outré* : Hein ! Elle !... Elle ! ma femme, ah ! non ! Ah ! non, alors !

Il redescend extrême gauche.

LE GÉNÉRAL : Comment, non ?

PETYPON, *même jeu* : Ah ! non, vous en avez de bonnes !... elle, ma femme, ah ! ben... jamais de la vie !...

LE GÉNÉRAL : Qu'est-ce que tu me chantes ! Ça n'est pas ta femme, elle ? que je trouve chez toi ?

couchée dans ton lit? au domicile conjugal? *(À Petypon.)* Eh! bien, qu'est-ce que c'est, alors?

PETYPON : Eh! bien, c'est... c'est... Enfin, ce n'est pas ma femme, là!

LE GÉNÉRAL : Ah! c'est comme ça! Eh! bien, c'est ce que nous allons voir!

> *Il remonte vivement à droite de la baie et saisit de la main gauche le cordon de sonnette.*

PETYPON, *se précipitant* (2) *sur le général* (3) *pour l'empêcher de sonner* : Qu'est-ce que vous faites?

LE GÉNÉRAL, *le bras gauche tendu, tandis que de la main droite il écarte Petypon, mais sans sonner* : Je sonne les domestiques! ils me diront, eux, si madame n'est pas ta femme!

PETYPON, *faisant des efforts pour atteindre la main du général* : Eh! là! eh! là, non, ne faites pas ça!

LE GÉNÉRAL, *triomphant, lâchant le cordon de sonnette* : Ah! Tu vois donc bien que c'est ta femme!

PETYPON, *à part, redescendant jusque devant le canapé* : Oh! mon Dieu, mais c'est l'engrenage! *(Prenant son parti de la chose.)* Ah! ma foi, tant pis! puisqu'il le veut absolument!... *(Se tournant vers le général et affectant de rire, comme après une bonne farce.)* Éhé!... éhéhéhéhé!... éhé!...

LE GÉNÉRAL, *le regardant d'un air gouailleur* : Qu'est-ce qui te prend? T'es malade?

PETYPON : Éhé!... On ne peut rien vous cacher!... Eh! bien, oui, là!... C'est ma femme!

LE GÉNÉRAL, *victorieux* : Ah! je savais bien!

Il remonte.

PETYPON, *à part, tout en redescendant extrême gauche* : Après tout, pour le temps qu'il passe à Paris, autant le laisser dans son erreur !

LE GÉNÉRAL, *redescendant vers lui* : Ah ! tu en as de bonnes, « ça n'est pas ta femme !... » Et, à ce propos, laisse-moi te faire des compliments, ta femme est charmante !

LA MÔME, *du lit, avec force courbettes* : Ah ! général !... général !

LE GÉNÉRAL, *se tournant vers elle, mais sans quitter sa place* : Si, si ! je dis ce que je pense ! j' dis c' que je pense ! *(À Petypon.)* Figure-toi qu'on m'avait dit que tu avais épousé une vieille toupie !

Il remonte.

PETYPON, *riant jaune* : Oh ! Qui est-ce qui a pu vous dire ? *(À part.)* Ma pauvre Gabrielle, comme on t'arrange !

On frappe à la porte du vestibule.

LE GÉNÉRAL, *tout en remontant* : Entrez !
PETYPON, *vivement, presque crié* : Mais non !

SCÈNE XII

LES MÊMES, ÉTIENNE.

ÉTIENNE, *un grand carton sur les bras, — s'arrêtant strictement sur le pas de la porte* : Monsieur...

PETYPON, *bourru* : Qu'est-ce qu'il y a ? On n'entre pas.

ÉTIENNE*, *avec calme* : Oh ! je le sais, monsieur !

LE GÉNÉRAL, *à Petypon, en indiquant Étienne* : C'est-à-dire que, si tu le fais entrer, tu seras malin !

PETYPON : Qu'est-ce que vous voulez ?

ÉTIENNE, *tendant son carton* : Ce sont des vêtements que l'on apporte de chez la couturière pour madame.

LE GÉNÉRAL, *au mot de « madame », poussant à l'intention de Petypon une petite exclamation de triomphe* : Aha ! *(Allant à Étienne et le débarrassant de son carton.)* C'est bien, donnez ! *(Le congédiant.)* Allez ! *(À Petypon, tandis qu'Étienne sort.)* Et tiens ! voilà encore une preuve que madame est ta femme : ces vêtements qu'on apporte pour elle !

PETYPON, *prévoyant la conséquence inévitable* : Hein !

LE GÉNÉRAL : Elle m'avait dit qu'elle les attendait pour se lever ; les voilà ! *(À la Môme.)* Tenez, mon enfant, allez vous habiller.

> *Il lance le carton à la Môme qui le rattrape au vol.*

LA MÔME : Merci, m' n' onc' !

PETYPON, *à part* : C'est ça ! il lui donne les robes de ma femme !

LA MÔME, *ouvrant le carton et en tirant la robe à destination de madame Petypon. À part* : Oh ! là ! là ! Je

---

* Petypon (1), devant le canapé ; la Môme (2), dans le lit ; le général (3), à droite de la baie ; Étienne (4), dans la porte.

vais avoir l'air d'une ouvreuse, moi, avec ça !
Enfin, ça vaut encore mieux que rien. *(Haut, au
général.)* M' n' onc' !

LE GÉNÉRAL : Ma nièce ?

PETYPON : « Mon oncle ! » Elle a tous les toupets !

LA MÔME. M' n' onc', voulez-vous-t'y tirer les
rideaux ?

LE GÉNÉRAL, *ravi, allant tirer les tapisseries* : « Voulez-
vous-t'y tirer les rideaux ! » Mais, comment donc !
*(Descendant vers Petypon une fois sa mission accom-
plie.)* Elle est charmante, ma nièce ! charmante !
Ce qu'elle va en faire un effet en Touraine ! Ce
qu'elle va les révolutionner, les bons provinciaux !

PETYPON, *à part, avec conviction* : Ah ! j'en ai peur.

SCÈNE XIII

LES MÊMES, MONGICOURT.

MONGICOURT, *entrant de droite, avec un paquet qu'il
dépose ainsi que son chapeau sur la chaise qui est au-
dessus de la table* : Voilà tout ce que j'ai pu trouver !
(Voyant le général.) Oh ! pardon !

PETYPON, *à part* : Mongicourt !... Mon Dieu,
pourvu qu'il ne gaffe pas !... *(Passant vivement n° 2,
entre le général et Mongicourt.)* Mon oncle, je vous
présente mon vieil ami et confrère, le docteur
Mongicourt ! *(À Mongicourt.)* Le général Petypon
du Grêlé !

Tous trois forment un groupe assez rap-
proché : le général (1) *; Petypon* (2), *un*
peu au-dessus, face au public ; Mongicourt
(3), *face au général.*

MONGICOURT (3), *tendant la main au général et sur*
un ton jovial, avec des petits soubresauts de la tête en
manière de salutations : Oh ! général, enchanté ! J'ai
souvent entendu parler de vous !

LE GÉNÉRAL (1), *voulant être poli, et avec les mêmes*
soubresauts de la tête que Mongicourt : Mais, euh...
moi de même, monsieur ! moi de même !

MONGICOURT, *même jeu* : Oh ! ça, général... *(Riant.)*
eh ! eh ! eh ! vous n'en mettriez pas votre main au
feu ?

TOUS TROIS, *riant* : Eh ! eh ! eh ! eh ! eh !

LE GÉNÉRAL, *même jeu* : Mon Dieu, ma main au
feu !... ma main au feu !... eh ! eh ! eh ! vous savez,
ce sont de ces choses qu'on répond par politesse...

TOUS TROIS : Eh ! eh ! eh ! eh ! eh !

MONGICOURT, *même jeu* : C'est bien ainsi que je
l'ai compris.

TOUS TROIS : Eh ! eh ! eh ! eh !

MONGICOURT : Et vous êtes pour longtemps à
Paris, général ?

PETYPON, *tout seul* : Eh ! eh ! eh ! *(Voyant qu'il est*
seul à rire, s'arrêtant court.) Ah ?

LE GÉNÉRAL : Non-non ! Non ! Je pars en Touraine pour marier une nièce à moi !... *(Sur un ton*
futé, à Petypon.) Au fait, je ne t'ai pas dit qui elle

épouse ! Tu vas voir comme c'est curieux ! *(Ménageant bien son petit effet.)* Le lieutenant… Corignon !

PETYPON (2), *approuvant de la tête, mais avec une absolue indifférence* : Ah ?

LE GÉNÉRAL, *a un petit sursaut d'étonnement, puis* : Le Corignon… que tu connais !

PETYPON (2), *simplement et avec la même indifférence* : Moi ? non !

LE GÉNÉRAL : Si !

PETYPON : Ah ?

LE GÉNÉRAL : Ta femme m'a dit que vous le connaissiez.

PETYPON : Ah ! elle vous ?…

LE GÉNÉRAL : Mais oui !

Il remonte.

PETYPON : Ah ? bon ! bien ! parfait ! *(À part.)* Tout ce qu'on voudra, maintenant ! tout ce qu'on voudra !

MONGICOURT, *mettant inconsidérément les pieds dans le plat* : Comment, ta femme ? Elle est donc là ?

PETYPON, *vivement, et en faisant des signes d'intelligence à Mongicourt qui n'y prête pas attention* : Hem ! Oui ! Oui !

LE GÉNÉRAL, *au-dessus, à droite du canapé* : Oui ! elle est couchée par là ; elle se lève !

MONGICOURT, *de plus en plus surpris* : Elle se ?…

PETYPON, *même jeu, en se rapprochant de Mongicourt* : Oui ! oui !

MONGICOURT, *à part* : Ah ! çà, qu'est-ce que tout cela veut dire ? *(Haut.)* Pardon, général, voulez-

vous me permettre de dire un mot en particulier
à mon ami Petypon?

LE GÉNÉRAL, *redescendant n° 1*: Faites donc!

MONGICOURT, *au général, tout en entraînant un
peu Petypon à droite*: C'est au sujet d'un de nos
malades!... secret professionnel! vous m'excusez?

LE GÉNÉRAL: Je vous en prie.

> *Il s'assied sur le canapé.*

MONGICOURT (3), *bas à Petypon* (2), *qu'il a emmené
jusque devant la table*: Ah çà! qu'est-ce que ça signifie? c'est ta femme qui est couchée, maintenant?

PETYPON, *bas*: Eh! non! c'est la Môme! Il est
tombé sur elle; alors, naturellement!...

MONGICOURT, *bas*: Malheureux, je comprends!

PETYPON: Ah! je suis joli! *(Bondissant en entendant la voix de sa femme à la cantonade.)* Mon Dieu!
la voix de ma femme! Ah! non, non, je n'en sor-
tirai pas! *(À l'apparition de madame Petypon.)* Elle!

SCÈNE XIV

LES MÊMES, MADAME PETYPON, *vient n° 2.*

MADAME PETYPON, *encore tout exaltée, sans même
regarder autour d'elle, descendant d'une traite presque
jusqu'au canapé, — d'une voix radieuse*: C'est fait!
j'ai accompli ma mission! *(Rappelée subitement à la
réalité, en se trouvant face à face avec un inconnu, le
général, qui s'est levé à son approche.)* Oh! pardon!

PETYPON, *qui a suivi le mouvement de Mongicourt* :
Oui ! Oui !

MONGICOURT : Après de telles émotions !… Le
général vous excusera !

MADAME PETYPON (3), *encadrée par Mongicourt* (2),
et Petypon (4), *se laissant conduire* : Oui, j'ai besoin
de me recueillir quelques instants ! Vous permettez, général ?

LE GÉNÉRAL : Oh ! comment donc !

MADAME PETYPON, *s'arrêtant au-dessus du canapé, ce
qui arrête également Mongicourt* (2) *et Petypon* (4) :
J'espère, puisque vous êtes à Paris, que nous allons
vous voir souvent.

LE GÉNÉRAL : Ah ! non ! mille regrets, madame !
Je pars ce soir pour mon château de la Membrole,
en Touraine !

MADAME PETYPON, *l'air contrit* : Oh ! vraiment !

LE GÉNÉRAL, *gagnant un peu à droite tout en parlant* :
Oui ! Il est temps qu'on le rouvre un peu, celui-là !
Depuis dix ans qu'il est fermé !… *(À Petypon, qui
est à droite du canapé.)* On dit déjà dans le pays qu'il
est hanté de revenants !…

> *Il continue à gagner à droite.*

MADAME PETYPON, *avec un petit frisson* : Oh !… Et
ça ne vous effraie pas ?

LE GÉNÉRAL, *gagnant jusque devant la table* : Moi ?
Aha !… Ah ! ben !… mais, est-ce que ça existe, les
revenants ?

MADAME PETYPON : N'importe, je ne voudrais pas
être à votre place !… Allons, au revoir, général !

LE GÉNÉRAL, *s'inclinant* : Madame !

MADAME PETYPON : Je vous laisse avec mon mari !

MONGICOURT et PETYPON, *sursaut instinctif et exclamation étouffée de part et d'autre* : Oh !

> *Dans leur sursaut, Mongicourt est descendu extrême gauche par la gauche du canapé, et Petypon à droite devant le canapé, tandis que madame Petypon est sortie par la porte de gauche.*

LE GÉNÉRAL, *qui était de dos au moment où madame Petypon a prononcé sa phrase de sortie, se retournant, étonné, à part* : Son mari ?

PETYPON, *à part* : Son mari !… Ah ! ça avait marché si bien !

SCÈNE XV

LES MÊMES, *moins* MADAME PETYPON.

LE GÉNÉRAL, *après un temps de réflexion, pendant lequel il a les yeux fixés sur les deux hommes, qui sont pour lui dans le même rayon visuel, brusquement prend un parti et s'avance à froid vers eux. Arrivé à Petypon, qui croit que c'est à lui qu'il en a, il l'écarte du bras droit, et, arrivé à Mongicourt, lui tendant la main* : Oh ! monsieur, je vous demande pardon ! *(Mongicourt lève sur lui des yeux ahuris.)* Je ne me doutais pas que j'avais affaire à madame votre femme !

MONGICOURT : Ma f ?…

LE GÉNÉRAL, *ne lui laissant pas le temps de répondre* :
Mais, c'est la faute à mon neveu ! Il n'avait pas dit
le nom en présentant !

MONGICOURT : Hein ! Ah ! mais non ! pas du
tout !

PETYPON, *vivement, descendant, entre eux* : Quoi ?
quoi, « pas du tout ? » Absolument si, c'est ma
faute ! mon oncle a raison ! mais ça ne m'est pas
venu en tête. *(Au général.)* J'aurais dû vous dire :
« Madame Mongicourt ! » *(Remontant au-dessus du
général.)* Eh ! bien, voilà ! le mal est réparé !... *(À
Mongicourt, en redescendant, 3.)* Il est réparé, le mal !

MONGICOURT, *vexé, à part* : Ah ! flûte !

LE GÉNÉRAL, *à Mongicourt* : Je vous fais mes compliments ! ça a l'air d'une bien aimable dame !...

MONGICOURT, *la bouche pincée* : Mais... certainement !

LE GÉNÉRAL, *tout en se retournant, et bas, dans l'oreille
de Petypon* : Seulement, ça, c'est ce que j'appelle
une vieille toupie !

　　　*Ravi de sa réflexion, il envoie une bour-
　　　rade du coude à Petypon, et passe n° 3.*

PETYPON, *fait une moue, puis à part, sur un ton
pincé* : Non, mais est-ce assez de mauvais goût de
me répéter ça tout le temps !

MONGICOURT, *à part, dans son coin, maugréant* :
Non ! comme amie, soit ! mais passer pour son
mari, c'est vexant !

SCÈNE XVI

LES MÊMES, LA MÔME.

LA MÔME (3), *sortant de la baie, — elle est revêtue de la robe qu'on avait apportée pour madame Petypon et que lui a remise le général* : Là, je suis prête !

LE GÉNÉRAL (4) : Ah ! voilà ma nièce.

LA MÔME (3) : Ah ! non, ce que je dégote comme ça ! *(Enjambant la chaise à droite du canapé.)* Eh ! allez donc ! C'est pas mon père !

> *Tandis que Mongicourt (1) et Petypon (2) ont un même sursaut au geste de la Môme, le général, ravi, éclate de rire.*

LE GÉNÉRAL : Ah ! ah ! elle est drôle ! *(Singeant le geste de la Môme.)* « Eh ! allez donc, c'est pas mon père ! » *(Descendant n° 3, vers Petypon.)* Elle me va tout à fait, ta femme ! un petit gavroche !

> *Il remonte.*

PETYPON, *grommelant* : Oui, oh ! *(Entre ses dents.)* Un voyou !

LE GÉNÉRAL, *regardant sa montre* : Oh ! mais, il est tard ! Je me laisse aller à bavarder, et mon train que je dois prendre dans une heure ! J'ai encore deux courses à faire avant. *(À la Môme, qui est adossée à la table.)* Alors, c'est bien convenu ? À quatre heures cinq à la gare ?

LA MÔME : C'est ça, mon oncle !

PETYPON, *gagnant le milieu de la scène, bien appuyé* : Oui !

MONGICOURT : Avec la Môme ?

LA MÔME, *sautant assise sur la table côté gauche* : Avec moi !

MONGICOURT (1) : Eh ! ben, mon vieux !...

PETYPON (2), *venant se camper devant la Môme* : Ah ! oui, tu me mets dans de jolis draps ! Que le diable t'emporte d'être venue te fourrer dans ma vie, toi ! Oh ! le pied dans le crime !... Si seulement il y avait eu crime ! Mais, enfin, je ne te connais pas ! Tu n'as pas été à moi ; je n'ai pas été à toi !

LA MÔME (3) : Mais, c'est que c'est vrai !... On n'a pas été à nous !

PETYPON : Eh ! bien, alors, de quel droit viens-tu troubler mon existence ? Me voilà marié à toi, maintenant !

LA MÔME, *blagueuse* : Tu ne t'embêtes pas !

MONGICOURT, *qui n'a pas encore digéré la chose* : Et moi à madame Petypon !

PETYPON, *à la Môme* : Comme c'est agréable pour moi !

MONGICOURT, *entre ses dents, tout en gagnant la gauche* : Eh ! bien, et pour moi !

PETYPON : Si encore tu avais eu le tact de décliner son invitation en Touraine ! Mais non ! Quelle tête vas-tu faire là-bas ? au milieu de ces bourgeois de province ; dans ce monde collet-monté ; avec tes « où c't'y qui », tes « qui c'ty qui » et tes « Eh ! allez donc, c'est pas mon père ! »

LA MÔME, *bien gentiment et sur le ton le plus distingué* : Oh ! non, mais je t'en prie !... engueule-moi !

PETYPON : C'est ça ! voilà !

LA MÔME : Mais, n'aie donc pas peur ! tu verras si je leur en ficherai du comme il faut !

PETYPON : Enfin, ça y est : ça y est ! Je ne te demande qu'une chose : de la tenue ! au nom du ciel, de la tenue !

LA MÔME, *passant, tout en parlant, dans un mouvement débraillé, sa jambe droite sur sa jambe gauche, les deux mains serrant la cheville* : Mais, quoi ? J'en ai de la tenue !

PETYPON : Ah ! là, oui ! Ah ! tu en as, de la tenue ! *(Lui décroisant les jambes et la faisant descendre de la table.)* Et, maintenant, à tantôt trois heures et demie, en bas, devant la porte d'entrée !

LA MÔME : Entendu ! *(Se dégageant de Petypon, qui la dirigeait vers la sortie, pour aller à Mongicourt.)* Bonjour, le m'sieur ! *(Elle lui donne la main et, en même temps, par-dessus leurs deux mains jointes, elle fait un passement de jambe.)* Et ! allez donc !...

PETYPON : Encore ! *(Courant à la Môme et lui saisissant le poignet droit.)* Va, file ! Ma femme peut entrer d'un moment à l'autre !

LA MÔME, *résistant, sans brusquerie* : Oh ! ben, quoi ? je suis dans une tenue convenable ! *(Passant 3, avec des mouvements de pavane.)* Je suis mise comme une femme honnête. *(À Petypon.)* C'est égal, elle n'a pas de chic, ta femme ! *(De loin, avec un salut de la main à Mongicourt.)* Au revoir, bidon !

MONGICOURT : Au revoir, la Môme !

LA MÔME, *à Petypon, en lui pinçant le nez* : Au revoir !
vieux vicieux !

PETYPON, *tandis qu'Étienne paraît à la porte en s'arrêtant fidèlement sur le seuil* : Mais laisse donc mon
nez tranquille !

LA MÔME, *passant devant Étienne ahuri, et lui donnant une petite tape sur la joue* : Adieu !… Grenade !

Elle sort.

SCÈNE XVIII

LES MÊMES, *moins* LA MÔME,
plus ÉTIENNE, *à gauche de la porte.*

ÉTIENNE, *à part, la regardant partir, étonné* :
Tiens ?… Par où est-elle entrée, celle-là ?

PETYPON, *bourru, à Étienne* : Encore vous ! Quoi ?
Qu'est-ce que vous voulez ?

ÉTIENNE, *sans bouger du seuil de la porte* : Il y a là
deux hommes qui apportent un fauteuil avec une
manivelle ! Ils disent que c'est des choses que
monsieur attend !

PETYPON, *gagnant la gauche* : Ah ! oui ! Faites apporter par ici.

Étienne sort.

MONGICOURT, *qui était remonté pour accompagner
la Môme à mi-chemin, redescendant n° 2* : Qu'est-ce

que c'est que ce fauteuil qu'on t'apporte ? tu te
meubles ?

PETYPON, *criant merveille* : Eh ! non ! c'est le
fameux fauteuil extatique ! la célèbre invention
du docteur Tunékunc ! J'ai vu les expériences à
Vienne lors du dernier congrès médical et je me
suis décidé à me l'offrir pour ma clinique.

MONGICOURT, *s'inclinant* : Ah ? tu te mets bien !

PETYPON : Mais tu es destiné à l'avoir aussi ! nous
sommes tous destinés à l'avoir, nous autres méde-
cins ! L'avenir est là, comme aux aéroplanes. Ces
rayons X, on ne sait pas toutes les surprises que
cela nous réserve[1] !

MONGICOURT : Et ça n'est encore que l'enfance !

PETYPON : Quand on pense que, jusqu'à présent,
on endormait les malades avec du chloroforme,
qui est plein de danger... et toujours pénible !
Tandis que maintenant, avec ce fauteuil !...

SCÈNE XIX

LES MÊMES, ÉTIENNE, DEUX PORTEURS.

ÉTIENNE, *s'arrêtant sur le seuil de la porte et s'effaçant
pour livrer passage aux deux porteurs du fauteuil extatique. Ils apportent le fauteuil replié, dossier contre siège.
Sur le dossier, la bobine et, dans une boîte, des gants de
soie verts* : Entrez ! Moi, je n'entre pas !

PETYPON, *indiquant aux porteurs la gauche de la
table* : Posez cela là, voulez-vous ? (*Tandis que les*

porteurs placent le fauteuil à la place indiquée, à Mon-
gicourt, qui, dos au public, devant la table, regarde ce
jeu de scène.) Tu vois, le voilà !… *(Aux porteurs.)* La
bobine là, sur la table !… *(Tandis qu'un des porteurs*
place la bobine, puis, sans en avoir l'air, dans la
mâchoire branche le fil déjà préparé sur la table dès le
lever du rideau.) Ah ! les gants ! vous avez apporté
les gants ?

PREMIER PORTEUR : Oui, monsieur ! là, dans cette
boîte !

Il pose la boîte sur la table, côté lointain.

PETYPON : C'est bien, merci. Tenez, voilà cinq
sous !… vous partagerez !

Les porteurs sortent.

MONGICOURT, *à droite de la table* : Des gants ! Quels
gants ?

PETYPON, *tout en redressant le dossier du fauteuil et le*
mettant en état : Des gants de soie ! des gants isola-
teurs ! *(Prenant le fil dont est munie la machine élec-*
trique qui est censé transmettre le courant au fauteuil
quand on l'y branche.) Alors, tu vois, tu n'as qu'à
introduire la fiche qui est au bout de ce fil dans la
mâchoire placée au dossier du fauteuil !… *(Indi-*
quant le bouton de cuivre qui surmonte le côté gauche
du dossier.) Tu appuies sur ce bouton… *(il donne*
un coup du plat de la main sur ledit bouton ; aussitôt,
dans le globe de la machine, on voit vaciller des rayons
lumineux.) et la communication est établie !… *(Indi-*
quant le bouton de droite.) Comme ça, tu l'arrêtes. *(Il*

appuie sur le bouton, les rayons disparaissent.) Alors,
voilà : tu places ton malade... euh... *(Ses yeux sem-*
blent chercher un sujet absent, puis, s'arrêtant soudain
sur Mongicourt qui, absorbé, l'écoute avec intérêt.)
Tiens, vas-y donc, toi ! tu te rendras mieux compte.

MONGICOURT, *à droite du fauteuil, devant la table* :
Non !... non !... Je te remercie bien ! Vas-y, toi !

PETYPON, *à gauche du fauteuil* : Mais non, voyons !
puisque c'est moi qui te démontre !... D'ailleurs,
ça n'est pas comme opéré que j'aurai à m'en
servir, mais comme opérateur, alors !...

MONGICOURT, *riant* : J'te dis pas ! mais, qu'est-ce
que tu veux ? moi, ces choses-là, je les aime beaucoup mieux pour les autres que pour moi,
alors !...

PETYPON : Quoi ? Quoi ? je n'ai pas l'intention de
t'endormir ! C'est pour te faire voir le fonctionnement du fauteuil.

MONGICOURT, *manquant de confiance* : Ben oui !

PETYPON : Tu ne me crois pas.

MONGICOURT, *même jeu* : Si ! Si !

PETYPON : Eh ben ! alors ?

MONGICOURT : Soit, mais, tu sais !... Pas de
blagues, hein ?

PETYPON : Mais non, quand je te le dis !

MONGICOURT, *sans enthousiasme* : Oui, enfin !...

> *Il s'assied dans le fauteuil.*

PETYPON : Là ! Eh ben ?

MONGICOURT, *s'installant confortablement* : Eh ! on
n'est pas mal, là-dessus !

PETYPON (1) : Parbleu !... Alors, n'est-ce pas ?
suivant que je veux mon malade plus ou moins
étendu, je fais fonctionner cette manivelle-là.

> *Il indique le bouton placé extérieurement
> sous le siège et qui déclenche la crémaillère
> qui permet de modifier à volonté la position
> du dossier.*

MONGICOURT : Oui ! Oui.

PETYPON, *à croupetons, pressant sur le bouton en
question* : Comme ça, je te renverse !...

MONGICOURT, *qui est bien adossé, se renversant avec
le dossier* : Eh ! là ! eh ! là !

PETYPON : N'aie pas peur ! (*Redressant le dossier.*)
Et, comme ça, je te remets droit.

MONGICOURT : Eh ben ! oui !... connu !

PETYPON, *se redressant* : Et alors, maintenant, quand
il s'agit d'endormir le malade, je presse sur ce
bouton !...

MONGICOURT, *vivement* : Ah ! oui, mais, tu sais !...

> *Trop tard, Mongicourt n'a pas achevé le
> mot « tu sais » que Petypon, sans même s'en
> rendre compte, emporté qu'il est par sa
> démonstration, a appliqué une tape du plat
> de la main sur le bouton gauche du fau-
> teuil. La machine aussitôt s'est mise en
> action ; Mongicourt reçoit comme un choc
> qui le fait sursauter et le voilà immobilisé
> dans son attitude dernière, les yeux joyeuse-
> ment ouverts, un sourire béat sur les lèvres.*

PETYPON, *au-dessus du fauteuil, continuant sa démonstration, sans remarquer qu'il a endormi son confrère :* Immédiatement, mon cher, le patient, sous l'influence du fluide, tombe dans une extase exquise !... et, alors, ça y est ! insensibilité complète ! Tu as tout ton temps ! Tu peux charcuter, taillader, ouvrir, fermer, tu es comme chez toi ! Tu ne trouves pas ça épatant ?... *(Un temps.)* Hein ? *(Descendant à gauche du fauteuil, étonné du silence de Mongicourt.)* Mais dis donc quelque chose !... *(À part.)* Qu'est-ce qu'il a ? *(Appelant.)* Mongicourt !... Mongicourt ! *(Brusquement.)* Sapristi ! je l'ai endormi !... Oh ! non, moi, je... oho ! Il faut que je fasse voir ça à Gabrielle !... *(Remontant vers la chambre de sa femme et ouvrant la porte.)* Gabrielle !... Gabrielle !...

VOIX DE GABRIELLE : Tu m'appelles !

PETYPON, *redescendant :* Vite, viens !

SCÈNE XX

LES MÊMES, MADAME PETYPON.

MADAME PETYPON, *descendant n° 1 :* Qu'est-ce qu'il y a ?

PETYPON (2), *à gauche du fauteuil :* Tiens, regarde-le !

MADAME PETYPON : Ah ! qu'est-ce qu'il fait ?

PETYPON, *tout fier de lui :* Ce qu'il fait ?... Il dort !

MADAME PETYPON : Comment, il s'est endormi chez toi ?

PETYPON : Mais non ! tu ne devines donc pas ?

MADAME PETYPON, *comprenant* : Oh !… C'est le fauteuil extatique !

PETYPON : Mais oui ! Hein ? regarde ? Est-ce étonnant !

MADAME PETYPON : Oh ! que c'est curieux !… Mais, alors, c'est toi qui ?…

PETYPON, *avec un certain orgueil* : C'est moi qui, parfaitement.

MADAME PETYPON : Oh ! ce pauvre Mongicourt ! Ah ! non, qu'il est drôle comme ça !

> *Elle fait mine d'aller vers le fauteuil.*

PETYPON, *vivement, l'arrêtant du bras droit au passage* : Ne le touche pas ! tu t'endormirais aussi.

MADAME PETYPON, *toujours même numéro* : Pas possible !

PETYPON : Non, mais, regarde-le ! A-t-il assez l'air d'être en paradis.

MADAME PETYPON : C'est que c'est vrai.

PETYPON : Y a pas deux mots, il jubile ! Gabrielle ! je te présente un homme qui jubile !

MADAME PETYPON : C'est merveilleux !

PETYPON, *remontant* : Oui, eh ! ben, il a assez jubilé pour aujourd'hui ! Faut pas le fatiguer ! aïe donc !

> *Il tape sur le bouton droit.*

MONGICOURT, *a eu comme un choc, puis toujours souriant, toujours dans son rêve, se lève* : Belle princesse !… dites-moi que vous m'aimez ?…

PETYPON, *qui est redescendu à gauche du fauteuil,
sur le même ton chevrotant que Mongicourt* : Oh ! tu
vas te taire !…

MONGICOURT, *revenant peu à peu à la réalité* :
Quoi ?

PETYPON : Je dis : tu vas te taire ?

MONGICOURT, *à Petypon* : Qu'est-ce qu'il y a eu
donc ?

PETYPON : Il y a eu que tu as dormi !

MONGICOURT, *certain de n'avoir pas dormi* : Non.

PETYPON : Si !

MONGICOURT, *soupçonnant la vérité* : Hein ! Non ?
moi ?…

PETYPON : Eh ! bien, pas moi, bien sûr !

MONGICOURT : C'est pas possible ! tu m'as ?…
Ah ! bien, elle est forte ! je n'ai rien senti !

PETYPON : Hein ? est-ce admirable ?

MONGICOURT, *faisant mine de se rasseoir* : Oh ! j'en
redemande !

PETYPON, *l'arrêtant* : Ah ! non ! En voilà un gour-
mand !

MONGICOURT : Parole, c'est étonnant !

> *Il contourne le fauteuil en l'examinant
> avec respect.*

PETYPON : Et croyez-vous que c'est précieux pour
les opérations !

MADAME PETYPON : Je n'en reviens pas !…

PETYPON, *brusquement, et sur un ton hypocrite, à sa
femme* : Oh ! à propos d'opération, dis qu'on prépare

tout de suite ma valise, il faut que je file dans un quart d'heure !

MADAME PETYPON : Allons bon !

PETYPON : Ah ! ma chère amie, le devoir avant tout !… une opération très urgente !

MADAME PETYPON : C'est bien, qu'est-ce que tu veux, ce sont les inconvénients de la profession ! Je vais faire préparer ta valise.

> *Elle remonte vers la porte, deuxième plan gauche.*

PETYPON, *accompagnant sa femme jusqu'au-dessus du canapé* : S'il te plaît !

> *Madame Petypon sort.*

MONGICOURT, *les mains dans les poches de son pantalon, gagnant la gauche, aussitôt la sortie de madame Petypon* : Eh ! bien, tu en as un toupet !

PETYPON, *au fond* : Qu'est-ce que tu veux ? je ne peux pas aller là-bas avec deux femmes ! On n'est pas des Turcs !

SCÈNE XXI

LES MÊMES, *puis* MAROLLIER *et* VARLIN.

ÉTIENNE, *paraissant, un petit plateau à la main sur lequel deux cartes de visite et s'arrêtant sur le pas de la porte* : Monsieur !

PETYPON, *allant à Étienne* : Qu'est-ce qu'il y a ?

ÉTIENNE, *à mi-voix, à Petypon* : Il y a là deux messieurs, dont voici les cartes, qui demandent à s'entretenir avec monsieur en particulier.

PETYPON, *lisant les cartes* : Qui ça ? *(Regardant les
cartes.)* Connais pas. Qu'est-ce qu'ils me veulent ?

ÉTIENNE, *même jeu* : Ils disent comme ça qu'ils
viennent au sujet de l'affaire de cette nuit.

PETYPON, *subitement ému* : De l'affaire de cette
nuit ?… allons, bon ! qu'est-ce que c'est encore que
cette affaire-là ? *(À Mongicourt, d'une voix inquiète.)*
Mongicourt !

MONGICOURT, *affectueusement* : Mon ami ?

PETYPON : Voilà encore autre chose ! on vient
pour l'affaire de cette nuit !

MONGICOURT (1) : Quelle affaire, mon ami ?

PETYPON (2), *avec la même voix angoissée.* Je ne sais
pas !… Ah ! là ! là ! *(À Étienne.)* Faites entrer ces
messieurs.

                                          Étienne sort.

MONGICOURT, *passant* (2) *devant Petypon et allant
prendre son chapeau sur la chaise derrière la table* : Eh !
ben, je te laisse, puisque tu as à recevoir ces gens.

PETYPON (1) : C'est ça, va !… Ah ! mon ami, voilà
une nuit dont je garderai le souvenir !…

MONGICOURT : Je comprends !

PETYPON : Allons, au revoir !

MONGICOURT : Au revoir ! *(Se croisant avec les deux
personnages qui entrent et s'effacent pour lui livrer
passage.)* Messieurs !

Ils se saluent.

PETYPON (1), *une fois Mongicourt sorti* : Qu'est-ce qui me vaut, messieurs, votre visite.

MAROLLIER (2), *ton sec, cassant. Tenue : redingote, chapeau haut de forme* : C'est bien à monsieur Petypon que nous avons l'honneur de parler ?

PETYPON : À lui-même.

MAROLLIER : Je suis monsieur Marollier, lieutenant au 8ᵉ dragons. *(Présentant Varlin qui est (2) un peu au-dessus de lui.)* Monsieur Varlin !

VARLIN : Agent d'assurances, incendie, vie, accidents, etc., etc. *(Offrant quelques cartes de son agence à Petypon.)* Si vous voulez me permettre !…

PETYPON : Trop aimable !

VARLIN : Dans le cas où vous ne seriez pas assuré, je vous recommanderais…

MAROLLIER, *lui imposant silence* : Je vous en prie ! Vous n'êtes pas ici pour faire du commerce.

VARLIN : Oh ! pardon ! je repasserai.

PETYPON, *indiquant le canapé* : Asseyez-vous, messieurs !

> *Varlin s'assied* (1), *Marollier au-dessus*
> (2), *Petypon prend la chaise et s'assied face*
> *à eux.*

MAROLLIER, *une fois que tout le monde est assis* : Vous devinez sans doute, monsieur, ce qui nous amène ?

PETYPON (3) : Mon Dieu, messieurs, j'avoue que je ne vois pas ?…

MAROLLIER : C'est au sujet de l'affaire de cette nuit.

PETYPON, *cherchant à se souvenir* : De l'affaire de cette nuit ?

MAROLLIER : Eh ! oui.

PETYPON : Pardon, mais !... Quelle affaire de cette nuit ?

MAROLLIER : Comment, quelle affaire ?... Vous n'allez pas nous dire que vous ne vous souvenez pas !

PETYPON : Mais... du tout, monsieur !

MAROLLIER : Il est vrai que l'état d'ivresse avancé dans lequel vous étiez !...

PETYPON, *se dressant, furieux* : Monsieur !

MAROLLIER, *se levant instinctivement* : D'ailleurs, monsieur, notre rôle n'est pas de discuter l'affaire avec vous ! veuillez nous mettre simplement en rapport avec deux de vos amis.

Il se rassied.

PETYPON, *se rasseyant également* : « Avec deux de mes amis » ! Comment, avec deux de mes amis ? Si je vous comprends bien, il s'agit d'une réparation ? eh ! bien, je ne dis pas non ; mais vous ne voulez cependant pas que je me batte sans savoir pourquoi ? (*À Varlin qui semble dans les nuages.*) Enfin, voyons ?...

VARLIN, *très souriant et profondément lointain* : Oh ! moi... je m'en fous !

PETYPON : Comment ?

MAROLLIER, *se tournant d'un bond vers Varlin* :

Qu'est-ce que vous dites ?… en voilà des façons !…
Si c'est comme cela que vous prenez les intérêts
de votre client !

VARLIN : Oh ! pour ce que je le connais !… *(À
Petypon.)* Il était à côté de moi chez Maxim… Vous
savez ce que c'est : on s'est parlé entre deux
consommations.

MAROLLIER, *sur les charbons* : Oui, bon, ça va bien.

VARLIN : Là-dessus, l'affaire a eu lieu ; comme il
ne connaissait personne…

MAROLLIER, *même jeu* : Oui !… Oui !

VARLIN : … il m'a demandé si je voulais être son
second témoin… C'est pas plus malin que ça !

MAROLLIER : Oh ! mais, c'est bien ! ça suffit !… *(À
Petypon.)* Monsieur ! après les invectives plus que
violentes échangées cette nuit, vous nous voyez
chargés par notre client…

PETYPON : Mais, enfin, encore une fois, quelles
invectives ?…

MAROLLIER : Comment, quelles invectives !… mais
il me semble que le seul fait de dire à quelqu'un :
« Je vais vous casser la gueule !… »

PETYPON, *se dressant, comme mû par un ressort ; instinctivement les deux témoins se lèvent à son exemple* :
Oh ! oh ! ce n'est pas possible !… Oh ! je suis
désolé !… Dites bien à votre client que si ces
paroles m'ont échappé, c'est contre ma volonté !
et que, du fond du cœur, je les retire !

MAROLLIER, *froid et cassant* : Non !… Vous ne
pouvez pas les retirer !

PETYPON : Comment, « je ne peux pas » ?…

MAROLLIER, *très sec* : Non !... C'est mon client qui vous les a dites.

PETYPON, *abasourdi* : Hein ? *(Gagnant la droite.)* Ah bien ! elle est forte, celle-là !... *(Revenant à Marollier.)* Comment, c'est lui qui m'a dit !... et il vous envoie !...

MAROLLIER : Oh ! mais... il ne vous conteste pas le rôle de l'offensé !

PETYPON : Il est bien bon !... *(Les bras croisés et presque sous le nez de Marollier.)* Mais, enfin, c'est une plaisanterie ! *(Passant (2), à Varlin.)* Enfin, voyons ?

VARLIN, *comme précédemment* : Oh ! moi, je m'en fous !

PETYPON, *vivement, lui coupant la parole* : Oui ! Je sais ; vous vous en... *(à Marollier (3).)* Non mais, est-ce que vous croyez que je vais me battre avec votre monsieur parce que c'est lui qui m'a insulté ?

MAROLLIER, *du tac au tac* : Si vous ne vous battez pas quand on vous insulte, quand donc vous battrez-vous ?

PETYPON : Ça, monsieur, j'en suis juge !

MAROLLIER, *sur un ton hautain en gagnant la droite pour s'arrêter juste devant le fauteuil extatique* : D'ailleurs, monsieur... inutile de discuter plus longtemps ! ce débat est tout à fait irrégulier entre nous !

PETYPON, *gagnant par étapes jusqu'à lui au fur et à mesure de ses questions* : Et votre démarche à vous, est-elle régulière ? Où avez-vous vu que ce soit l'offenseur qui envoie des témoins à l'offensé ?...

Où ? Vous n'allez pas m'en remontrer, n'est-ce pas ? Je n'en suis pas à mon premier duel !... Je suis médecin !... Alors !...

MAROLLIER : Oh ! mais, pardon, monsieur, j'estime, moi, qu'en matière de duel...

PETYPON, *tout contre lui, en appuyant ses paroles de petites tapes du revers de la main qu'il lui applique sur la poitrine* : Non, pardon, monsieur, je vous ferai remarquer, moi...

MAROLLIER : Permettez, monsieur, je vous dirai, moi aussi !...

PETYPON, *à part* : Il n'y a pas de « je vous dirai moi aussi ! », je prétends que quand... *(Voyant que Marollier ne lâche pas prise.)* Ah ! et puis, il m'embête !... *(D'un double mouvement, presque simultané, il donne une poussée à Marollier qui s'affale sur le fauteuil et appuie sur le bouton du fauteuil. Immédiatement, Marollier reste figé dans son geste dernier, yeux ouverts et sourire sur les lèvres.)* Il nous fichera la paix, maintenant !

Il remonte.

VARLIN, *après un temps, s'apercevant de la situation* : Oh ! Qu'est-ce qu'il a ?

PETYPON, *redescendant* : Faites pas attention !... il m'agaçait, je l'ai fait taire !

VARLIN : Ah ! c't'épatant !

PETYPON : C'est vrai, ça ! En voilà un mal embouché !... a-t-on jamais vu !... *(Allant invectiver Marollier sous le nez.)* Mal embouché ! *(Narguant en lui agitant sa main droite renversée sous le nez.)* Si tu crois que tu me fais peur ! *(Toujours à Marollier, sur un ton narquois.)* C'est comme « son client » ! Je vous demande un peu ce que c'est que « son client » ?

VARLIN, *devant le canapé, un peu à droite.* C'est un officier.

PETYPON, *répétant, avec un haussement d'épaules* : C'est un officier.

VARLIN : Le lieutenant Corignon.

PETYPON, *même jeu* : Le lieut… Quoi ? *(À Varlin.)* Corignon ? Comment, Corignon ? Ah ! ça serait fort !… Qu'est-ce que c'est que ce Corignon ?… ce n'est pas un officier qui va se marier ?

VARLIN : Mais… je crois que si ! il me semble qu'il m'a dit…

PETYPON : Ah ! non, celle-là est cocasse ! Corignon ! Mais c'est mon cousin !

VARLIN : Votre cousin ?

PETYPON : Enfin, il va le devenir ! Comme le monde est petit !… Mais qu'est-ce qu'il lui a pris après moi ? pourquoi cette affaire ?…

VARLIN : Ah ! ben… parce que vous étiez avec une femme qu'il a aimée. Il se marie, c'est vrai, mais je crois que ça, c'est plutôt un mariage de raison ! et que celle qu'il a, comme on dit, dans la peau, c'est la petite qui était avec vous.

PETYPON, *n'en revenant pas* : La môme Crevette !

VARLIN : Alors, quand il vous a vus ensemble, ça lui a tourné les sangs et il a dit : « C't homme-là, je le crèverai ! »

PETYPON, *remontant* : Eh ! bien, vrai ! Si c'est pour ça !…

CORIGNON, *à Petypon* : J'espère bien que vous n'allez pas me tenir rigueur et que vous allez me serrer la main que je vous tends en agréant mes excuses les plus sincères !

PETYPON, *magnanime, lui tendant la main* : Mais, voyons ! J'ai tout oublié !

CORIGNON, *lui serrant cordialement la main* : Ah ! je ne saurais vous dire le poids que vous m'enlevez !

PETYPON : À la bonne heure ! Au moins, ce n'est pas un ours !… comme l'autre !

> *Il désigne de la tête Marollier endormi sur son fauteuil.*

CORIGNON, *intrigué par ce qu'il voit* : Tiens, mais… c'est Marollier ! Mais qu'est-ce qu'il fait ?

PETYPON, *avec un geste désinvolte* : Il dort !

CORIGNON : Comment ? il pionce dans les affaires d'honneur ?

PETYPON, *remontant jusqu'au-dessus du fauteuil* : Je vais vous le rendre !…

> *Il appuie sur le bouton de droite du fauteuil.*

MAROLLIER, *a un petit sursaut, se lève comme un automate, puis* : Oh ! la Loïe Fuller[1] !…

Chantant et dansant en agitant des voiles imaginaires, sur l'air de Loin du bal[2].

> Tralalala, la la la, la la la la, la la
> Tralalala, la la la, la la la la, la laire.
> Tralalala
> Tralalala…

CORIGNON : Ah çà ! qu'est-ce que vous faites là, Marollier ? Vous dormez ?

MAROLLIER, *réveillé en sursaut* : Hein ? Comment, je dors ! *(Se tournant vers Corignon.)* Comment, je dors ! *(Reconnaissant Corignon.)* Corignon ! Vous ici ? chez votre adversaire ! Mais ça ne se fait pas ! c'est absolument incorrect !

CORIGNON* : Ne faites pas attention ! Je me suis expliqué avec M. Petypon ; tout est arrangé !

> *Il tend la main à Petypon que celui-ci serre.*

MAROLLIER, *marchant sur Corignon dont il n'est séparé que par Petypon* : Vous ! Mais je n'admets pas ça !… Vous n'avez pas voix au chapitre !

CORIGNON, *sans quitter la main de Petypon, s'avançant sur Marollier* : En vérité ?

MAROLLIER : Absolument ! Vous nous avez commis le soin de vos intérêts !…

CORIGNON, *se montant* : Eh bien ! je vous les retire !

MAROLLIER, *furieux* : Corignon !

CORIGNON : Ah ! et puis, vous savez, en voilà assez ! Si vous n'êtes pas content, je suis homme à vous répondre !

PETYPON : À la bonne heure ! A-t-on jamais vu ?

MAROLLIER, *brusquement, à Petypon* : Qu'est-ce que vous dites, vous ?

---

* Varlin, 1. — Corignon, 2. — Petypon, 3. — Marollier, 4.

PETYPON, *se réfugiant prestement derrière Corignon* :
Hein ?… Je dis ce qui me plaît ! et puis, vous savez,
si vous n'êtes pas content… *(Toujours collé dans le
dos de Corignon, et allant chercher la poitrine de ce dernier avec son index.)* il est homme à vous répondre !

> *Il pivote, l'air bravache, et gagne la
> gauche.*

MAROLLIER (4), *à Corignon* : C'est bien, monsieur ! Ça ne se passera pas comme ça !

PETYPON (2), *se retournant, subitement inquiet* :
Hein ? Moi ?

MAROLLIER : Non, lui !

PETYPON, *rassuré, et avec un geste à la j' m'en fiche* :
Ah ! lui, oh !

MAROLLIER, *sec* : Je vous salue, messieurs.

CORIGNON, *cassant* : Au revoir !

> *Marollier sort porte droite pan coupé.*

SCÈNE XXIII

LES MÊMES, *moins* MAROLLIER

PETYPON (2), *à Varlin* : Non, mais est-il grinchu,
cet animal-là !

VARLIN (1) : Ça !

CORIGNON (3) : Oui, oh ! mais… je le materai s'il
m'embête !

PETYPON, *toujours bravache, à Corignon* : Mais, parfaitement ! c'est ce que je lui ai dit ! *(À Varlin.)* Ah ! mais ! je ne me suis pas gêné ! *(Regardant sa montre.)* Oh ! nom d'une pipe, trois heures et demie !… et les autres qui doivent venir me chercher !… *(À Corignon et à Varlin, en faisant passer ce dernier n° 2.)* Oh ! messieurs, je suis désolé, mais j'ai à prendre le train.

CORIGNON (3) : Oh ! que ne le disiez-vous ! vous partez ?

PETYPON (1) : Eh ! oui, je pars avec votre futur oncle, pour la Touraine !… Au fait, je vous y retrouverai, il est probable ?

CORIGNON : C'est vrai, vous allez là-bas ! Ah ! moi, je ne pars que demain !… je n'ai pu obtenir congé plus tôt !… Ah ! bien, je suis bien heureux : je vous y reverrai !…

PETYPON : C'est ça. C'est ça !

CORIGNON : Allons ! Au revoir ; mon… *(Avec intention.)* mon cousin !

PETYPON : C'est vrai ! Au revoir, *(Appuyant sur le mot.)* mon cousin !… *(Ils se serrent la main. À Varlin.)* Monsieur, enchanté d'avoir fait votre connaissance !

VARLIN, *lui serrant la main* : Pas plus que moi, croyez bien ! Si jamais pour une assurance vous avez besoin… on ne sait jamais ! on peut mourir.

PETYPON : Trop aimable de me le rappeler ! Après vous, je vous prie !

VARLIN : Pardon !

Ils sortent, accompagnés par Petypon jusqu'à la porte.

SCÈNE XXIV

PETYPON, MADAME PETYPON,
puis LE GÉNÉRAL,
puis ÉTIENNE *et* LE BALAYEUR

PETYPON, *aussitôt leur départ, traversant la scène dans la direction de la chambre de sa femme* : Là ! et maintenant… *(Ouvrant la porte et appelant.)* Gabrielle, vite ! Gabrielle !

MADAME PETYPON, *accourant* : Qu'est-ce qu'il y a, mon ami ?

PETYPON (2) : Vite ! je suis follement en retard !… ma valise ?

MADAME PETYPON (1) : Elle est prête ; tu la trouveras dans l'antichambre !

PETYPON, *faisant mine de remonter* : Ça va bien !… *(Avisant une lettre décachetée que madame Petypon tient à la main.)* Qu'est-ce que c'est que ça ? C'est pour moi ?

MADAME PETYPON : Non. C'est une lettre pour moi ; je la lirai tout à l'heure.

PETYPON : Bon !… Ah ! mon chapeau ? mon paletot ?

MADAME PETYPON : Dans ton cabinet de toilette !

PETYPON : Bien !…

> *Il remonte d'un pas pressé et sort par la baie. Pendant ce temps, Gabrielle a gagné la droite et décacheté sa lettre.*

MADAME PETYPON, *après avoir parcouru la lettre des yeux, poussant une petite exclamation de surprise*: Ah!... Ah! bien, elle est bien bonne! Le général qui nous demande d'aller en Touraine pour le mariage de sa nièce et qui me prie d'y venir faire les honneurs!... C'est un peu curieux, ça! Il était là tout à l'heure et il ne m'en a pas ouvert la bouche!... Comment faire?... Lucien qui est obligé de partir! Nous ne pouvons cependant pas nous abstenir tous les deux! (*Après une seconde de réflexion, très ponctué.*) Ah! ma foi... seule, ou avec lui... j'irai!

PETYPON (1), *reparaissant du fond avec son chapeau sur la tête et son pardessus sur le bras*: Voilà, je suis prêt!

MADAME PETYPON (2): Ah! Lucien! Tu ne devinerais jamais de qui je reçois une lettre.

PETYPON, *allant embrasser sa femme*: Oui, oh! bien, tu me diras ça une autre fois, je suis en retard! Au revoir, ma bonne amie!

MADAME PETYPON, *le retenant*: Non, mais, écoute donc, voyons!... il faut que tu saches...

PETYPON, *remontant*: Mais non, ma chère amie, je te dis que je n'ai pas le temps!

VOIX DU GÉNÉRAL: Enfin, quoi! il n'est pas encore descendu?

PETYPON, *bondissant au premier mot de la voix du général*: Nom d'un chien, voilà mon oncle!... (*S'élançant sur sa femme et la tirant par la main.*) Viens! Viens par là! Tu me liras ça dans ta chambre!

MADAME PETYPON, *tirant de son côté* : Mais non ! à quoi bon ? nous sommes aussi bien ici !

PETYPON, *tirant vers la chambre* : Mais non ! mais non ! viens.

MADAME PETYPON, *tirant vers la droite* : Mais, laisse-moi donc, voyons ! *(D'un mouvement brusque elle a fait lâcher prise à Petypon, que l'élan envoie presque jusqu'au canapé, tandis que madame Petypon va tomber sur le fauteuil extatique.)* Oh ! mais, tu me fais chaud !

PETYPON, *saisi d'une inspiration* : Oh ! *(Il saute sur le bouton du fauteuil, appuie vivement dessus et immédiatement madame Petypon reçoit le choc et s'endort comme précédemment les autres.)* Quand on n'a pas le choix des moyens !...

VOIX DU GÉNÉRAL : Il est par là, vous dites ?

PETYPON : Nom d'un chien, cachons-la ! *(Il prend le tapis de table qui est sur la chaise du fond et en recouvre complètement sa femme. Paraît le général.)* Ouf ! il était temps !

LE GÉNÉRAL, *paraissant porte droite* : Eh ! ben, voyons ! voilà dix minutes que nous t'attendons en bas !

PETYPON, *au-dessus du fauteuil* : Voilà, voilà ! Je suis à vous !

LE GÉNÉRAL, *descendant* (1), *intrigué qu'il est par la silhouette qu'il voit sur le fauteuil* : Ah !... Qu'est-ce qu'il y a là ?

PETYPON : Rien, rien ! C'est une pièce anatomique !...

LE GÉNÉRAL : Ah ?

Il fait mine de s'approcher.

PETYPON, *l'arrêtant* : Non !... n'y touchez pas !

LE GÉNÉRAL : Pourquoi ?

PETYPON : Elle sèche !... On vient de la re-
peindre !

LE GÉNÉRAL : Hein ?

PETYPON, *le poussant vers la porte de sortie* : Allez,
descendez ! Quelque chose à prendre ! je vous
rejoins !

LE GÉNÉRAL : Bon, bon, mais ne sois pas long,
hein ?

PETYPON : Non, non ! *(Une fois le général sorti, descendant jusque devant le canapé.)* Mon Dieu ! je ne
peux pourtant pas la laisser dans cet état pendant
toute mon absence !

ÉTIENNE, *paraissant et s'arc-boutant à la porte pour
retenir le balayeur qui veut entrer quand même* : Mais,
attendez donc, mon ami ! je vais le dire à monsieur !

LE BALAYEUR, *par-dessus l'épaule d'Étienne* : Mais,
puisque je vous dis qu'il m'attend !... *(À Petypon.)*
Bonjour, m'sieur.

PETYPON : Quoi ? qu'est-ce que c'est ? laissez
entrer !

LE BALAYEUR, *à Étienne qui s'efface pour lui livrer
passage* : Là ! quand je te disais !

Étienne sort.

PETYPON : Qu'est-ce que vous voulez ?

LE BALAYEUR (2), *se découvrant tout en descendant*

vers Petypon : C'est moi! le balayeur *ed* la rue Royale!

PETYPON (1) : Le balayeur? Quel balayeur? Qu'est-ce que vous demandez?

LE BALAYEUR, *sa casquette à la main* : Comment, ce que j' demande? Je viens dîner!

PETYPON : Quoi?

LE BALAYEUR : Vous m'avez invité à dîner.

PETYPON : Moi? moi, je vous ai invité à dîner?

LE BALAYEUR : Mais absolument! J'étais en train de balayer cette nuit rue Royale; vous passiez au bras de vot' dame; vous êtes venu m'embrasser...

PETYPON, *scandalisé* : Oh!

LE BALAYEUR : ... et vous m'avez dit : « Ta tête me plaît! veux-tu me faire l'honneur de venir dîner demain chez moi? »

PETYPON : Hein!

LE BALAYEUR, *il tire une carte de sa ceinture, l'essuie machinalement contre sa poitrine avant de la tendre, et, la posant sur sa casquette comme sur un plateau, la présente à Petypon* : Même que voilà votre carte que vous m'avez remise!

PETYPON, *abasourdi, avec honte* : Moi, je... Oh!... (*À part.*) Ah! ma foi, tant pis! c'est lui qui me tirera de là! (*Au balayeur.*) C'est bien! tenez, voilà quarante sous!

LE BALAYEUR : Quarante sous!

PETYPON : Oui! et je vais dire qu'on vous fasse dîner à la cuisine!

LE BALAYEUR : À la cuisine! Ah! chouette! ça!...

PETYPON : Seulement, vous allez me rendre un service.

LE BALAYEUR : Allez-y, patron !

PETYPON, *passant 2, pour remonter au-dessus du fauteuil* : Je vais m'en aller !… Aussitôt que je serai parti, vous presserez sur ce bouton, qui est là, sur ce fauteuil ! *(Il indique le bouton de droite.)* Et, pour le reste, ne vous occupez pas de ce qui se passera.

LE BALAYEUR : Bon, bon ! compris !

LE GÉNÉRAL, *à la cantonade* : Eh bien ! voyons !

PETYPON : Voilà, mon oncle ! voilà ! *(Au balayeur.)* C'est entendu ?

LE BALAYEUR : C'est entendu !

PETYPON : Bon, merci !

> *Il sort vivement.*

LE BALAYEUR, *une fois Petypon dehors* : Voyons ! Il a dit, le bouton, là !… Allons-y… *(Il est à gauche du fauteuil, et de sa main gauche presse sur le bouton ; aussitôt sous son tapis, madame Petypon a le soubresaut du réveil.)* Qu'est-ce que c'est que ça ?

> *Intrigué, il regarde de plus près.*

MADAME PETYPON, *à ce moment, pousse un cri* : Mon Dieu, je suis aveugle !

> *Instinctivement, elle écarte les deux bras pour rejeter le tapis qui la couvre ; dans ce geste sa main arrive en gifle sur la joue du balayeur.*

LE BALAYEUR : Oh !

MADAME PETYPON, *poussant un cri, en se trouvant en face de cet inconnu étrange* : Ah !… mon Dieu ! Quel est cet homme ?

> *En même temps, elle se précipite à droite pour remonter par la droite de la table vers la porte de sortie.*

LE BALAYEUR, *voulant s'expliquer, remonte parallèlement à madame Petypon de l'autre côté de la table* : Je suis le balayeur que vous attendez pour dîner.

MADAME PETYPON, *trouvant le balayeur sur sa route, rebrousse chemin, redescend par la droite et par le devant de la scène, se sauve vers sa chambre* : Au secours !… Lucien !… Étienne ! Étienne !

LE BALAYEUR, *la suivant pour s'expliquer* : Mais, je suis l' balayeur que vous attendez pour dîner !…

ÉTIENNE, *accourant* : Qu'est-ce qu'il y a ? Qu'est-ce qu'il y a ?

MADAME PETYPON : Au secours ! Au secours !

> *Étienne a fait irruption dans la pièce, s'élance sur le balayeur qu'il enlève à bras-le-corps.*

LE BALAYEUR, *emporté par Étienne, tandis que madame Petypon disparaît de gauche en criant toujours à l'aide* : Mais j'suis le balayeur que vous attendez pour dîner ! mais j' suis le balayeur…

RIDEAU

ACTE II

Le château du Grêlé, en Touraine

Un grand salon au rez-de-chaussée donnant de plain-pied par trois grandes baies cintrées sur la terrasse dominant le parc. Aux baies seules les impostes vitrées, les battants de portes ayant été enlevés pour la circonstance. À droite de la scène, premier et deuxième plan, deux grandes portes pleines. Entre les portes, une cheminée assez haute surmontée d'un portrait d'ancêtre enchâssé à la boiserie. À gauche, une porte entre premier et deuxième plan. En scène, à gauche, un peu au-dessous de la porte, un piano quart de queue placé le clavier tourné à gauche perpendiculairement au public. Entre le cintre et la queue du piano, trois chaises volantes[1], deux autres au-dessus du piano. Devant le clavier, une chaise et un tabouret de piano, ce dernier au lointain par rapport à la chaise. À droite de la scène, une bergère le siège tourné à gauche face au piano; lui faisant vis-à-vis une chaise volante; au-dessus une autre chaise face au public. Ces trois sièges sont groupés ensemble, le tout placé à 1 m 50 environ de la porte de droite, premier plan. Au-dessus de la porte, une autre chaise volante. Partant obliquement de la cheminée jusqu'au chambranle gauche de la baie de droite, un buffet servi, avec services d'argenterie. Au fond, consoles dorées de chaque côté de la baie du milieu. Lustre et girandoles actionnés par un bouton placé et à gauche de la console de gauche. Tout est allumé dès le début de l'acte. Sur la terrasse, trois ou quatre chaises volantes. Suspendues en l'air, des guirlandes de fleurs avec lampes électriques. Rayon de lune sur l'extérieur pendant tout l'acte. Sur le piano, le képi du général.

SCÈNE PREMIÈRE

LE GÉNÉRAL, LA MÔME, PETYPON,
CLÉMENTINE, L'ABBÉ, MADAME PONANT,
LA DUCHESSE, LA BARONNE,
MADAME HAUTIGNOL, MADAME VIRETTE,
MADAME CLAUX, GUÉRISSAC, CHAMEROT,
ÉMILE, OFFICIERS, INVITÉS,
VALETS DE PIED, LES ENFANTS.

Au lever du rideau, les personnages sont placés ainsi qu'il suit : le long du piano, du clavier à la partie cintrée, mesdames Claux (1), Hautignol (2), la Baronne (3). Devant la queue du piano, perpendiculairement à la rampe, la Môme (1), le Général (2), Clémentine (3), Petypon (4). Au-dessus du piano, Chamerot (1), Guérissac (2).

Devant le général, entre lui et les enfants qui occupent le centre de la scène, le curé. À droite des enfants, mesdames Ponant et Virette, puis la Duchesse; au-dessus, des invités. Au coin du buffet, Émile; derrière le buffet, un valet; au fond, sur la terrasse, contre la balustrade et face à chaque baie, trois domestiques en livrée. Les enfants, quand le rideau se lève, sont en train de chanter la cantale composée en l'honneur du général et de ses deux nièces. Ils sont en groupe, se détachant en tête le petit soliste, tous tournés face au général; le curé dirige en leur battant la mesure.

PREMIER ENFANT* :

... Et le pays gardera la mémoire

LE CHŒUR :

... Et le pays gardera la mémoire

L'ENFANT :

De l'heure de félicité

---

* Pour la musique, chœur des enfants, le quadrille, la farandole, ainsi que pour la chanson de la « Marmite à Saint-Lazare[1] », s'adresser à la maison d'édition G. Ondet, 83, faubourg Saint-Denis, Paris.

Il est interdit de substituer une autre musique à celle-ci qui a été écrite spécialement pour la pièce.

LE CHŒUR :

> … licité

PREMIER ENFANT :

> Qui réuni-it ici, dans l'antique manoi… *re*

LE CHŒUR :

> Dans l'antique manoi… *re*

L'ENFANT :

> Les lauriers de la gloi… re

> > *Le curé, sans cesser de battre la mesure,*
> > *s'incline légèrement en se tournant à demi*
> > *vers le général pour indiquer que c'est à lui*
> > *que s'adresse le compliment.*

LE CHŒUR :

> Les lauriers de la gloi… re

L'ENFANT :

> Aux grâces de la beauté !

> > *Même jeu du curé à la Môme et à Clé-*
> > *mentine.*

LE CHŒUR :

> Aux grâces de la beauté !

TOUT LE MONDE, *murmure flatteur* : Ah ! ah !

LE CHŒUR :

> Amis que l'on s'unisse,
> Pour boire, boire, boire, à ces époux parfaits,
> Oui, buvons à longs traits,
> Et que Dieu vous bénisse,

Parlé en frappant du pied :

« Une, deux, trois. »
À vos souhaits !

TOUT LE MONDE : Bravo ! Bravo ! *(puis c'est un murmure confus, au milieu duquel percent des :)* « C'est délicieux !… Ah ! charmant !… N'est-ce pas que c'est exquis ?… Quelle délicate surprise ! »

> *Pendant ce temps, on aperçoit la Môme, Clémentine, Petypon, le Général, qui serrent la main de l'abbé, embrassent les enfants, etc.*

LE GÉNÉRAL, *qui a soulevé le petit soliste pour l'embrasser, après l'avoir déposé à terre, dominant de la voix le brouhaha général* : Allez, mes nièces, des sirops et des gâteaux à ces enfants ! et qu'ils s'en fourrent jusque-là.

CLÉMENTINE : Oui, mon oncle.

LA MÔME : Par ici, les gosses !

> *La Môme et Clémentine emmènent les enfants et, pendant ce qui suit, leur distri-*

buent, aidées des domestiques, des verres de sirop, des sandwichs et des gâteaux, cependant que les invités entourent l'abbé et le félicitent.

LA BARONNE : Ah ! Monsieur l'abbé, je vous fais mes compliments.

L'ABBÉ, *flatté* : Ah ! Madame, vraiment !...

La baronne remonte.

MADEMOISELLE VIRETTE : Ah ! très bien, monsieur l'abbé.

L'ABBÉ : Vraiment ?

MADAME PONANT : Ah ! délicieux !

MADAME CLAUX : Exquis !

MADAME HAUTIGNOL : Divin !

LA BARONNE, *qui est redescendue à droite* : À pleurer !

L'ABBÉ, *modeste et ne sachant à laquelle répondre* : Oui ? vous trouvez ? oh !

TOUT LE MONDE, *tandis que la Môme et Clémentine sortant terrasse fond gauche, emmènent les enfants restaurés* : Ah ! oui ! Ah ! oui !

LA DUCHESSE, *passant devant mesdames Ponant et Virette pour aller au curé* : Oui, vraiment, l'abbé, c'est touchant !... et d'une délicatesse !

TOUS : Ah ! oui ! oui !

L'ABBÉ : Ah ! Madame la duchesse, vous me comblez !... (*Tandis que la duchesse va rejoindre à l'avant-scène droite mesdames Virette et Ponant et converse avec elles.*) Ah ! mesdames, messieurs !...

LE GÉNÉRAL, *qui était au buffet avec les enfants, redescendant à gauche* (1) *de l'abbé* (2) *en perçant le groupe pour aller serrer les mains à son hôte* : Ah ! Monsieur l'abbé, merci ! je ne saurais vous dire combien j'ai été touché ! Vraiment, cette manifestation !... tout cela était si imprévu !... aussi vous me permettrez, à mon tour... *(Appelant.)* Émile !

ÉMILE, *qui était au buffet, descendant au milieu de la scène, entre le général et l'abbé* : Mon général ?

LE GÉNÉRAL : Descendez la chose, vous savez !

ÉMILE, *a un petit hochement de tête malicieux de l'homme qui est dans la confidence, puis* : Bien, mon général !

LE GÉNÉRAL : Allez !

> *Émile remonte, parle bas à deux domestiques et sort avec eux par le fond gauche.*

L'ABBÉ, *au général qui est redescendu près de lui au même numéro que précédemment* : Ah ! général, je suis confus !

LE GÉNÉRAL : Mais voulez-vous bien vous taire !... c'est moi, au contraire, l'abbé !... Vrai ! ces paroles, bien qu'en musique, m'ont été au cœur !

L'ABBÉ : Ah ! général !

LE GÉNÉRAL : Parole ! je leur trouve un air de bonhomie et de sincérité, qui m'a littéralement ému ! Je me suis dit : « Il n'y a que l'abbé pour avoir écrit ça ! » Quelqu'un me demandait : « Est-ce que ça n'est pas de Musset ?... » Je lui ai répondu : « Non ! C'est de l'abbé ! » Je suis heureux d'être tombé juste !

L'ABBÉ : Ah ! général, vraiment, je ne mérite pas !...

LE GÉNÉRAL : Si, si, c'est très bien ! C'est comme cette fin : *Et que Dieu vous bénisse, à vos souhaits !...* comme pour un rhume de cerveau !

TOUS : Ah ! oui, oui !

LE GÉNÉRAL : Et puis... et puis comment donc déjà :

> Le pays qui gardera la mémoire...

L'ABBÉ, *chantonnant* :

> De l'heure de félicité !

LE GÉNÉRAL, *continuant de mémoire* :

> ... licité !

L'ABBÉ :

> Qui réunit ici, dans l'antique manoi... *re.*

LE GÉNÉRAL :

> Dans l'antique manoi...

L'ABBÉ, *terminant* :

> ... *re*

LE GÉNÉRAL : Comment, « *manoi...* re » ? Ça prend donc un *e*, manoir*e*? Je l'ai toujours écrit sans.

L'ABBÉ, *a un geste plein de bonhomie* : C'est pour la rime ; licence poétique !

LE GÉNÉRAL : Ah ! voilà ! voilà !… C'est que, j'aime autant vous le dire, je ne suis pas poète !… ce qui fait que, quand je prends une licence, moi, elle est prosaïque !

> *Tout le monde rit et le général plus fort que les autres.*

TOUS : Ah ! ah ! ah ! ah ! ah !

GUÉRISSAC, *flagorneur* : Ah ! bravo ! mon général… bravo ! charmant !

CHAMEROT, *même jeu* : Mon général a un esprit !

> *À ce moment, précédés par Émile, paraissent les deux valets de pied apportant un objet d'assez grande dimension dissimulé sous une élégante gaine de taffetas jaune, sur une petite civière, recouverte de fine lingerie, et dont ils soutiennent les brancards, chacun sur une épaule. Les domestiques viennent se placer au milieu de la scène, deuxième plan.*

LE GÉNÉRAL : Ah ! voilà l'objet !

> *Tout le monde se range.*

CHAMEROT : Messieurs ! aux champs !

> *Tous les officiers se mettent en ligne et, le pouce aux lèvres, imitent le clairon.*

Ta… tatata, tataire,
Tatata, tatata,
Tatata, tatatata, etc.

*Aussitôt la dernière note de la sonnerie le
général, qui est à gauche devant les bran-
cardiers, soulève la gaine qui découvre une
admirable cloche de bronze doré, toute chargée
de ciselures et de hauts reliefs.*

TOUT LE MONDE, *levant les bras d'étonnement* : Une
cloche !

* LE GÉNÉRAL, *après avoir donné la gaine à tenir à
Émile.* — *À l'abbé, sur le ton militaire, scandé et vibrant
sur lequel il haranguait ses soldats* : Monsieur l'abbé !
permettez-moi à mon tour de vous témoigner
ma reconnaissance en vous offrant cette cloche
dont je fais hommage à l'église de votre village !
Elle est peut-être un peu culottée[1] ! mais elle a cet
avantage d'être un objet historique. *(Un peu sur le
ton du camelot.)* Rapportée de Saint-Marc de Venise,
par les soldats du général Bonaparte, elle fut
offerte à mon grand-père qui devint général de
l'Empire !

TOUS, *approuvant* : Ah !

LE GÉNÉRAL, *même jeu* : Maintenant, si elle n'est
pas plus grande, c'est que les soldats avaient précisément choisi la plus petite, attendu !… qu'une
cloche est un objet plutôt encombrant à trimbaler
en secret et surtout en voyage !… J'ai dit !

* Pour la cloche et sa gaine s'adresser à la maison Bérard, 8, rue de
la Michodière, Paris.

TOUS : Bravo ! Bravo !

> *Mesdames Claux et Hautignol remontent en causant pour redescendre par la suite auprès de la duchesse.*

L'ABBÉ, *au comble de l'émotion* : Ah ! général… mon émotion !… Je ne sais comment vous dire !… Laissez-moi vous embrasser !

LE GÉNÉRAL, *ouvrant ses bras* : Allez-y, l'abbé !… *(Arrêtant l'élan de l'abbé.)* Ah ! je ne vous dis pas que ça vaudra une jolie femme ! mais pour un ecclésiastique, n'est-ce pas ?… Sur mes joues, l'abbé !

TOUS LES OFFICIERS, *pendant l'accolade, claironnant l'air «Au Drapeau»* : Tarata ta taire, *etc. (Tout le monde applaudit des mains :)* « Bravo ! bravo ! »

LE GÉNÉRAL, *la cérémonie terminée, remet la gaine sur la cloche ; puis, aux valets de pied, leur indiquant la console de gauche* : C'est bien ! posez la cloche sur cette console et rompez ! *(Les valets remontent jusqu'à la console indiquée sur laquelle Émile dépose la cloche surmontée de sa gaine, puis les deux valets se retirent. Pendant que le général surveille la manœuvre, Guérissac et Chamerot sont descendus en causant devant le piano. L'abbé va s'asseoir sur la chaise face au public, près de la duchesse assise elle-même depuis un instant dans la bergère. Conversation générale, brouhaha de voix, la cloche d'un côté et madame Petypon de l'autre font évidemment l'objet des différents bavardages. À ce moment paraissent, venant de la terrasse, la Môme et Clémentine suivies de Petypon. Le général, redescendant vers ses officiers.)* Ah ! voilà mes nièces !

La Môme n'a pas plus tôt paru qu'aussitôt, attirées comme par un aimant, toutes les dames Virette, Ponant, Hautignol, Claux, la baronne remontent empressées vers elle. On l'entoure, on la comble d'adulations, de prévenances. On arrive ainsi en groupe devant le buffet. Clémentine, plus effacée, se tient près de sa pseudo-cousine. Quant à Petypon, il va et vient autour du groupe avec des allures de chien de berger ou d'«auguste de cirque», effaré qu'il est à l'appréhension des impairs que la Môme peut commettre et voulant être là pour y parer.

MADAME PONANT : Oh ! divine ! délicieuse, exquise.

MADAME HAUTIGNOL : Et un chic !

MADAME CLAUX : Une élégance !

LA BARONNE, *surenchérissant* : La reine de l'élégance !

LA MÔME : Oh ! vous me charriez, baronne, vous me charriez.

LA BARONNE : Ah ! charmant !

MADAME VIRETTE : Exquis !

MADAME CLAUX : «Vous me charriez» ! est-ce assez parisien !

LA MÔME : Oh ! mesdames !

LE GÉNÉRAL (3) *à Guérissac* (2) *et Chamerot* (1) : Hein ! Croyez-vous qu'elle en a un succès, ma nièce, madame Petypon ?

GUÉRISSAC (2), *à gauche devant le piano* : L'attrait de la Parisienne sur toutes ces provinciales.

LA MÔME*, *dos au public, avec des tortillements et sautillements de croupe, minaudant au milieu de ces dames qui forment éventail autour d'elle et allant successivement de l'une à l'autre* : Oh! vraiment, madame, me refuser, oh! c'est mal! Et vous, madame? Quoi, pas même une coupe de champagne? On n'a pas idée, vraiment! Vous me contristez! vrai, vous me contristez!… Et vous, chère baronne, serez-vous aussi impitoyable? Une petite coupe de champagne?

LA BARONNE : Une larme!

LA MÔME : Une larme, à la bonne heure! *(Au maître d'hôtel à la façon des garçons de café.)* Une coupe de champagne! une!

LE GÉNÉRAL, *qui observe la scène depuis un instant* : Le fait est qu'elle a un je ne sais quoi, ma nièce! un chien!…

CLÉMENTINE, *descendant* (4) *au général* (3) : Vous ne désirez pas vous rafraîchir, mon oncle?

LE GÉNÉRAL, *l'embrassant* : Merci, mon enfant! va! va!

CLÉMENTINE : Oui, mon oncle!

---

* La Môme, au centre du groupe, devant le buffet. Autour d'elle, un peu au-dessus, mesdames Hautignol (1), Ponant (2), Virette (3) ; Claux (4), tout près du buffet. La baronne est à l'extrémité droite du buffet, de l'autre côté duquel est Émile et un valet servant des rafraîchissements. Clémentine est un peu à l'écart, entre mesdames Hautignol et Ponant. Petypon est entre la bergère où est assise la duchesse et le buffet. On le sent sur le qui-vive.

Elle remonte.

LE GÉNÉRAL, *aux officiers* : Ah ! je voudrais bien que celle-ci ressemblât un peu à mon autre nièce !

CHAMEROT, *tandis que mesdames Hautignol et Ponant, qui se sont détachées du groupe, viennent en causant s'asseoir sur les chaises qui sont devant le piano* : Mais, pourquoi ? Elle est charmante ainsi.

GUÉRISSAC : Charmante !

LE GÉNÉRAL (3) : Ben oui ! ben oui ! elle est gentille, c't entendu ! mais c't une oie[1].

CHAMEROT : Oh ! mon général !

Il gagne l'extrême gauche suivi dans ce mouvement par Guérissac et le général, de façon à ne pas masquer les deux femmes.

LE GÉNÉRAL : Aussi lui ai-je donné un avis : puisqu'elle a la chance d'avoir sa cousine, qu'elle lui demande donc carrément de la dégourdir un peu. Vous voyez d'ici la satisfaction de Corignon en trouvant sa petite provinciale de fiancée entièrement transformée.

LES OFFICIERS : Ah ! quelle heureuse idée !

MADAME HAUTIGNOL, *à madame Ponant* : Enfin, ma chère amie, regardez plutôt comment est habillée madame Petypon !

LE GÉNÉRAL (3), *vivement, à mi-voix à ses officiers en leur indiquant de l'œil les deux femmes* : Tenez ! écoutez-les ! écoutez-les !

MADAME PONANT (5) : Vous pensez bien que je n'ai regardé qu'elle !

LE GÉNÉRAL., *à ses officiers tout en passant devant eux pour remonter par la gauche du piano, suivi dans ce mouvement par les deux officiers* : Toujours ma nièce sur le tapis.

MADAME HAUTIGNOL : Ça prouve bien ce que je vous disais : qu'on ne portait que des robes princesses* cette année.

MADAME PONANT, *tandis que madame Virette descend jusqu'à elle sans quitter de l'œil la Môme toujours au buffet* : Qu'est-ce que vous voulez que je vous dise : madame Courtois m'a affirmé qu'on faisait la jupe cloche*.

MADAME VIRETTE, *qui a entendu ces derniers propos* : Ah ! madame Courtois ! madame Courtois ! Vous pensez bien que madame Petypon, qui est une Parisienne, doit mieux savoir que madame Courtois !

> *Le général s'assied en face de la duchesse, près du curé.*

MADAME HAUTIGNOL (1), *se levant ainsi que madame Ponant* : Oh ! nous finirions toutes par la lâcher, madame Courtois ! Elle ne se donne même pas la peine de se tenir au courant des modes.

MADAME PONANT : Et ce n'est vraiment pas la peine d'avoir sa couturière à Tours !... pour être nippée comme si on se faisait habiller... à Douai !

LA MÔME, *toujours suivie de Petypon à ses trousses,*

---

* À modifier au fur et à mesure des transformations des modes.
* Même observation.

*surgissant au milieu du groupe entre mesdames Ponant
et Virette* : Vous ne désirez pas vous rafraîchir, mesdames ?

> *Cette apostrophe produit un effet magné-
> tique. Le groupe s'élargit comme mécanique-
> ment, laissant la Môme au centre, Petypon
> un peu au-dessus. Et, tout en répondant
> machinalement à leur interlocutrice, il est
> visible que les trois dames n'ont qu'une pré-
> occupation : passer l'inspection de la toilette
> de la Parisienne, car leurs regards se promè-
> nent de la jupe au corsage de la Môme,
> ainsi qu'on fait devant un mannequin chez
> la couturière.*

MADAME HAUTIGNOL : Merci beaucoup, madame !

LA MÔME : Et vous ?

MADAME PONANT : Oh ! moi, rien ! Merci, merci
mille fois !

LA MÔME : Et vous, madame ?

MADAME VIRETTE : Vous êtes trop bonne, merci !

LA MÔME, *gaiement* : Oh ! mais alors quoi, mesdames, la sobriété du cham...

PETYPON, *vivement intervenant entre la Môme et
madame Ponant* : ... de l'anachorète !... de l'anachorète !

LA MÔME, *vivement* : J'allais le dire, mesdames !
j'allais le dire !

PETYPON, *remontant en s'essuyant le front* : Ouf !
Elle me donne chaud !...

LA MÔME : Alors, rien ?

MADAME HAUTIGNOL (1) : Eh bien ! toute réflexion faite, un peu d'orangeade.

LA MÔME : Une orangeade, à la bonne heure !… je vais vous chercher ça, madame, je vais vous chercher ça ! *(De loin, en remontant, suivie de Petypon.)* Une orangeade ! une !

À peine la Môme a-t-elle quitté le groupe que, d'un élan simultané, le cercle se resserre comme par un mouvement de contraction et les trois femmes presque ensemble.

Presque simultanément.

MADAME HAUTIGNOL*, *très vite et passant* (2) : Eh bien ! vous avez vu, ma chère ! la jupe est plate par-derrière avec l'ouverture sur le côté !

MADAME PONANT, *avant que l'autre ait fini sa phrase et aussi vivement* : La manche, ma chère ! la manche ! avez-vous remarqué comme elle est faite ? l'épaulette, le haut est rapporté !

MADAME VIRETTE, *de même* : J'ai bien regardé la jupe, elle est de biais, ma chère ! avec le volant en forme comme je le disais.

MADAME CLAUX, *surgissant brusquement* (3) *au milieu des trois femmes* : Grande nouvelle, mes amies !

TOUTES : Quoi donc ?

MADAME CLAUX** : J'ai vu son jupon de dessous.

* Tout ce dialogue est à modifier au fur et à mesure de la transformation des modes et en tenant compte de la toilette adoptée par l'artiste jouant la Môme. Bien entendu ce sont les toilettes dont ces dames se plaignent qui seront précisément à la mode du moment, alors que celle qu'elles envient à la môme sera de pure excentricité[1].

** Madame Ponant (1), madame Hautignol (2), madame Claux (3), madame Virette (4) devant le piano. Guérissac, Chamerot, la baronne

LES TROIS FEMMES : À qui ?

MADAME CLAUX : Mais à ELLE ! À qui voulez-vous ? à madame Petypon !

LES TROIS FEMMES : Pas possible !

MADAME CLAUX : Comme je suis là, mes toutes chères ! tout en linon rose, figurez-vous !... et ample ! ample !...

MADAME PONANT (1) : Non ?

MADAME HAUTIGNOL (2) : C'est bien ça ! Notre couturière qui nous fait toujours des jupons très collants !

MADAME PONANT (1) : En nous disant que c'est ce qu'on porte à Paris !

MADAME CLAUX (3) : Celui-là on peut en prendre un bout de chaque main et tendre les deux bras, il en flottera encore !... et alors des volants en dessus ! des volants en dessous !... un fouillis de dentelles !... c'est d'un chic !

LES TROIS FEMMES : Non ?

MADAME HAUTIGNOL, *avec une curiosité gourmande* : Oh ! comment avez-vous fait pour savoir ?

MADAME CLAUX, *sur un ton mystérieux* : Ah ! voilà !... J'ai été diplomate !

MADAME PONANT : Oh ! je suis sûre que ça doit être d'un ingénieux !

MADAME CLAUX, *prenant simultanément madame Hautignol et madame Virette par l'avant-bras et les faisant descendre jusqu'à l'avant-scène. Sur un ton entouré de mystère* : À un moment où il n'y avait per-

___
au fond près du buffet. Petypon, la Môme, Clémentine près du buffet côté droit. Général assis face duchesse, près abbé.

sonne autour d'elle, je me suis approchée et je lui ai dit : *(Avec lyrisme.)* « Ah ! madame !… *(Sur un ton tout à fait opposé.)* je voudrais bien voir votre jupon de dessous ! »

TOUTES, *avec admiration* : Oh !

MADAME VIRETTE : Quoi ? Comme ça ?

MADAME CLAUX : Comme ça !… Alors… *(Bien détaillé.)* le plus gracieusement du monde, de sa main droite elle a pris le bas de sa robe par devant… Comme ça : *(Elle fait le geste de pincer le bas de sa jupe au ras du pied droit et, restant dans cette position.)* et avec un geste indéfinissable… où la jambe aussi bien que le bras jouait son rôle, elle a rejeté le tout au-dessus de sa tête : hop-là !… *(Elle simule le geste d'envoyer une robe imaginaire au-dessus de sa tête à la façon des danseuses de cancan.)* Et je n'avais plus devant les yeux qu'une cascade de rose et des froufrous de dentelles, au milieu desquels une jambe, suspendue en l'air, décrivait des arabesques dans l'espace.

LES TROIS FEMMES, *n'en croyant pas leurs oreilles* : Non, ma chère ?

MADAME CLAUX : Si, ma chère !…

LES TROIS FEMMES, *se pâmant* : Oh ! mes chères !

MADAME CLAUX* : Eh ! bien, voilà, mes chères !

MADAME PONANT : Oh ! ces Parisiennes, il n'y a vraiment qu'elles pour savoir s'habiller !

---

* Tout le récit de madame Claux devra, chaque fois qu'on reprendra la pièce, être modifié, en tenant compte de la transformation des modes comme aussi de la toilette adoptée par l'artiste jouant la Môme.

SCÈNE II

LES MÊMES, MONSIEUR ET MADAME VIDAUBAN,
puis LE SOUS-PRÉFET *en tenue,*
et MADAME SAUVAREL.

UN VALET DE PIED, *annonçant du fond* : Monsieur et madame Vidauban !

> *Cette annonce est accueillie par une rumeur flatteuse, comme pour quelqu'un dont la venue est de quelque importance. On entend des chuchotements : « Madame Vidauban !... C'est madame Vidauban !... Voilà madame Vidauban !... etc. »*

LE GÉNÉRAL, *tout en se levant, cherchant ce que ce nom lui rappelle* : Madame Vidauban ?... Attendez donc, madame Vidauban ?...

MADAME VIRETTE, *venant à son secours* : Eh ! général, notre Parisienne ! la Parisienne du pays !... celle qui donne le ton dans nos salons !

> *Madame Vidauban entre en coup de vent, l'air dégagé et souriant, suivie de son mari, l'air modeste du « mari de la jolie femme ».*

LE GÉNÉRAL*, *qui est allé au-devant d'elle* : Ah ! madame, enchanté de vous recevoir chez moi !... ainsi que monsieur Vidauban !

---

* Le général (3), madame Vidauban (4), Vidauban (2) au-dessus.

MADAME VIDAUBAN : Mais c'est nous, général, qui nous faisions une véritable fête !... *(À son mari.)* N'est-ce pas, Roy ?

VIDAUBAN : Oui, ma bonne amie !

> *À ce moment, la duchesse se lève et, pendant ce qui suit, sortira sur la terrasse au bras de l'abbé.*

MADAME VIDAUBAN, *descendant vers les quatre femmes rangées en ligne devant le piano, et, leur serrant successivement la main, tout en leur décernant à chacune un mot aimable* : Bonjour, mes chères ! *(À madame Hautignol.)* Oh ! quelle jolie toilette !... *(Avec la décision de l'expert.)* C'est un modèle de Paris ! *(Sans transition, à madame Ponant.)* Eh ! bien mignonne ! je ne vous ai pas vue ce matin, jour du marché ; vous avez donc oublié ?

MADAME PONANT : Non, figurez-vous, je n'ai pas pu !

MADAME VIDAUBAN (3), *tandis que mesdames Hautignol et Virette, une fois madame Vidauban passée, décrivent au-dessus du groupe formé par cette dernière, son mari et le général, et en passant l'inspection de la toilette de leur Parisienne, un mouvement arrondi qui les amène à droite de la scène, près du général* : Oh ! toutes ces dames y étaient... *(Au général.)* J'avais pensé y faire la connaissance de cette charmante madame Petypon, dont tout le pays vante le succès !

LE GÉNÉRAL, *un peu surpris* : Au... au marché ?

MADAME VIDAUBAN : Oh ! mais ici, c'est le grand

chic !… Le marché du vendredi, ce sont nos Acacias[1], à nous !… On se contente… de ce qu'on a !

LE GÉNÉRAL : J'ignorais !… Il y a si longtemps,
n'est-ce pas… ? Mais, tenez, si vous me permettez,
je vais vous présenter ma nièce.

MADAME VIDAUBAN, *prenant le bras que lui offre le*
général : Mais nous serons ravis !… N'est-ce pas,
Roy ?

VIDAUBAN : Oh ! oui, ma bonne amie !

> *Le général et madame Vidauban remon-*
> *tent vers le buffet, suivis de Vidauban. Mes-*
> *dames Virette et Hautignol, par un même*
> *mouvement arrondi, mais en sens contraire,*
> *et toujours les yeux sur madame Vidauban,*
> *reviennent vers mesdames Claux et Ponant.*

MADAME CLAUX, *qui regarde madame Vidauban re-*
monter. — *Brusquement, aux trois femmes, en descendant*
avec elles à l'avant-scène : Vous savez, la Vidauban !
elle meurt d'envie de connaître madame Petypon :
mais, au fond, elle doit crever de dépit !…

LES TROIS FEMMES*, *pendant qu'au buffet le général*
fait les présentations : Pourquoi ?

MADAME CLAUX (3) : Tiens, vous êtes bonnes !…
Elle, qui faisait autorité ici pour la mode et le
ton, la voilà supplantée par une plus Parisienne
qu'elle !

---

* Devant le buffet, premier plan, la Môme, au-dessus le général, au-
dessus Petypon face à la Môme, à gauche madame Vidauban, au-dessus
Vidauban.

> *Révérences exagérées avec saut de croupe*
> *de la Môme. Salutations immédiatement*
> *imitées et rendues par madame Vidauban.*

MADAME HAUTIGNOL (4) : Oh! bien, c'est pain béni, ma chère! Elle nous la faisait aussi trop à la Parisienne, avec ses «Ah! ma chère, à Paris, nous ne faisons plus que ça...» et «À Paris, ma chère, voici ce que nous portons!...»

> *Même jeu de la part de la Môme et de*
> *madame Vidauban.*

MADAME PONANT : Tout ça parce qu'elle est née à Versailles!... et qu'elle va tous les ans passer huit jours dans la capitale!

LES TROIS FEMMES : Ça, c'est vrai!

MADAME HAUTIGNOL, *indiquant de la tête le jeu des deux femmes qui se trémoussent à qui mieux mieux* : Non, mais regardez-la! se tortille-t-elle!

MADAME VIDAUBAN, *à la Môme, avec des minauderies et des sauts de croupe* : Mais non, du tout! je dis ce que je pense, je dis ce que je pense!

LA MÔME, *même jeu que madame Vidauban* : Oh! madame, vraiment, c'est moi, au contraire!... Euh!... *(Non suspensif et bien bête.)* croyez que! *(Salut.)* Croyez que!

> *Salut.*

PETYPON, *avec les mêmes sauts de croupe que les deux femmes* : C'est vraiment trop d'honneur que vous faites à ma femme!

LA MÔME : Oh ! *voui !* Oh ! *voui !*

> *Elle descend, accompagnée de madame Vidauban, et va s'asseoir fauteuil extrême droite, occupé précédemment par la duchesse.*

MADAME VIDAUBAN, *qui s'assied face à elle, tandis que Petypon s'assied sur la chaise au-dessus d'elle et que Vidauban s'assied sur la chaise qu'il est allé chercher près du buffet pour la placer entre Petypon et la Môme* : Comment, trop d'honneur ! Si vous saviez quelle joie c'est pour moi de rencontrer une vraie Parisienne ! Nous en sommes tellement sevrées dans notre province !

PETYPON : Ah ! Vous êtes sevrée ?...

MADAME VIDAUBAN : Quand je pense que je suis seule ici à porter le drapeau du parisianisme !

MADAME VIRETTE, *à son clan rangé devant la caisse du piano* : Oh ! non, mais écoutez-la !

LA MÔME : Vous êtes Parisienne, madame ?...

MADAME VIDAUBAN : Oh ! Parisienne !...

MADAME CLAUX, *entre ses dents, dans la direction de madame Vidauban* : Mais dis donc que tu es de Versailles !

MADAME VIDAUBAN : C'est-à-dire que j'ai toujours vécu à Paris.

MADAME CLAUX, *à son clan* : Non !... elle ne le dira pas !

> *Clémentine, qui fait son service de jeune fille de la maison, va avec deux verres pleins à la main au-dessus du piano rejoindre les officiers et leur offre des consommations*[1].

MADAME VIDAUBAN : Il n'y a que depuis mon mariage… Les occupations de mon mari !… *(Elle indique Vidauban qui s'incline.)* Mais si je suis ici, mon âme est restée à Paris !

MADAME CLAUX : Oh ! chérie !

> *Elle s'assied, ainsi que madame Hautignol, sur les chaises 1 et 2 qui sont devant le piano. Mesdames Ponant et Virette restent un moment debout près d'elles, puis peu après se détachent, contournent le piano par l'extrême gauche, pour remonter en causant jusqu'aux officiers et redescendent ensuite retrouver mesdames Hautignol et Claux à la pointe droite du piano.*

PETYPON : J'espère au moins que vous allez la rejoindre quelquefois ?

MADAME VIDAUBAN : Oh ! une fois par an, pendant huit jours ! Mais, je me tiens tellement au courant de la vie parisienne que c'est comme si j'y étais !

> *Émile descend du buffet et, entre Petypon et Vidauban, présente à la Môme, sur un plateau, une orangeade dans laquelle trempent deux pailles.*

LA MÔME, *prenant le verre* : Ah ! merci ! *(À madame Vidauban, tout en se levant, avec un certain maniérisme.)* Je vous demande pardon, chère madame, il faut que j'aille porter ce verre d'orangeade.

> *Émile remonte au buffet.*

PETYPON, *vivement se levant en voyant la Môme se lever, et passant en l'enjambant presque devant madame Vidauban, avec de petites courbettes* : Oui, on l'attend ! on l'attend !… Je vous demande pardon !

MADAME VIDAUBAN : Je vous en prie !

> *À ce moment, suivie de l'abbé, la duchesse rentre du fond au bras du général, qui va la conduire au fauteuil extrême droite. Madame Vidauban et son mari se lèvent à son approche, puis, les politesses faites, se rasseyent, Vidauban à la même place, madame Vidauban sur la chaise précédemment occupée par Petypon.*

LA MÔME, *qui se dirige vers madame Hautignol, à Petypon, qui lui emboîte le pas* : Oh ! je t'en prie, ne sois pas tout le temps sur mes talons !

PETYPON (2) : C'est plus prudent ! Merci ! « La sobriété du chameau ! » Pour peu que tu en lâches quelques-unes comme ça !

LA MÔME (1), *qui machinalement suce le chalumeau du verre qu'elle porte* : Oh ! ben quoi ? « chameau », « anachorète », c'est un mot pour un autre ! (*Elle tire à nouveau sur le chalumeau.*) Et au moins le premier, on le comprend !

PETYPON : Oui, eh bien ! je préfère celui qui se ne comprend pas !

LA MÔME, *a un haussement d'épaules, tire une dernière gorgée sur la paille, puis, plantant là Petypon, à madame Hautignol, très gracieusement* : Voici, chère madame, votre verre d'orangeade !

MADAME HAUTIGNOL, *qui s'est levée, prenant le verre* :
Oh ! merci, chère madame.

LA MÔME : Oh ! mais, de rien, madame ! de rien !
*(Apercevant Clémentine descendue extrême gauche et
allant à elle.)* Ah ! vous voilà, mignonne !

> *Elle la prend amicalement par la main et
> la fait passer devant elle, pour remonter
> vers le buffet.*

MADAME CLAUX, *au moment où la Môme, précédée de
Clémentine, passe devant elle, l'arrêtant au passage* :
Vous savez, la Parisienne, là ! Eh bien ! elle est de
Versailles !

LA MÔME : Ah ?… *(Gaiement et très légèrement entre
ses dents.)* Je m'en fous !

> *Elle va rejoindre, avec Clémentine,
> Petypon toujours à la même place.*

MADAME CLAUX, *à son clan* : Je ne suis pas fâchée
de le lui avoir dit.

> *Madame Hautignol et madame Claux
> remontent par la gauche du piano.*

LE GÉNÉRAL, *qui est au milieu de la scène avec Guérissac et Chamerot, aux deux soi-disant cousines en
train de remonter* : Eh bien ? ça va-t-il comme vous
voulez, mes nièces ?

LA MÔME, CLÉMENTINE, *ensemble* : Oh ! oui, mon
oncle.

PETYPON, *se précipitant vers le général et arrivant
presque en même temps que la Môme et Clémentine qui,
dès lors, s'effacent à droite* : Oh ! oui, mon oncle !

LE GÉNÉRAL, *à Petypon, en le faisant pirouetter à gauche* : Quoi, « oui, mon oncle » ? c'est pas à toi que je le demande ! Je dis : « Eh bien ! mes nièces » ; tu n'es pas ma nièce ?

PETYPON (1) : Ah ! non !... Non ! Je regrette.

LE GÉNÉRAL (2) : Pas moi ! Merci, une nièce de ton âge !... Tu es déjà assez vieux comme neveu !... *(À Chamerot et Guérissac, un peu au-dessus de lui.)* Je vous demande un peu s'il ne devrait pas être mon cousin ? *(On rit. À la Môme et à Clémentine.)* Oh ! mais, je vois avec plaisir que vous faites bon ménage, les deux cousines !

CLÉMENTINE : Oh ! oui, mon oncle.

LE GÉNÉRAL : Tant mieux, bon sang ! Tu sais ce que je t'ai dit, Clémentine ! tu as ta cousine, pro-fite-z-en !

CLÉMENTINE : Oh ! oui, mon oncle !

> *L'abbé, qui précédemment était allé s'as-seoir en face de la duchesse, se lève et écoute (5) ce qui suit, avec un sourire approba-teur.*

LE GÉNÉRAL : Mais ne réponds donc pas toujours. *(L'imitant.)* « Oh ! oui, mon oncle », comme une serinette[1] ! Tu ne sais donc pas dire autre chose, sacré nom de D...

L'ABBÉ, *sursautant* : Oh !

CLÉMENTINE, *scandalisée* : Oh ! oh ! mon oncle !

LE GÉNÉRAL, *sans se déconcerter, indiquant l'abbé tout contrit* : ... comme dit monsieur l'abbé !

L'ABBÉ, *scandalisé* : Moi !... Oh ! oh ! général !...

> *Il remonte en esquissant un imperceptible signe de croix.*

LE GÉNÉRAL, *à la Môme* : Ah ! elle a bien besoin que vous la dégourdissiez un peu !

LA MÔME : Oh ! mais, c'est entendu, mon oncle ! Tout à l'heure, nous nous éclipserons un moment et je lui donnerai quelques conseils élémentaires.

LE GÉNÉRAL : Bravo !

PETYPON, *près du piano* : Eh bien ! ce sera du joli !

> *En voyant la Môme remonter avec Clémentine, il s'élance pour la retrouver, trouve le général sur son chemin, hésite, tantôt à droite, tantôt à gauche, le général contrariant sans le vouloir chaque fois son mouvement.*

LE GÉNÉRAL, *l'envoyant à droite* : Allons, prends ta droite ! (*À Chamerot et Guérissac qui, par l'extrême gauche, sont descendus jusque devant le piano.*) Est-il jaloux, ce bougre-là, il ne la quitte pas d'une semelle !

> *En se retournant il trouve près de lui le curé occupé à considérer de loin Petypon et la Môme en train de se chamailler devant le buffet.*

L'ABBÉ, *au général, indiquant le couple* : C'est beau, général, de voir un ménage aussi uni !

LE GÉNÉRAL : Ah ! oui ! ça c'est beau !

Il remonte. Le curé sans détacher son
regard du couple Petypon-Môme, se rap-
proche insensiblement des deux officiers.

CHAMEROT (1), *sans faire attention à l'abbé qui, près*
d'eux, les écoute, à Guérissac (2), *tout en regardant*
du côté de la Môme : Ce qu'il y a de drôle, c'est que
plus je regarde madame Petypon, plus il me
semble que je l'ai vue quelque part.

GUÉRISSAC : Oh ! que c'est curieux ! moi aussi !

L'ABBÉ (3), *jette un coup d'œil du côté de la Môme,*
puis : Ah ?... Pas moi !...

Il remonte au fond.

GUÉRISSAC : Oh ! moi si !... Mais où ! Voilà ce que
je serais bien en peine de préciser !

Guérissac et Chamerot remontent par
l'extrême gauche et vont rejoindre le général
au-dessus du piano. La Môme, pendant tout
ceci, est près du buffet très entourée. On
entend tout à coup ce monde éclater de rire,
tandis que Petypon s'arrache désespérément
les cheveux.

TOUTES, *riant* : Ah ! Ah ! Ah ! Ah ! Ah !

PETYPON, *s'arrachant les cheveux* : Oh !

MADAME CLAUX : Ah ! qu'elle est drôle !

MADAME HAUTIGNOL : Qu'elle est amusante !

MADAME PONANT : Elle a une façon de dire les
choses !

TOUTES : Ah ! Ah ! Ah ! Ah ! Ah !

LA MÔME, *riant de confiance* : Qu'est-ce qu'il y a ?
J'ai dit quelque chose ?... (*À Petypon, qui lui a saisi
la main droite et l'entraîne à l'avant-scène, tandis que
le groupe se disperse.*) Quoi ? Quoi ? Qu'est-ce qui te
prend ?

PETYPON, *l'amène à l'avant-scène* : Non ! non ! tu
ne peux donc pas nous priver de tes : « Où c't'y
qui ? », de tes « Qui c't'y qui ? » et de tes « Eh ! allez
donc, c'est pas mon père !... » ? À l'instant, là :
« Où c't'y qu'il est, le valet de pied ? », tu as vu
l'effet que ça a fait !...

LA MÔME (2) : Ah ! non, c't' averse !...

PETYPON : Quoi ?

LA MÔME : Zut ! tu me cours !

PETYPON* (1) : En voilà une réponse ! C'est
comme ce matin, à déjeuner ; comme c'est d'une
femme du monde de s'écrier : « Ah ! çà, monsieur
l'abbé, vous me faites du pied ! »

LA MÔME : Tiens, il me raclait avec ses godillots !

PETYPON : Oui, oh ! je t'engage !...

LA MÔME, *mimant ce qu'elle dit avec sa jambe* : Et aïe
donc, là ! Aïe les pieds ! Aïe donc !

PETYPON : Le pauvre homme, je t'assure qu'il ne
s'apercevait guère !...

LA MÔME : C'est possible ! mais moi je m'en aper-
cevais !

---

* Mesdames Hautignol (1) et Ponant (2) viennent s'asseoir sur les
chaises près du piano, Virette et Claux se tiennent debout au-dessus du
piano. Chamerot au coin du clavier (côté lointain) cause avec ces der-
nières, tandis que Guérissac, devant le clavier (côté public) bavarde
avec les premières.

PETYPON : Je ne savais plus où me fourrer ! Heureusement qu'avec ton prestige de simili Parisienne, ce qui eût choqué chez une autre a paru du dernier genre ; on a ri. Mais il ne faudrait pas recommencer.

LA MÔME (2) : Oh ! non, écoute, ferme ça !

PETYPON : Ferme quoi ?

LA MÔME, *avançant une main en bec de canard sous le nez de Petypon* : Ta bouche !… miniature !

PETYPON, *esquissant une remontée en poussant un soupir de découragement* : Pfffue !

LA MÔME, *sans transition, apostrophant l'abbé qui descend du buffet tout en humant une orangeade avec une paille* : Eh ! bien, monsieur l'abbé ? nous sirotons ? (*Recevant sur les mains, qu'elle a jointes derrière le dos, une tape de Petypon pour l'inciter à la prudence, — se retournant vivement.*) Aïe donc, toi !

L'ABBÉ (3) : Mon Dieu, je le confesse ! Que voulez-vous, madame ? la soutane ne nous préserve pas de toutes les faiblesses humaines !

PETYPON (2), *sur les charbons* : Oui !… oui !

LA MÔME (2) : Ah ! monsieur l'abbé, que je vous félicite — je n'ai pu le faire tout à l'heure — pour votre délicieuse composition !… (*À mi-voix, à Petypon.*) C'est-y ça ?

            Petypon fait signe que ça peut aller.

L'ABBÉ, *confus* : Oh ! madame, vraiment !…

LA MÔME : Voyez-vous, j'aimerais que vous me la donnassiez.

PETYPON, *à part* : Ouïe la !

LA MÔME : Je veux l'apprendre et la chanter.

L'ABBÉ (3) : Oh! madame, c'est trop d'honneur!

PETYPON, *vivement s'interposant entre la Môme et l'abbé* : Non, non! elle ne chante pas! elle ne chante pas!

LA MÔME : Pffo! Comme on dit : entre le zist et le zest.

L'ABBÉ, *malicieux* : Oh! si, si! Je vois ça à votre figure.

LA MÔME : Mon Dieu, monsieur l'abbé!... Qui c't'y qui ne chante pas un peu dans notre monde?

PETYPON, *pivotant sur les talons, manque de s'effondrer* : Boum là! Aïe donc!

> *Il remonte pour redescendre aussitôt* (1).

L'ABBÉ : Ah! charmant! Vous avez une façon si piquante de dire les choses, vous autres Parisiennes!

LA MÔME, *avec des révérences à sauts de croupe* : Ah! vous nous flattez, monsieur l'abbé! Croyez que! Croyez que!

PETYPON, *la faisant passer* (1) *en se substituant à elle et par ses courbettes à reculons, repoussant la Môme vers la gauche de la scène* : Oui! vous nous flattez, monsieur l'abbé, vous nous flattez!

LE VALET DE PIED, *annonçant du fond* : Monsieur le sous-préfet! Madame Sauvarel!

LE GÉNÉRAL, *se détachant du groupe du buffet* : Ah! (*Appelant.*) Ma nièce!

LA MÔME ET PETYPON, *celui-ci se précipitant* : Mon oncle?

LE GÉNÉRAL, *à Petypon qui est arrivé premier, en l'envoyant à l'écart à droite du buffet* : Oh ! naturellement, il faut que tu arrives, toi ! *(Accueillant le sous-préfet et sa femme qui arrivent du fond droit et entrent par la baie du milieu.)* Chère madame !… Monsieur le sous-préfet !… *(Au sous-préfet.)* Voulez-vous me permettre… euh ! *(Présentant la Môme.)* Ma nièce… *(À la Môme.)* Monsieur le sous-préfet et madame Sauvarel.

LE SOUS-PRÉFET * : Mademoiselle, tous mes vœux !

LE GÉNÉRAL : Ah ! non ! non ! vous vous trompez ! *(Indiquant Clémentine.)* La fiancée, la voilà !

LE SOUS-PRÉFET, *à Clémentine* : Ah ! mademoiselle, derechef !

LE GÉNÉRAL, *indiquant la Môme* : Celle-ci est la nièce mariée !… au vieux monsieur, là !

PETYPON : Charmant !

LE GÉNÉRAL : Mon neveu, le docteur Petypon ! *(À la Môme.)* Et maintenant, ma chère enfant, voulez-vous conduire au buffet notre aimable sous-préfète ?

LA MÔME, *au général* : Oh ! mais, comment donc ! *(À Madame Sauvarel.)* Madame, si vous voulez m'accompagner ?

MADAME SAUVAREL : Avec plaisir. *(À son mari.)* Tu permets, Camille ?

LE SOUS-PRÉFET (1), *gentiment* : Va donc ! Va donc !

* Le Sous-Préfet (1) et Madame Sauvarel (2) au milieu de la scène. Devant le buffet Clémentine (1), le Général (2), la Môme (3), Petypon (4).

(Il fait mine de descendre, puis se ravisant.) Ah! seulement!...

> *Madame Sauvarel, qui déjà esquissait le*
> *mouvement d'aller au buffet, s'arrête à la*
> *voix de son mari.*

MADAME SAUVAREL : Quoi?

LE SOUS-PRÉFET, *à mi-voix* : Tu sais, hein? tu te
rappelles ce que je t'ai dit?

MADAME SAUVAREL (2) : Non, quoi donc?

LE SOUS-PRÉFET : Mais si, voyons! *(Madame Sauvarel fait un geste d'ignorance.)* Oh! *(À la Môme.)*
Vous permettez?

LA MÔME : Je vous en prie.

LE SOUS-PRÉFET, *entraînant sa femme à part (milieu
scène) et à mi-voix, très posément* : Je t'ai dit de bien
observer comment toutes ces dames parlent...
agissent... se tiennent... afin de prendre modèle!
Ça peut me servir pour ma carrière!

MADAME SAUVAREL (2) : Ah! oui! *(Elle va pour remonter, puis, se ravisant.)* Oh!... on sait bien que
nous sommes des fonctionnaires de la République.

LE SOUS-PRÉFET : C'est possible!... Mais ce n'est
tout de même pas la peine d'en avoir l'air! *(Haut.)*
Va, va! Madame Petypon t'attend.

> *Le général vient la prendre par la main*
> *et la conduit au buffet, où l'attend la Môme,*
> *coin droit du buffet.*

LA MÔME, *à madame Sauvarel* : Chère madame,
que puis-je vous offrir?... de l'orangeade?... une

coupe de champagne?... du café glacé?... *Qué c't'y que vous voulez prendre?*

PETYPON, *qui était près de la Môme, dévalant jusqu'au milieu de la scène*: V'lan! ça y est!

MADAME SAUVAREL : Mais, je ne sais vraiment pas!... *Qué... qué c't'y que vous avez de bon?*

PETYPON, *n'en croyant pas ses oreilles*: Hein!... Ah?... (*Soulagé.*) Oh! alors!...

> *Il descend à droite; la Môme s'occupe de son invitée, mesdames Claux, Virette et la baronne vont au buffet. Mesdames Ponant et Hautignol sont à gauche du piano.*

LE GÉNÉRAL*, *causant* (2) *près du piano avec le sous-préfet* (1). *Tous deux sont dos au public*: Oh! ici, il n'y a rien... Voici pourtant un plafond de Fragonard.

LE SOUS-PRÉFET, *la tête en l'air*: Ah! très joli!... De quelle époque?

LE GÉNÉRAL : Eh bien! de l'époque... euh!... de Fragonard!

LE SOUS-PRÉFET : C'est juste!

LE GÉNÉRAL, *indiquant avec son index l'étage supérieur*: Ah! par exemple, là-haut, j'ai la salle des Pastels.

---

* Pour les théâtres qui n'auraient pas de plafond peint pour leur décor, remplacer le plafond par un tableau, ou alors remplacer le texte par le suivant : «Oh! ici, il n'y a rien. Mais, dans la salle à côté, j'ai un plafond de Fragonard. — Ah! mes compliments! De quelle époque?», etc.

PETYPON, *qui s'est rapproché du général, entendant ces derniers mots* : Oui… au-dessus !

LE GÉNÉRAL (2), *se retournant* : Non, comment ! te voilà toi ?… Bartholo a quitté Desdémone ?

PETYPON : Comme vous voyez !… *(À part, avec ironie.)* Bartholo avec Desdémone ! *(Haut.)* Hein ! Si Don Juan savait ça !…

LE GÉNÉRAL, *gouailleur* : Ah ! ah ! « Don Juan et Desdémone ! » tu es fort en littérature, toi !

PETYPON, *s'inclinant ironiquement* : Vous me l'apprendrez[1].

LE GÉNÉRAL : Je pourrais !… En attendant, tiens, puisque tu n'as rien à faire, montre donc la salle des Pastels à notre sous-préfet.

PETYPON, *bas au général* : Hein !… C'est que ma femme !…

LE GÉNÉRAL : Eh bien ! quoi, « ta femme ? » on ne la mangera pas, « ta femme !… » Est-il jaloux, ce bougre-là !… *(L'envoyant n° 2.)* Allons, va !

PETYPON, *qui va donner contre la poitrine du sous-préfet* : Oh ! *(Au sous-préfet.)* Par ici, monsieur le sous-préfet.

LE SOUS-PRÉFET : Oh ! monsieur, vraiment, j'abuse…

PETYPON, *la pensée ailleurs* : Certainement, monsieur ! Certainement ! Si vous voulez me suivre !…

LE SOUS-PRÉFET : Volontiers !

PETYPON : C'est ça, passez devant !

LE SOUS-PRÉFET, *sortant le premier porte gauche* : Pardon !

PETYPON, *à part, jetant un dernier regard vers la*

sa tenue avec une attention un peu étonnée.) Vous
entendez, ma chère?... *(Se tapant sur la cuisse.)* La
duchesse qui ne connaît pas le mot «larbin»!

> *Même jeu.*

MADAME VIDAUBAN, *se tapant sur la cuisse, à l'instar
de la Môme*: Ah! ah! ah! elle est bien bonne, ma
chère!... *(Même jeu.)* Elle est bien bonne!

LA MÔME, *se tapant sur la cuisse*: Mais, «larbin»,
nous n'employons que ce mot-là!

MADAME VIDAUBAN, *même jeu*: Mais il n'y en a pas
d'autres!... «Larbin», *(Même jeu.)* nous ne disons
que ça aujourd'hui! *(Même jeu.)* N'est-ce pas,
Roy?

> *Toutes deux rient en se tapant la cuisse.*

VIDAUBAN*, *se tapant également sur la cuisse*: Oui,
ma bonne amie!

LA DUCHESSE, *tandis qu'Émile descend du buffet avec
un verre d'eau sur son plateau et vient à elle par le
milieu de la scène, passant devant la Môme*: Eh bien!
oui, qu'est-ce que vous voulez? *(Considérant avec
son face-à-main qui lui présente son plateau.)* Alors...
c'est un larbin, ça? *(Prenant le verre d'eau.)* C'est
drôle!

---

* À ce moment Guérissac, qui causait, assis avec le groupe de dames,
Virette, Sauvarel, Ponant, se lève, offre son bras à madame Virette,
tandis que de la main gauche, tout en causant, il écarte sa chaise qui
gênerait le passage, et la place ainsi au milieu de la scène; puis, toujours avec madame Virette à son bras, remonte jusqu'au buffet.

ÉMILE, *vexé, à part, tout en rebroussant chemin avec son plateau* : Eh ! bien, elle est polie !

> *Il remonte au buffet.*

LA DUCHESSE : Voilà ce que c'est de n'être plus Parisienne ! Mais, qui sait ? je vais peut-être être obligée de le redevenir. Voici mon fils majeur… *(Appelant.)* Guy !

> *D'un groupe, dans la baie du milieu, se détache un gros et jeune garçon, bien costaud, bien râblé, qui, dos au public, bavardait avec les autres.*

GUY *(smoking), descendant avec empressement* : Maman ?

LA MÔME, *regardant le duc, debout entre elle et madame Vidauban, mais légèrement au-dessus* : Non, c'est vrai ? c'est à vous, ce grand fils ?

LE DUC : Oui, madame.

LA DUCHESSE : Mais oui !

LA MÔME : Oh ! le Jésus !

LA DUCHESSE : Ah ! ça grandit !… Et ce qui m'inquiète c'est l'idée de l'envoyer à Paris !

> *Le duc lance un clin d'œil malicieux au public et descend à gauche de la Môme, milieu de la scène.*

MADAME VIDAUBAN : Mais quel besoin ?…

LA DUCHESSE : Que voulez-vous ? Il faut qu'il travaille ! *(Moue du duc.)* Malheureusement… il ne sait rien !

Nouvelle moue vexée du duc.

LA MÔME, *un œil de côté sur le duc, et entre ses dents* :
C' t'un crétin !

LA DUCHESSE, *comme de la chose la plus simple du monde* : Alors, n'est-ce pas ?… il va faire de la littérature.

MADAME VIDAUBAN* : Ah ! oui.

LA MÔME, *se retournant vers la duchesse* : C'est évident !

LA DUCHESSE, *sur un ton détaché* : Tout le monde sait plus ou moins écrire.

LA MÔME : Ben, là, voyons, c'te farce !

LA DUCHESSE : Mais je conviens que, pour cette carrière, il est utile que mon fils vive à Paris !… Et c'est ce qui m'inquiète ! Le voici majeur ! en possession, par conséquent, de la grosse *(Appuyer sur « grosse ».)* fortune que lui a laissée son père…

LA MÔME, *pivotant immédiatement, face au duc qui, sous le regard de la Môme, baisse les yeux* : Ah ?

LA DUCHESSE : Il est très faible !… Avec ça… *(Rapprochant sa bergère et se penchant pour n'être pas entendue de son fils. — Confidentiellement aux deux femmes qui, curieuses, se sont rapprochées également.)* … on devient un petit homme !…

LA MÔME, *les dents serrées, l'œil en coulisse vers le duc* : C'est que c'est vrai qu'on devient un petit homme !

---

* Guérissac redescend du buffet avec madame Virette, la reconduit à sa place, puis remonte près de Chamerot, au-dessus du piano.

LA DUCHESSE, *à mi-voix* : Nous savons toutes ce que c'est que la chair !…

LA MÔME, *les yeux au ciel* : Oh ! voui !

LA DUCHESSE : S'il lui arrive de tomber sur une de ces femmes… innommables, comme il en est !…

LA MÔME, *repoussant avec une horreur comique l'affreuse vision* : Ah !… dussèche !…

LA DUCHESSE : Le pauvre enfant sera mangé !

LA MÔME : Ne m'en parlez pas ! Oh !

LA DUCHESSE : Ah ! quand j'y pense !…

LA MÔME, *se levant* : Oh ! mais, que vois-je ? Votre verre est vide ! Permettez-moi de vous débarrasser.

> *Le duc s'est rapproché, dans le but de débarrasser sa mère du verre en question. Mais la présence de la Môme, devant lui, l'empêche d'aller jusqu'au bout de son intention et il reste ainsi sur place, tout contre la Môme et la main prête à prendre l'objet qu'on lui tendra.*

LA DUCHESSE, *gracieusement* : Oh ! mais, laissez donc !… (*Avec intention, pour montrer qu'elle a profité de la leçon.*) Le larbin est là !

LA MÔME, *insistant* : Mais, du tout ! du tout !

> *De la main gauche, elle prend le verre des mains de la duchesse puis, en se retournant, se trouve nez à nez avec le duc qui, intimidé sous son regard, recule instinctivement. Elle s'arrête un quart de seconde tout contre le*

duc et les yeux plongés dans les siens. Celui-
ci, très gêné, ne sait où poser son regard et
détourne légèrement la tête. La Môme lente-
ment le contourne, en passant devant et
tout contre lui, retrouvant quand même ses
yeux ; puis une fois arrivée à sa droite (c'est-
à-dire n° 1, par rapport à lui n° 2), au
moment de remonter et quand elle est dos au
public, bien près de lui, de sa main droite,
elle saisit la main droite du duc qui pend le
long de son corps, lui imprime une forte
pression qui force le duc, tout décontenancé,
à plonger sur lui-même, et, trébuchant, l'en-
voie à gauche, tout près du dossier de la
chaise. Pendant ce temps, avec un air de ne
pas y toucher, la Môme remonte jusqu'au
buffet déposer son verre.

LA DUCHESSE, *qui n'a pas quitté la Môme des yeux et*
pourtant n'a vu que du feu à tout ce jeu de scène, aus-
sitôt celui-ci terminé, à madame Vidauban : Quelle
charmante petite femme !

MADAME VIDAUBAN : Charmante !

À ce moment, la Môme redescend du
buffet, et, n'abandonnant pas son idée de
derrière la tête, pique droit sur le duc (1) et
arrivée (2) tout contre lui, avec un geste
aussi dissimulé que possible pour les autres,
elle pince de la main droite la lèvre infé-
rieure du jeune homme et la lui agitant
convulsivement : « Ouh ! ma crotte ! »

LA DUCHESSE, *à madame Vidauban* : Et distinguée !

MADAME VIDAUBAN : Tout à fait !

LA MÔME*, *lâchant le duc (qui, absolument abruti et
l'air vexé, essaie de remettre en place sa bouche meurtrie
par de grandes contorsions des lèvres) et allant, de l'air
le plus innocent du monde, s'asseoir en face de la
duchesse* : Voilà, madame la duchesse ! Voilà qui
est fait !

LA DUCHESSE : Oh ! chère petite madame, je suis
confuse !

LA MÔME : Mais, comment donc !… *(L'œil en coulisse sur le duc.)* Ah ! il est très gentil, votre fils ! Il
me plaît beaucoup !… *(Avec un coup d'œil plus insistant, au duc.)* Beaucoup !

LA DUCHESSE, *ravie* : Oui ?

> *Le duc, pour qui cette situation devient
> un supplice, ne sachant que faire, fait un
> demi-tour plongé sur lui-même et remonte
> vers la terrasse à grandes enjambées.*

LA MÔME, *entre ses dents et en haussant les épaules en
voyant filer le duc* : Ballot !

LA DUCHESSE, *à la Môme, en réponse à ses compliments* : Ah ! que vous me faites plaisir.

---

* Mesdames Hautignol et Ponant se lèvent et, tout en bavardant, se
dirigent vers le buffet.

SCÈNE IV

LES MÊMES, PETYPON *et* LE SOUS-PRÉFET

LE SOUS-PRÉFET, *arrivant à la suite de Petypon, par la porte de gauche* : Tous mes remerciements, cher monsieur !

PETYPON, *distrait, tout à la préoccupation de retrouver la Môme* : Certainement, monsieur ! certainement. *(Bondissant en apercevant la Môme assise sur sa chaise, le corps en avant, les bras sur les genoux et la croupe saillante, causant avec la duchesse.)* Nom d'un chien ! La Môme avec la duchesse !

> *Il court à elle et du revers de la main lui envoie une claque cinglante sur la croupe.*

LA MÔME, *se redressant sous la douleur* : Chameau !

LA DUCHESSE, *étonnée* : Comment ?

LA MÔME, *très femme du monde* : Non ! je cause avec mon mari !... *(Se levant.)* Pardon ! Vous permettez ?

LA DUCHESSE : Je vous en prie !

LA MÔME, *allant retrouver Petypon qui s'est aussitôt écarté milieu de la scène* : Quoi ? qu'est-ce qu'il y a ?

PETYPON (1), *à mi-voix à la Môme* : Tu es folle de te lancer avec la duchesse !

LA MÔME (2) : Ah ! non ! Tu vas pas recommencer, hein ?

PETYPON, *tenace* : Qu'est-ce que tu lui as dit ?... De quoi lui as-tu parlé ?

LA MÔME : J'y ai parlé de ce qui m'a plu ! Et puis, si tu n'es pas content, zut ! *(Enjambant la chaise du milieu qui est entre elle et Petypon.)* Eh ! allez donc, c'est pas mon père !

> *Elle gagne l'extrême droite.*

PETYPON, *comme s'il avait reçu un coup de pied dans les reins* : Oh !

TOUT LE MONDE, *stupéfait* : Ah !

> *Les assis se sont levés. Mesdames Virette, la baronne, Ponant, Hautignol, descendent devant la queue du piano. La duchesse, par la suite accompagnée de madame Vidauban et de Vidauban, ira rejoindre madame Claux au buffet.*

LA MÔME, *ayant subitement conscience de son étourderie et toute confuse* : Oh !

PETYPON, *désespéré* : V'lan ! Ça devait arriver !

LE GÉNÉRAL, *qui était au-dessus du piano, descendant par l'extrême gauche jusque devant le piano et d'un ton ravi* : Ah ! ah ! elle est très amusante avec son tic : *(L'imitant.)* « Eh ! allez donc, c'est pas mon père ! »

> *En ce disant il remonte par le milieu de la scène et va retrouver la duchesse au buffet.*

PETYPON, *Saisissant la balle au bond et tout en passant d'une invitée à l'autre en commençant par la gauche* : Oui !... Oui ! C'est le dernier genre à

Paris!... Toutes ces dames du faubourg Saint-Germain font ce petit!...

> *Il simule le geste.*

LA MÔME, *de son coin à droite, corroborant* : Oui!... oui!

TOUT LE MONDE, *étonné* : Ah?... Ah?

PETYPON : C'est une mode qui a été lancée par la princesse de Waterloo et la baronne Sussemann!... Et, comme elles donnent le ton, à Paris, alors!...

LA MÔME : Oui! Oui!

Murmures confus : «Ah! que c'est drôle!... Ah! que c'est curieux! Drôle de mode! Où va-t-on chercher ces choses-là! etc.»

PETYPON, *en appelant à madame Vidauban qui, du buffet, s'est détachée, suivie de Vidauban, pour se rapprocher du groupe du milieu* : N'est-ce pas, madame Vidauban?

MADAME VIDAUBAN, *à gauche de Petypon, avec assurance* : Oui! oui!

PETYPON, *enchanté de cet appui inespéré* : Là! Vous voyez : madame Vidauban, qui est au courant des choses de Paris, vous dit aussi!...

> *Il redescend extrême droite près de la Môme qui est nº 2, par rapport à lui nº 1. Étonnement général.*

MADAME HAUTIGNOL, *à madame Vidauban* : Comment, vous le saviez?

MADAME VIDAUBAN, *avec un aplomb imperturbable* : Mais, évidemment, je le savais!

MADAME PONANT, *même jeu* : C'est drôle ! nous ne vous l'avons jamais vu faire !

MADAME VIDAUBAN : À moi ? Ah ! bien, elle est bonne ! Mais toujours ! Mais tout le temps ! N'est-ce pas, Roy ?

VIDAUBAN, *de confiance* : Oui, ma bonne amie !

MADAME VIDAUBAN : Ça c'est fort !… Vous ne me l'avez jamais vu faire ? Ah ! ben… ! *(Enjambant la chaise du milieu à l'instar de la Môme.)* Eh ! allez donc ! c'est pas mon père !

TOUT LE MONDE, *étonné* : Ah !

PETYPON : Ouf !

LA MÔME, *en délire, traversant la scène en applaudissant des mains et en gambadant comme une gosse* : Elle l'a fait !… elle l'a fait !… elle l'a fait !

PETYPON, *la rattrapant par la queue de sa robe au moment où elle passe devant lui et courant à sa suite* : Allons, voyons !… Allons, voyons !

> *Arrivée au piano, par un crochet en demi-cercle, toujours en gambadant, la Môme remonte au buffet, avec Petypon toujours à ses trousses.*

LE SOUS-PRÉFET, *qui est à l'extrême gauche du piano, à sa femme qui est* (2) *près de lui* (1) : Eh bien ! tu vois, ma chère amie, ce sont ces petites choses-là qu'il faut connaître ! ce sont des riens !… mais c'est à ces riens-là qu'on reconnaît la Parisienne. Étudie, ma chère amie ! étudie !

> *Il remonte par l'extrême gauche.*

MADAME SAUVAREL : Oui ! Oui !

> *Immédiatement elle prend la première chaise qui est devant le piano, l'apporte extrême gauche presque contre le mur, puis, avec acharnement, s'applique maladroitement à l'enjamber à plusieurs reprises, en répétant chaque fois à voix basse : «Eh ! allez donc, c'est pas mon père ! » Au même moment on entend un son de fanfare au loin qui à mesure se rapproche.*

TOUT LE MONDE, *se retournant instinctivement vers le fond* : Qu'est-ce que c'est que ça ?

LE GÉNÉRAL, *dos au public, à ses invités* : Ah ! je sais !… Ce sont les pompiers de la commune dont on m'a annoncé la visite. Mesdames et messieurs, si vous voulez que nous allions à leur rencontre ? *(Tandis que tout le monde remonte, il va prendre le bras de Petypon qui est avec la Môme près du buffet.)* Allons, viens, toi !

PETYPON, *résistant* : Mais, mon oncle, c'est que…

LE GÉNÉRAL : Oui, oui, c'est entendu, « ta femme » ! Eh ben ! tu l'embêtes, ta femme !… Allez, viens ! *(Il l'envoie milieu scène, puis se dirige vers le piano pour prendre son képi. À ce moment, son attention est attirée par madame Sauvarel qui répète consciencieusement dans son coin. Il la signale de l'œil à Petypon, puis, brusquement, en applaudissant des mains.)* Bravo, madame Sauvarel !

MADAME SAUVAREL, *sursautant et avec un petit cri aigu* : Ah !

> *Elle se sauve vers le fond, tout effarée. Le
> général remonte en riant, entraînant Petypon.
> Tout le monde à ce moment est à peu près
> sorti. Le duc est le dernier. Il s'efface pour
> laisser passer le général et le docteur. La
> Môme, qui est restée seule près du buffet,
> voyant que le duc sort le dernier, s'élance
> vers lui d'un pas rapide et sur la pointe des
> pieds et le fait descendre à vive allure jusque
> devant le trou du souffleur. La musique
> peu à peu s'éloigne, mais on ne cesse de l'en-
> tendre pendant toute la scène qui suit.*

SCÈNE V

LA MÔME, LE DUC, *puis* PETYPON

LA MÔME, *d'un geste brusque, tourne à elle le duc peu
rassuré, puis sans ambages*: Embrasse-moi !

LE DUC (1), *ahuri*: Hein ?

LA MÔME (2) : Mais embrasse-moi donc, imbécile !

> *Elle est face au public et tend sa joue
> droite.*

LE DUC, *absolument annihilé*: Euh !... Oui,
madame !

> *Il jette un regard d'angoisse vers le public
> puis, se décidant lentement, il tourne la tête*

peu : Malheureuse ! tu es folle !… Si un autre vous avait vus !

LE DUC, *ahuri, à part* : Hein ?

LA MÔME (2), *assise, avec lassitude* : Ah ! non ! dis ? tu vas pas recommencer ?

PETYPON : Enfin, voyons, est-ce que c'est une tenue, ça ?… avec monsieur sur tes genoux !…

LA MÔME : Où voulais-tu que je le mette ?

PETYPON : Mais, nulle part ! Que diable ! quand tu seras à Paris, tu feras ce que tu voudras ! Mais, au moins, pendant que tu es ici, je t'en supplie, au nom du ciel, observe-toi !

> *La Môme hausse les épaules.*

LE DUC, *à part, dans son coin* : Oh ben ! il n'est pas méchant !

PETYPON, *voyant qu'il perd son temps avec la Môme, allant vers le duc dont l'inquiétude transparaît aussitôt sur la physionomie. — Une fois arrivé à lui* : Je vous en prie, mon cher duc, soyez raisonnable pour elle !… Je vois que vous êtes au courant ; je peux vous parler à cœur ouvert !… Eh ! je comprends très bien, parbleu : vous êtes jeune ; elle est jolie… Mais, quoi ? à Paris, vous aurez bien le temps ! Songez donc à l'effet que ça ferait si le général ou quelqu'un d'autre…

LE DUC (3), *qui s'est peu à peu rasséréné* : Mais comment, monsieur ! mais je comprends très bien !… (*À la Môme qui, l'air maussade, est redescendue* (1).) C'est vrai ; il a raison, madame !

LA MÔME : Ah! laissez donc! Il est d'un collet monté!…

PETYPON : Ah! par exemple, ça, si je suis collet monté!… J'en appelle au duc.

LE DUC : Ah! ben, non! ça, écoutez, vraiment, on ne peut pas lui reprocher!…

PETYPON : Là! je ne suis pas fâché que monsieur le duc te dise!…

LA MÔME : Laisse-moi donc tranquille! Monsieur le duc ne sait pas comme moi…

PETYPON, *tout en remontant* : Mais si, mais si, monsieur le duc se rend très bien compte… *(Arrivé au fond.)* Chut, du monde! *(Bondissant.)* Nom d'un chien! Gabrielle! C'est Gabrielle! *(Sautant* (1) *sur la Môme, toujours assise* (2), *et l'entraînant par le poignet dans la direction de la porte de gauche.)* Vite, viens! viens!

LA MÔME : Oh! mais quoi? quoi? qu'est-ce qu'il y a?

PETYPON : Ça ne te regarde pas! Viens! Viens!

LA MÔME, *entraînée par Petypon, envoyant des baisers au duc* : À tout à l'heure, mon duc!… mon petit duc!

PETYPON : Oui, ça va bien! ça va bien!

Ils sortent de gauche.

LE DUC, *qui a suivi le mouvement et à leur suite est arrivé jusqu'à la porte de gauche, s'arrêtant sur le seuil* : Eh! bien, qu'est-ce qui lui prend? Ah! ben!… *(Changeant de ton, tout en redescendant extrême gauche.)* J'ai subjugué une femme du monde!… J'fais des

béguins ! Ah ! si je pouvais raconter ça à maman !
Elle qui a toujours peur que je tombe sur une
femme innommable.

> *Il remonte vers la porte de gauche et reste
> ainsi, rêveur, à fixer l'intérieur de la pièce
> par laquelle est sortie la Môme.*

SCÈNE VI

LE DUC, GABRIELLE, ÉMILE

GABRIELLE, *costume de voyage, cache-poussière. Elle
arrive de droite, un petit sac de voyage en cuir à la main.
Elle est précédée d'Émile portant sa valise. — Arrivée à
la baie du milieu* : Tenez, mon ami ! portez tout ça
dans la chambre qui m'est réservée.

ÉMILE (2) : Dans la chambre ?... Mais laquelle ?
On n'attend personne.

GABRIELLE (3) : Comment, laquelle ?... Il n'y a
pas une chambre pour madame Petypon ?

ÉMILE : Ah ! si !

GABRIELLE : Eh ! bien, c'est bien ! faites-y monter
mes colis !

ÉMILE : Ah ?... Bien, madame !

> *Il passe devant Gabrielle et sort premier
> plan cour en emportant la valise.*

LE DUC (1), *redescendant extrême gauche, et sans voir
Gabrielle* : J'ai subjugué une femme du monde !
(*Apercevant Gabrielle.*) Oh ! pardon, madame.

GABRIELLE (2), *descendant en scène* : Oh! pardon! monsieur! (*Le duc s'incline.*) Excusez-moi d'être en costume de voyage, je descends de chemin de fer et je ne me doutais pas qu'il y eût déjà réception ce soir.

> *Tout en parlant, elle s'est débarrassée du petit sac de cuir qu'elle a posé sur le piano.*

LE DUC, *homme du monde* : Mais, madame, vous êtes tout excusée.

GABRIELLE : Le général n'est pas là?

> *La musique, qui n'a pas cessé, mais lointaine, pendant les scènes précédentes, ici commence à se rapprocher.*

LE DUC : Il est dans le parc avec ses invités, mais il va revenir.

GABRIELLE : Parfait!... je vais en profiter pour aller voir si on monte mes malles!

> *Le duc s'incline, Gabrielle salue également et sort premier plan droit.*

LE DUC, *après la sortie de madame Petypon* : Au revoir, belle madame! au revoir! Qu'est-ce que c'est que ce tocasson?... (*Brusquement.*) J'aime mieux madame Petypon!

> *Il remonte se mêler aux invités qui, arrivant de gauche pendant ces derniers mots, ont envahi la terrasse à mesure que la fanfare s'est rapprochée. Tout le monde est*

en ligne le long de la balustrade, et dos au
public. Le général est au centre, face à la
baie du milieu. Madame Claux et la baronne
sont visibles par la baie de droite. Mesdames
Ponant et Virette sont à gauche du général.
Les autres invités ad libitum[1].

LE GÉNÉRAL, *aussitôt la fin de l'exécution du morceau,*
dos au public, aux pompiers en contre-bas et dont on
n'aperçoit que le haut de la bannière, — *toussant* :
Hum ! Hum !… Messieurs les pompiers de la Membrole ! C'est toujours une profonde émotion pour
un vieux militaire, qui, par conséquent, j'ose le
dire sans forfanterie, aime les militaires, de voir,
réuni devant lui et dans un même élan, tout un
groupement, euh… militaire !… Oui !… Euh !
qu'est-ce que je voulais donc vous dire ? Je ne sais
plus ! Ah ! oui ! Je vous salue, messieurs les pompiers ! Je salue votre drapeau en la personne si j'ose
dire de votre bannière, ornée d'autant de médailles
que la poitrine d'un brave. Comme disait Napoléon à Austerlitz… Attendez donc ! était-ce bien à
Austerlitz ? Non, c'était à… D'ailleurs, peu importe !
À quoi bon des souvenirs historiques ? À quoi bon
avoir recours aux paroles des grands quand on
peut puiser en soi-même ? J'aime mieux vous dire
tout simplement ce que mon cœur me dicte :
Merci, messieurs ! Vive les pompiers de la Membrole ! Vive la France et… et au revoir !

TOUS, *chaleureusement* : Bravo ! bravo !

LES POMPIERS, *à la cantonade* : Vive le général !
Vivent les fiancés !

LE GÉNÉRAL, *aux pompiers* : Il y a du vin et de la bière pour vous là-bas sous la tonnelle ! Allez ! et, comme on dit au régiment, tâchez moyen de ne pas vous pocharder !

LES POMPIERS : Vive le général !

LE GÉNÉRAL : À la bonne heure !

> *La musique reprend et va en s'éloignant pour s'éteindre par la suite tout à fait.*

MADAME PONANT, *descendant en scène* : Ah ! c'était charmant.

MADAME VIRETTE, *même jeu* : Ah ! exquis.

MADAME CLAUX : Ah ! délicieux ! *(Enjambant la chaise qui est au milieu.)* Eh ! allez donc ! c'est pas mon père !

> *Elle descend jusque devant le piano.*

TOUS : Ah ! bravo, madame Claux !

MADAME CLAUX* : Tiens ! je ne vois pas pourquoi je ne serais pas Parisienne, moi aussi !

LE GÉNÉRAL, *au milieu de la scène* : Ah çà ! où sont donc mes nièces ?

GUÉRISSAC, *n° 2 par rapport au général* (1) : Mon général, je viens de voir madame Petypon se promenant avec mademoiselle Clémentine dans le parc.

LE GÉNÉRAL, *gagnant un peu à droite* : Ah ! parfait ! elle lui donne sa leçon de parisianisme.

---

* À gauche, le long du côté droit du piano, Mesdames Claux (1), Ponant (2), la Baronne (3), Mesdames Vidauban (4), Hautignol (5). Au milieu, Chamerot (1), Guérissac (2), général (3). Près du buffet, l'abbé, Madame Sauvarel, Vidauban.

L'ABBÉ, *descendant entre Guérissac et le général* : Oh ! général, je sais bien une chose qui ferait plaisir à tout le monde !

LE GÉNÉRAL : Quoi donc ?

TOUS, *se rapprochant du groupe* : Quoi ? quoi ?

L'ABBÉ : Ne dites pas que c'est moi qui vous l'ai dit : il paraît que madame Petypon est excellente musicienne !…

LE GÉNÉRAL : Ma nièce ?

L'ABBÉ : Parfaitement ! Et qu'elle chante à merveille.

MADAME VIDAUBAN : Ah ! il faut lui demander de chanter !…

MADAME PONANT : Oh ! ce serait si gentil, si elle voulait bien !…

MADAME HAUTIGNOL : La moindre des choses : quelques couplets, une romance !

LE GÉNÉRAL, *passant devant l'abbé et descendant à gauche, près du piano, suivi de toutes les dames qui l'entourent* : Je vous promets, dès qu'elle sera là, de le lui demander.

TOUS : Ah ! Bravo !… bravo !…

> *Le général est descendu vers le piano (sur lequel il dépose en passant son képi, coiffe et visière en l'air), puis va s'asseoir devant, ainsi que quelques dames ; les autres restent debout près du général, qui se trouve ainsi dissimulé par leur présence à tout arrivant de droite. Chamerot et Guérissac sont plus au fond et au milieu de la scène ainsi que*

l'abbé. Mesdames Ponant et Sauvarel vont
rejoindre les autres dames près du général.

SCÈNE VII

LES MÊMES, GABRIELLE,
puis MONSIEUR *et* MADAME TOURNOY

GABRIELLE, *arrivant de droite premier plan. Elle a
retiré son chapeau et son cache-poussière* : Là, mes malles
sont montées !… Où est donc le général ?

> *Elle remonte en cherchant des yeux le
> général.*

MADAME PONANT, *qui est debout devant le général* :
Général ! Quelle est donc cette dame ?

LE GÉNÉRAL, *se levant, ainsi que les dames déjà assises* :
Quelle dame ?

MADAME PONANT, *indiquant Gabrielle, qui erre au
fond* : Là !

LE GÉNÉRAL, *regardant dans la direction indiquée* :
Hein ! Mais c'est la dame que j'ai vue hier chez
mon neveu !

GABRIELLE, *aux officiers* : Pardon, messieurs ! vous
n'auriez pas vu le général ?

CHAMEROT : Le général ?

LE GÉNÉRAL : Ah çà ! qu'est-ce qu'elle vient faire ?

GUÉRISSAC : Mais, le voilà !

GABRIELLE : Oh ! c'est juste !

LE GÉNÉRAL : Je ne l'ai pas invitée, moi !

GABRIELLE, *radieuse, courant au général* : Ah ! général !

LE GÉNÉRAL, *qui s'est avancé de deux pas et se trouve à un mètre environ du groupe des dames, et séparé de Gabrielle seulement par la chaise du milieu qui est entre eux deux.* — *À Gabrielle* : Chère madame... que c'est aimable à vous !

GABRIELLE, (2) *par rapport au général* (1) : Excusez-moi, général, de me présenter ainsi. Je descends du train, et j'ignorais qu'il y eût ce soir réception !

LE GÉNÉRAL, *ne sachant trop que dire* : Mais, madame... comment donc !... certainement !... je... je vous en prie !...

GABRIELLE : Oh ! mais, je vais aller m'habiller !... J'ai déjà fait monter mes malles !...

LE GÉNÉRAL : Hein !... *(À mi-voix, de façon à n'être entendu que par le groupe des dames.)* Eh bien ! elle est sans façon !

> *Les dames rient discrètement. Quelques-unes s'asseyent.*

GABRIELLE : J'aurais bien voulu vous amener mon mari ! Malheureusement, il n'a pu m'accompagner ! Il vous prie de l'excuser.

LE GÉNÉRAL, *moqueur, et moitié pour la galerie, moitié pour Gabrielle* : Ah ! il vous prie de ?... Comment donc ! Comment donc !... Mon Dieu, vous auriez peut-être pu trouver une autre personne de votre famille.

> *Il rit ; les dames font chorus.*

GABRIELLE, *bien ingénument* : Je n'avais personne.

LE GÉNÉRAL, *à Gabrielle* : Ah ! c'est regrettable !...
(Se retournant, l'air narquois, vers les dames.) C'est
regrettable ! Vraiment !

> *La duchesse rentre du dehors au bras du
> sous-préfet et s'arrête à causer avec lui au
> fond, près du buffet.*

GABRIELLE : Mais moi, vous pensez bien que je
me suis fait un devoir !... Aussi, malgré ce que
vous m'avez raconté des revenants qui hantent ce
château...

LE GÉNÉRAL : Ah ! ah ! oui, c'est vrai ! vous croyez
à ces choses-là ! Mais ça n'existe pas, les revenants !

GABRIELLE, *ne voulant pas discuter* : Oui, enfin !...
je suis venue ; c'est le principal ! *(S'écartant à droite,
puis de là faisant signe au général et à mi-voix.)*
Général !

LE GÉNÉRAL, *s'avançant jusqu'à elle, après avoir jeté
un regard d'étonnement aux dames* : Madame ?

GABRIELLE, *bas* : Voulez-vous me présenter à ces
dames ?

LE GÉNÉRAL : À ces... ? Mais, comment donc ! avec
plaisir !... *(Au moment d'aller vers les dames, s'arrêtant
et à part.)* Saperlipopette, c'est que je ne me rappelle pas du tout le nom qu'on m'a dit en me la
présentant !... Ah ! ma foi, tant pis ! *(À mi-voix, aux
dames, tandis que Gabrielle se tapote coquettement les
cheveux, la cravate, se préparant à la présentation.)*

Mesdames, je vous demanderai la permission de vous présenter cette dame! Seulement, ne me demandez pas son nom, je ne me le rappelle pas! Je n'ose pas le lui demander, parce qu'il y a des gens que ça vexe! Tout ce que je sais, c'est que c'est une excellente amie de ma nièce, madame Petypon!

MADAME VIDAUBAN : Une Parisienne?

LE GÉNÉRAL : Oui, une Parisienne!

LES DAMES, *se levant*: Ah! mais, nous serons enchantées!

MADAME VIDAUBAN : Mais comment donc!

> *Remue-ménage parmi ces dames. Elles sont placées ainsi qu'il suit, obliquement le long de la queue du piano : mesdames Virette (1), Claux (2), Hautignol (3), Sauvarel (4), Vidauban (5). Au-dessus du piano, madame Ponant cause avec les officiers, la baronne et l'abbé.*

LE GÉNÉRAL, *debout derrière la chaise du milieu, dont il tient le dossier entre les mains, — haut, au groupe des dames*: Mesdames! voulez-vous me permettre de vous présenter madame euh… (*Se penchant vers les dames, le dos de la main droite en écran contre le coin gauche de la bouche, et très glissé, à mi-voix, comme s'il prononçait le nom de la personne qu'il présente.*) Taratata n'importe quoi-c' que vous voudrez!

MADAME VIDAUBAN : Comment?

LE GÉNÉRAL, *vivement et bas*: Rien, chut! (*Haut, présentant.*) Madame Vidauban!

MADAME VIDAUBAN, *s'avançant d'un pas et avec une révérence* : Ah ! madame, enchantée !...

GABRIELLE : Mais c'est moi, madame, qui...

MADAME VIDAUBAN, *enjambant la chaise près de laquelle est le général* : Eh ! allez donc, c'est pas mon père !

> *Elle descend se ranger* (1) *à côté de madame Virette.*

GABRIELLE, *sursautant de stupéfaction* : Ah !

LE GÉNÉRAL, *présentant* : Madame Sauvarel !

MADAME SAUVAREL, *même jeu, mais timidement, maladroitement.* Madame, enchantée !...

GABRIELLE : Oh ! madame, vraiment !...

MADAME SAUVAREL, *enjambant la chaise* : Eh ! allez donc ! c'est pas mon père !

> *Nouveau sursaut de Gabrielle, tandis que madame Sauvarel descend* (1) *près de madame Vidauban. Chaque fois, tout le rang remonte d'un numéro.*

GABRIELLE, *à part* : Hein ! elle aussi ?

LE GÉNÉRAL, *présentant* : Madame Hautignol !

GABRIELLE, *s'inclinant* : Madame !...

MADAME HAUTIGNOL : Madame, enchantée !

GABRIELLE, *à part* : Nous allons un peu voir si celle-là aussi ?...

MADAME HAUTIGNOL, *enjambant la chaise* : Eh ! allez donc ! c'est pas mon père !

GABRIELLE, *à part* : Ça y est ! Ça doit être un usage de la Touraine. *(Haut.)* Madame, enchantée !...

> *Madame Hautignol descend* (1) *à côté de madame Sauvarel.*

LE GÉNÉRAL, *voyant les deux dames qui s'avancent couplées* : Mesdames Claux et Virette !

GABRIELLE, *saluant* : Mesdames !

MESDAMES CLAUX ET VIRETTE, *ensemble, s'inclinant* : Madame ! (*Enjambant la chaise en même temps, madame Virette de la jambe droite, madame Claux de la jambe gauche, ce qui fait qu'elles s'envoient mutuellement un coup de pied dans le jarret.*) Eh ! allez donc ! c'est... Oh !

MADAME VIRETTE : Oh ! pardon.

MADAME CLAUX : Je vous ai fait mal !

MADAME VIRETTE : Du tout ! et moi ?

MADAME CLAUX : C'est rien ! c'est rien !

> *Elles prennent les n°s 1 et 2.*

GABRIELLE, *à part* : Eh ben !... il faut venir en province pour voir ça !

LE GÉNÉRAL, *avisant l'abbé au-dessus du piano* : Et, enfin, notre excellent ami, l'abbé Chantreau !

L'ABBÉ, *descendant* : Ah ! madame, très honoré !

GABRIELLE, *s'inclinant* : C'est moi, monsieur l'abbé !...

L'ABBÉ, *enjambant la chaise* : Eh ! allez donc ! c'est pas mon père !

> *Il remonte, tandis que son entourage lui fait un succès.*

GABRIELLE, *à part* : Le clergé aussi ! Oh ça ! c'est tout à fait curieux ! (*Traversant pour aller aux dames*

qui sont devant le piano.) Vous m'excuserez, mesdames, de me présenter dans cette tenue, mais je
descends de chemin fer !

LE GÉNÉRAL, *toujours derrière le dossier de sa chaise* :
Mais oui, mais oui !… *(Voyant la duchesse qui descend
en causant avec le sous-préfet. À part.)* Ah ! et puis à
la duchesse ! *(Haut à la duchesse.)* Ma chère
duchesse ! Voulez-vous me permettre de vous présenter madame… euh… *(Comme précédemment.)*
« Taratata n'importe-quoi-c' que vous voudrez !… »

LA DUCHESSE, *à droite de la chaise* : Madame quoi ?

LE GÉNÉRAL, *vivement et entre les dents* : Chut ! oui !
n'insistez pas ! *(Présentant, à Gabrielle.)* La duchesse
douairière de Valmonté !

> *Il descend à droite* (3) *par rapport à la*
> *duchesse* (2) *et Gabrielle* (1). *La duchesse*
> *salue.*

GABRIELLE, *à gauche de la chaise et face à la duchesse* :
Madame, enchantée !… *(Enjambant la chaise comme
elle l'a vu faire aux autres.)* Eh ! allez donc ! C'est
pas mon père ! *(À part.)* Puisque c'est l'usage !

> *Chuchotements parmi les femmes :* « Hein !
> vous voyez ?… Vous avez vu ?… Hein ?…
> la Parisienne !… etc. »

MADAME HAUTIGNOL : En tout cas nous lui avons
montré que nous étions à la hauteur !…

LA DUCHESSE, *de l'autre côté de la chaise, à Gabrielle
avec un joli sourire* : Excusez-moi, madame ! mais

mon vieil âge ne me permet pas d'être dans le mouvement.

GABRIELLE : Mais comment donc !

LA DUCHESSE, *pinçant du bout des doigts un pli de sa robe à hauteur du genou de façon à découvrir juste le haut du pied, esquisse, en la soulevant à peine de terre, un discret rond de jambe* : Eh ! allez donc ! *(Avec une révérence de menuet.)* C'est pas mon père !

GABRIELLE, *minaudant* : C'est ça, madame, c'est ça ! *(Au général qui s'est effacé pour livrer passage à la duchesse, laquelle va s'asseoir sur la bergère de droite.)* Et maintenant ne vous occupez plus de rien ! Je me charge de tout !

LE GÉNÉRAL, *étonné* : Ah ?

GABRIELLE, *passant successivement — et en commençant par la gauche — d'une dame à l'autre, et chaque fois avec des petits trémoussements de la croupe* : Asseyez-vous, je vous en prie, mesdames !… Madame asseyez-vous, je vous en prie !… Si vous voulez vous asseoir, madame !… Asseyez-vous, je vous en prie, madame !… *(Arrivée au bout de la rangée, brusquement au général.)* Mais quoi ? est-ce qu'on ne fait pas un peu de musique ? quelque chose pour distraire cette aimable société ?

LE GÉNÉRAL*, *tandis que les femmes sur l'invitation de Gabrielle se sont assises sur les chaises longeant le*

---

* Mesdames Chaux (1) et Chamerot (2), extrême gauche ; Guérissac (3), appuyé contre la partie cintrée du piano ; madame Hautignol (4), assise, ainsi que madame Ponant (5), madame Virette (6), madame Sauvarel (7) ; Gabrielle (8), derrière la chaise du milieu ; Général (9), à droite assis ; madame Vidauban (10) ; Vidauban (11), Duchesse (12) ; au fond, au-dessus piano ; l'abbé, le sous-préfet ; à droite au buffet : la baronne, invités, Émile.

piano, madame Sauvarel sur la chaise du milieu qu'elle a rapprochée du groupe : Si! Si! on attend ma nièce, pour la prier de chanter.

GABRIELLE : Ah! parfait! parfait!... Cette chère mignonne, je serai enchantée de l'embrasser.

LE GÉNÉRAL, *avec une politesse narquoise* : Elle aussi, croyez-le bien!

GABRIELLE, *aux invités* : Mesdames et messieurs, vous êtes priés de patienter un peu ; nous attendons la nièce du général pour qu'elle nous chante quelque chose!

LES INVITÉS : Oh! mais nous savons! nous savons!...

GABRIELLE, *un peu dépitée* : Ah? Ah?... vous savez?...

LE GÉNÉRAL : Mais oui! Mais oui!

GABRIELLE, *de même* : Ah? ah?... Très bien! très bien!

LE GÉNÉRAL, *à part* : Non! mais elle est étonnante!... De quoi se mêle-t-elle?

GABRIELLE, *repassant successivement d'une dame à l'autre comme elle l'a fait précédemment pour les faire asseoir* : Vous ne désirez pas vous rafraîchir, chère madame?... et vous, chère madame?... vous ne désirez pas vous rafraîchir? Et vous?...

LE GÉNÉRAL, *à l'avant-scène, dos au public, la regardant circuler et gagnant ainsi jusqu'aux dames de gauche* : Non! mais regardez-la : elle va! elle va!

GABRIELLE*, *qui, arrivée au bout de la rangée, a tra-*

---

* Gabrielle (3) au milieu de la scène, Émile (2), le général (1) près des dames de gauche.

versé la scène pour aller à madame Vidauban : Et vous, chère madame, vous ne désirez pas vous rafraîchir ? *(Voyant qu'elle hésite.)* Si ! Si ! *(En se retournant elle se trouve face à face avec Émile qui descend du buffet avec un plateau chargé de rafraîchissements.)* Valet de pied, voyons ! passez donc des rafraîchissements !... Qu'est-ce que vous attendez ?

> *Émile, interloqué, roule des yeux écarquillés sur Gabrielle, puis regarde le général, comme pour lui demander avis.*

LE GÉNÉRAL, *jovialement* : Eh bien ! qu'est-ce que vous voulez, mon garçon... passez des rafraîchissements, puisque madame vous le demande. *(Émile s'incline puis passe les rafraîchissements aux dames de gauche en commençant par en haut. Le général à part, gagnant la droite.)* Ma parole, elle m'amuse !...

> *Émile, après avoir fait la rangée des dames, remontera par la gauche du piano et regagnera par la suite le buffet par le fond.*

UN VALET DE PIED, *contre le chambranle droit de la baie du milieu, annonçant au fond, presque en même temps que paraissent les deux arrivants* : Monsieur et madame Tournoy !

LE GÉNÉRAL, *aussitôt l'annonce, remontant dans un mouvement arrondi* : Ah !

GABRIELLE*, *qui s'est élancée également à l'annonce,*

---

* M. Tournoy (1), madame Tournoy (2), le valet, contre console droite (3), le général (4).

arrivant à la rencontre des arrivants avant le général, et quand celui-ci arrive, l'écartant de la main gauche et se mettant devant lui. — *Très verbeuse, passant sans transition d'une idée à l'autre:* Ah! monsieur et madame Tournoy! que c'est aimable à vous!... *(Avec un rond de jambe dans le vide.)* Eh! allez donc, c'est pas mon père!... *(Ahurissement du couple.)* Comme vous arrivez tard!... Excusez-moi de vous recevoir dans cette tenue, je descends de chemin de fer!

MONSIEUR ET MADAME TOURNOY: Mais, madame, je vous en prie!...

LE GÉNÉRAL, *à Gabrielle*: Pardon! je vous serais obligé...

GABRIELLE, *sans le laisser achever*: Oh! c'est juste! *(Au couple.)* Vous ne connaissez pas le général, peut-être?... *(Au général.)* Général! monsieur et madame Tournoy!

LE GÉNÉRAL, *redescendant légèrement*: Ah! bien, elle est forte!

GABRIELLE: Tenez, madame, si vous voulez vous rafraîchir au buffet... ainsi que M. Tournoy!

Elle les fait passer devant elle dans la direction du buffet.

LE GÉNÉRAL (1), *par rapport à Gabrielle* (2): Ah! non, mais permettez!...

GABRIELLE, *le repoussant doucement*: Laissez! laissez! ne vous occupez de rien!

LE GÉNÉRAL, *redescendant milieu gauche de la scène*: Oh! mais elle commence à m'embêter!

GABRIELLE, *redescendant sautillante vers le général* :
Là ! voilà qui est fait !

LE GÉNÉRAL (1) : Oui ! Eh bien ! c'est très bien !
niais je vous prierai dorénavant, madame !…

GABRIELLE (2), *chatte* : Oh ! non !… Pas madame !
Ne m'appelez pas madame, voulez-vous ?

LE GÉNÉRAL : Eh ben ! comment voulez-vous que
je vous appelle ?

GABRIELLE, *minaudière* : Mais je ne sais pas ?…
(*Prenant de chaque main une main du général qui se
demande où elle veut en venir, et l'amenant doucement
à l'avant-scène, puis :*) Comment appelez-vous votre
nièce ?

LE GÉNÉRAL : Ma nièce ?… eh ! bien, je l'appelle :
ma nièce !

GABRIELLE : Eh ! bien, voilà ! Appelez-moi : « ma
nièce » !… ça me fera plaisir ! et moi, je vous appellerai mon oncle.

LE GÉNÉRAL : Hein ?

GABRIELLE, *d'une secousse des mains sur les mains du
général l'amenant chaque fois à elle* : Ah ! mon oncle !
(*Elle l'embrasse sur la joue droite.*) Mon cher oncle !

> *Elle l'embrasse sur la joue gauche tandis
> que tous les assistants rient sous cape.*

LE GÉNÉRAL, *à part en remontant vers la droite tandis
que Gabrielle va vers le groupe de droite expliquer à
madame Vidauban et à la duchesse que le général est
son oncle* : Ah ! non ! elle est à enfermer ! (*Apercevant Clémentine et la Môme qui bras dessus bras dessous*

reviennent par la terrasse.) Ah ! vous voilà les cousines !... Eh ! bien vous en avez mis un temps !

CLÉMENTINE (2) : Je prenais ma leçon, mon
oncle.

LA MÔME (1) : Elle prenait sa leçon, notre
oncle !

LE GÉNÉRAL (3) : Je sais ! Au moins, ça t'a-t-il
profité ?

CLÉMENTINE : Oh ! oui, mon oncle !

LE GÉNÉRAL : Bravo ! *(À la Môme avec un geste de la
tête dans la direction de Gabrielle qui tourne le dos.)*
Et vous, ma chère enfant, préparez-vous à une
surprise !

LA MÔME, *descendant* : Une surprise !... Laquelle !
*(Reconnaissant Gabrielle et, à part, bondissant vers la
gauche.)* La mère Petypon !... Ah ! bien ! je comprends pourquoi le docteur filait comme un
lapin !

> *Elle revient près du général.*

LE GÉNÉRAL, *à Gabrielle* (4), *lui présentant Clémentine qu'il fait passer* (3) : Chère madame !...
D'abord, ma nièce, Clémentine, la fiancée !

GABRIELLE, *qui s'est retournée à l'apostrophe* : Oh !
qu'elle est mignonne ! Tous mes vœux, ma chère
enfant !

> *Elle l'embrasse sur le front.*

LE GÉNÉRAL (2), *tout en prenant la main de Clémentine pour la ramener à lui* : Chère madame, je n'ai
pas besoin de vous présenter mon autre nièce...

(Un petit temps grâce auquel l'énoncé du nom qui suit peut s'appliquer aussi bien à la Môme qu'à Gabrielle.) madame Petypon ?...

> *Il remonte au buffet avec Clémentine qui se mêle au groupe des invités.*

LA MÔME, *coupant la parole à Gabrielle, qui ouvrait déjà la bouche pour répondre, se précipite vers elle, lui saisit les deux mains, et, avec aplomb, l'abrutissant de son caquetage et chaque fois lui imprimant dans les avant-bras des secousses qui se répercutent dans la tête de madame Petypon* : Nous présenter ! Ah ! bien ! en voilà une question ! Le général qui demande s'il faut nous présenter ; elle est bien bonne, ma chère ! Elle est bien bonne ! Non ! C'est pas croyable ! Comment, c'est toi ?

GABRIELLE (2), *ahurie* : Hein ?

LA MÔME (1) : Ah ! bien ! c'est ça qui est gentil !... Et tu vas bien ? oui ? tu vas bien ?

GABRIELLE (2), *complètement ahurie* : Mais... pas mal ! et... toi ?

LA MÔME : Ah ! que je suis contente de te voir ! Mais regarde-moi donc !... mais tu as bonne mine, tu sais ! tu as bonne mine ! *(En appelant, à l'assistance.)* N'est-ce pas qu'elle a bonne mine !...

LE GÉNÉRAL, *qui est descendu près des dames de gauche et se trouve par conséquent (1) par rapport à la Môme (2) — d'une voix tonitruante* : Elle a bonne mine !

> *Il remonte en riant.*

LA MÔME, *toujours même jeu, à Gabrielle qui écoute tout ça bouche bée, l'air abruti, le regard dans celui de la Môme*: Figure-toi, depuis que je ne t'ai vue, j'ai eu un tas d'embêtements! Émile a été très malade!

GABRIELLE*: Ah?

LA MÔME: Heureusement, il a été remis pour le mariage de sa sœur!

GABRIELLE: Ah?

LA MÔME: Tu sais, Jeanne!

GABRIELLE: Jeanne?

LA MÔME: Oui! Elle a épousé Gustave!

GABRIELLE: Gustave?

LA MÔME: Tu sais bien, Gustave!

GABRIELLE, *n'osant se prononcer*: Euh…

LA MÔME: Mais si… le bouffi!

GABRIELLE: Ah!

LA MÔME: Oui! Eh! bien, elle l'a épousé, ma chère! Hein? qui aurait cru? «Gustave»! tu te rappelles ce qu'elle en disait?… Enfin, c'est comme ça: c'est comme ça! tout va bien… on dit noir un jour, on dit blanc le lendemain! c'est la vie! on est girouette ou on ne l'est pas. Tel qui rit… Mais, qu'est-ce que tu as? Tu as l'air tout drôle?… Je t'en prie, mets-toi à ton aise. As-tu soif? veux-tu boire? orangeade? café glacé?… orgeat? limonade?

GABRIELLE, *abrutie*: Bière!

---

* Clémentine va s'asseoir auprès de Madame Vidauban qui cause avec la duchesse.

LA MÔME : Oui ! parle ! dis ce que tu veux ! tu sais, tu es ici chez toi !

LE GÉNÉRAL, *sur le ton blagueur* : Oh ! elle y est !

GABRIELLE, *de plus en plus démontée* : J'te… j' te remercie bien !

LA MÔME : Oh ! mais je te demande pardon !… Tu permets ? hein ! tu permets !

GABRIELLE : Mais va donc, j' t'en prie, va donc ! va d… (*Sans transition, pendant que la Môme la laisse en plan pour aller rire avec les dames de gauche puis un instant après remonter au buffet.*) Qu'est-ce que c'est que cette dame-là ? (*Un temps.*) Elle doit me connaître, puisqu'elle me tutoie !… Il n'y a pas, j'ai beau chercher ?… je ne la connais pas ! Si encore le général m'avait dit son nom, mais il n'a dit que le mien en présentant. (*Voyant le général qui cause avec le groupe des dames de gauche et prenant un parti.*) Ah ! ma foi, tant pis ! (*Allant au général et confidentiellement.*) Dites-moi donc, général !

LE GÉNÉRAL : Madame ?

GABRIELLE : Quel est donc le nom de cette dame ?

LE GÉNÉRAL : Quelle… dame ?

GABRIELLE, *indiquant du coin de l'œil la Môme qui est au buffet où Clémentine est allée la rejoindre* : Celle-là !… que vous venez de me présenter.

LE GÉNÉRAL, *croyant à une plaisanterie* : Hein, la da… Ah ! ah ! très bien !… (*Avec un sourire et un hochement de tête approbatif.*) Elle est bonne !

GABRIELLE : Comment ?

LE GÉNÉRAL, *avec un* crescendo *à chaque fois dans*

la voix : Elle est bonne ! Elle est bonne ! Elle est bonne !

> *Tous les voisins rient et le général, pivotant sur les talons, remonte en riant pour rejoindre la Môme au buffet.*

GABRIELLE, *reste un instant comme abrutie* : Qu'est-ce qu'il a ? *(Elle hésite une seconde, puis, à part.)* Oh ! il n'y a pas !… *(Avisant madame Vidauban.)* Dites-moi donc, chère madame ?

MADAME VIDAUBAN, *se levant* : Madame ?

GABRIELLE : Pouvez-vous me dire quelle est cette dame *(Elle indique la Môme de l'œil.)* à qui le général vient de me présenter ?

MADAME VIDAUBAN : Quelle est cette dame à qui ?… Ah ! ah ! Vous voulez rire !… Très drôle ! C'est très drôle !…

> *Tout le groupe rit.*

GABRIELLE, *décontenancée, s'éloignant un peu pendant que madame Vidauban se rassied* : Ah ?… Ah ? *(À part.)* Ah çà ! elle aussi ! Je ne vois pas ce qu'il y a de drôle dans ma question ! *(Tandis qu'Émile présente son plateau pour reprendre les verres vides, au groupe de droite, remontant vers l'abbé qui cause avec le sous-préfet au-dessus du piano.)* Dites-moi, monsieur l'abbé, ne pourriez-vous me dire… ?

L'ABBÉ : Oui !… oui ! J'ai entendu la question… *(Riant et comme le général, mais avec une certaine onction.)* Ah ! Ah ! elle est bonne ! elle est bonne !… Ah ! ah ! ah !

> *Il remonte un peu laissant Gabrielle*
> *bouche bée.*

TOUS LES INVITÉS DU VOISINAGE, *faisant chorus* : Ah !
ah ! elle est bien bonne !

GABRIELLE : Oui !… *(Un temps, puis à part.)* C'est
curieux comme on est rieur ici ! *(S'adressant à Émile
qui est en train de remonter avec son plateau.)* Dites-
moi donc, mon ami ! quelle est donc cette dame
qui cause avec le général ?

ÉMILE (2), *par rapport à Gabrielle* (1) : Là ?… Mais
c'est madame Petypon !

> *Aussitôt Gabrielle descendue il va au-*
> *dessus du piano ramasser les verres vides*
> *qui traînent.*

GABRIELLE, *descendant d'un pas* : Hein ?… madame
Petypon !… *(Descendant d'une envolée jusqu'à l'avant-
scène légèrement à droite, — et bien large :)* Le général
est remarié !… Lucien ne m'avait pas dit ça !…
*(Voyant la Môme qui, venant du buffet, se dirige rapi-
dement du côté des dames de gauche, s'élançant vers elle
et la happant au passage, de façon à la faire virevolter
pour l'entraîner par les deux mains jusqu'à droite du
souffleur.)* Oh ! venez ici ! que je vous voie ! que je
vous regarde !

LA MÔME, *ahurie* : Qu'est-ce qu'il y a ?

GABRIELLE : Figurez-vous que je ne me doutais
de rien ! C'est le valet de pied qui m'a dit que vous
étiez madame Petypon !

LA MÔME*, *inquiète* : Ah ?

GABRIELLE (2) : Je ne savais pas que vous étiez la femme du général !

LA MÔME (1), *immense* : Hein !

GABRIELLE, *sans transition, l'attirant contre elle par une traction des mains* : Ah ! ma tante !

> *Elle l'embrasse sur la joue droite.*

LA MÔME : Quoi ?

GABRIELLE, *même jeu* : Ma chère tante !

> *Nouveau baiser sur la joue gauche.*

LA MÔME, *pendant que Gabrielle l'embrasse* : Moi ? Ah ! zut !

TOUS, *étonnés* : Ah !

GABRIELLE, *s'épanchant* : Ah ! que je suis contente ! que je suis ravie ! (*L'embrassant à gauche.*) Ma tante ! (*L'embrassant à droite.*) Ma chère tante ! (*Lâchant la Môme et allant à madame Vidauban.*) C'est ma tante, figurez-vous, madame !!

LE GÉNÉRAL, *descendant* (1), *par rapport à la Môme* (2) : Comment est-ce qu'elle vous appelle ? ma tante ?...

LA MÔME, *ne sachant plus où elle en est* : Oui !... oui !

LE GÉNÉRAL : Ah ! elle est bien bonne ! Moi, elle m'a demandé à m'appeler mon oncle !

LES DAMES : Non, vraiment ?

---

* M. et Mme Sauvarel remontent sur la terrasse où sont déjà quelques invités.

LA MÔME, *vivement, passant entre les dames et le* *général* : Oui ! oui ! c'est une manie chez elle ! elle est tellement expansive qu'elle éprouve le besoin de vous donner comme ça des petits noms de famille !

LE GÉNÉRAL (2), *par rapport à la Môme* (1) : Oui, enfin, elle est braque !

L'ABBÉ, *qui est descendu* (3), *à Gabrielle* (4) : Eh bien ! madame ! vous êtes tout de même arrivée à être renseignée ?…

GABRIELLE : Mais oui, *(Avec une petite révérence.)* mon père !

LE GÉNÉRAL, *à la Môme, en pouffant de rire* : Ah !… ah !… C'est à se tordre !… Moi, je suis son oncle ! Vous êtes sa tante ! Et l'abbé est son père ! *(Avisant de sa place Guérissac qui est à l'avant-scène gauche et le désignant à Gabrielle.)* Dites donc, madame !

GABRIELLE : Général ?

LE GÉNÉRAL : Est-ce que monsieur n'est pas votre neveu ?

GABRIELLE, *qui ne saisit pas la moquerie* : Monsieur ?… Non !… non !

LE GÉNÉRAL, *à Guérissac* : Ah ! mon ami ! Vous n'êtes pas son neveu !… C'est regrettable ! Ce sera pour une autre fois !

GABRIELLE, *petite folle* : Oh ! mais je cause ! je cause ! et pendant ce temps-là, je ne m'habille pas !… *(Aux dames de gauche.)* À tout à l'heure, mesdames, je ne serai pas longue… *(Traversant la scène, et, au groupe de droite :)* Je ne serai pas longue, mesdames, à tout à l'heure !

LA MÔME, *remontant légèrement et de loin à Gabrielle sur un ton gavroche* : C'est ça, va ! va !

GABRIELLE, *passant entre madame Vidauban et Vidauban, dérangeant chacun* : Pardon ! Pardon, monsieur ! pardon !

Elle sort premier plan droit.

LE GÉNÉRAL, *sur un ton péremptoire à la Môme qui est redescendue (2) par rapport à lui* : Ma nièce ! elle est complètement folle, votre amie.

TOUT LE MONDE, *approuvant* : Ah ! oui ! Ah ! oui !

L'ABBÉ, *qui causait près du buffet avec le duc, descendant (3) et faisant des signes d'intelligence au général dont il est séparé de la Môme* : Hum ! hum ! Général.

LE GÉNÉRAL (1) : Qu'est-ce qu'il veut, l'abbé ! *(Même jeu de l'abbé qui indique la Môme de l'œil au général.)* Ah ! oui ! *(À la Môme.)* Ah ! ma nièce ! je vous avertis qu'un complot a été tramé contre vous !

LA MÔME (2) : Contre moi ?

LE GÉNÉRAL (1) : Ma nièce, vous allez nous chanter quelque chose !

TOUS, *se levant* : Oh ! oui ! oui !

LA MÔME : Qui, moi ?... mais vous n'y pensez pas !... mais je ne chante pas !...

L'ABBÉ, *finaud* : Oh ! que si !

TOUT LE MONDE : Oh ! si ! oh ! si !

LA MÔME : Mais je vous assure !...

LE GÉNÉRAL : Allons, voyons, vous n'allez pas vous faire prier !

LA MÔME : Puis enfin, je n'ai pas de musique !

TOUS, *désappointés* : Oh !

CLÉMENTINE, *qui est descendue entre le général et la Môme* : Oh ! ma cousine, j'en ai vu un rouleau dans votre chambre !

LA MÔME : Ah ! c'est traître ce que vous faites là !

LE DUC, *descendant* (4) : Oh ! si, madame ! chantez-nous quelque chose !

LA MÔME (3), *les yeux dans les yeux du duc, côte contre côte, de sa main gauche lui serrant la main qui pend le long de son corps et sur un ton pâmé* : Ça vous ferait plaisir… duc ?

LE DUC : Oh ! oui !

LA MÔME, *même jeu, lui broyant la main dans la sienne* : Ah ! duc !… Je ne peux rien vous refuser !

LE DUC, *radieux* : Ah ! madame !

> *Il remonte jusqu'au-dessus du piano.*

LA MÔME, *à pleine voix* : Allons, soit !… Mais il me faudrait ma musique !

CLÉMENTINE, *esquissant un mouvement de retraite* : Je vais vous la chercher !… *(S'arrêtant.)* Dans votre chambre, n'est-ce pas ?…

LA MÔME, *indiquant la porte de gauche* : Non, je l'ai descendue ce matin dans la bibliothèque !…

CLÉMENTINE : Ah ! bon !

> *Elle sort de gauche. Le monde remonte ;*
> *les domestiques ont pris les chaises et les*
> *rangent en ligne oblique, et ce à partir de la*
> *bergère de la duchesse.*

LE GÉNÉRAL, *à ses officiers* : Tenez, jeunes gens, aidez donc à ranger les chaises ! ça gagnera du temps !

> *Les officiers prennent également des chaises et achèvent de les ranger pendant ce qui suit.*

SCÈNE VIII

LES MÊMES, PETYPON, *puis* CLÉMENTINE

PETYPON (2), *débouchant tout essoufflé de la porte de droite premier plan* : Ouf ! ça y est !

LA MÔME (1), *se précipitant vers Petypon, l'amène à l'avant-scène, puis vivement* : Ah ! te voilà, toi !... Qu'est-ce que ça veut dire ? ta femme est ici !

PETYPON : Je le sais bien !

LA MÔME : Qu'est-ce que tu en as fait ?

PETYPON : Je l'ai enfermée !

LA MÔME, *avec un sursaut de surprise* : Hein !

PETYPON : Je l'ai aperçue qui entrait dans une chambre ; la clé était à l'extérieur ; alors, vling ! vlan ! deux tours !

LA MÔME : Mais c'est fou ! qu'est-ce que tu y gagnes ?

PETYPON : J'y gagne du temps ! Gagner du temps, tout est là, dans la vie !

CLÉMENTINE, *revenant de gauche avec un rouleau de musique et descendant* (1), *à la Môme* : Voici votre musique, ma cousine !...

TOUT LE MONDE : Ah ! bravo ! bravo !

> *Clémentine remonte.*

PETYPON, *flairant quelque nouveau danger* : Hein ! pourquoi ? Qu'est-ce que tu vas faire ?

LA MÔME, *tout en dénouant son rouleau de musique* : On me demande de chanter quelque chose.

PETYPON, *bondissant* : En voilà une idée ! mais, c'est insensé !… pas du tout !

LA MÔME, *d'une voix pâmée* : Ça fait plaisir au duc !

> *Elle gagne vers la caisse du piano.*

PETYPON, *emboîtant le pas derrière elle* : Mais, je m'en moque, que ça fasse plaisir au duc… Mais, malheureuse, qu'est-ce que tu vas leur chanter ?

LA MÔME* *qui a développé son rouleau cherchant dans sa musique* : Je ne sais pas !… J'ai bien là : *La langouste et le vieux marcheur*…

PETYPON, *bondissant à cette idée* : Mais tu divagues !… *La langouste et le vieux marcheur*, ici !

LA MÔME : Oui, tu as raison ! J'ai peur que ce soit un peu[1] !… Ah ! bien ! attends !… j'ai là une complainte sentimentale…

PETYPON : C'est ça ; voilà ! une complainte sentimentale, ça fera l'affaire.

---

* La Môme (1) et Petypon (2) devant la caisse du piano. Au-dessus du piano, le duc (3). À droite du piano, le général (4), l'abbé (5). À droite de la scène, près du buffet, les invités hommes et femmes. Avant-scène droite, madame Vidauban, debout, causant avec la duchesse assise sur la bergère.

LA MÔME, *en gambadant et en brandissant son morceau de musique, gagnant le milieu de la scène* : Allez ! Qui c'y qui va m'accompagner ?

LE GÉNÉRAL, *qui cause au fond avec l'abbé* : Eh ! bien... l'abbé !

L'ABBÉ : Moi ! Mais, général, je ne joue que de l'orgue !

LE GÉNÉRAL : Eh ! ben ? C'est la même chose !... *(Non restrictif par conséquent dans la même modulation.)* sans les pieds !

L'ABBÉ : Ah ! mais non, général ! permettez !

LE GÉNÉRAL : Non ?... Bon ! adjugé ! *(À l'assemblée tout entière.)* Qui est-ce qui joue du piano ?

LE DUC, *de sa place, indiquant sa mère* : Maman !

TOUT LE MONDE, *se tournant vers la duchesse* : Ah ! duchesse !...

LE GÉNÉRAL, *descendant vers la duchesse* : Ah ! duchesse ! puisque l'abbé ne peut pas accompagner, vous ne pouvez pas nous refuser !

LA DUCHESSE : Je veux bien essayer !

TOUS, *murmure de satisfaction* : Ah !

LE GÉNÉRAL, *à la duchesse* : Duchesse ! mon bras est à vos pieds.

LA DUCHESSE, *prenant le bras* : Oh ! général, vraiment !...

> *Ils traversent obliquement la scène pour descendre au piano par le fond gauche.*

TOUT LE MONDE, *tandis qu'ils remontent* : Bravo ! Bravo !

LE GÉNÉRAL, *après avoir accompagné la duchesse, voyant le sac laissé par Gabrielle sur le piano* : Ah çà !

qui est-ce qui a fourré ce sac là ? *(Appelant.)*
Émile !

ÉMILE, *de la baie du milieu* : Mon général ?

LE GÉNÉRAL : Tenez ! enlevez donc ça !

Il lui jette le sac qu'Émile rattrape au vol.

LA MÔME (2), *se rapprochant du duc qui, s'étant effacé
pour laisser passer le général et la duchesse, est descendu
milieu de la scène, et à mi-voix* : Vous voyez, duc ! vos
désirs sont des ordres !

PETYPON (1), *vivement saisissant la Môme par le
poignet et la faisant passer* (1) : Oui, oui ! ça va
bien.

LE DUC, *au public avec extase* : Elle est exquise !
*(Croyant la Môme toujours à côté de lui, dans un élan
irréfléchi, il se retourne pour lui donner un baiser rapide.
Avec passion.)* Ah !

*Baiser que reçoit Petypon qui s'est subs-
titué à la Môme.*

PETYPON, *s'essuyant la joue* : Allons, voyons !

LE DUC : Ah ! pouah !

PETYPON, *tandis que la Môme va au piano* : Je vous
en prie, duc, on vous regarde !

LE DUC : Oui, monsieur ! oui ! *(À part, tandis que
Petypon va rejoindre la Môme qui cause avec la duchesse
au piano.)* Il n'y a pas à dire : elle est délicieuse !…
Au fait, elle ne m'a pas donné son adresse ! *(Il se
dirige carrément vers le piano pour aller parler à la
Môme, mais en route rencontre Petypon qui se dirige vers
le cintre du piano pour y prendre une chaise. — Mou-*

vement de droite et de gauche des deux personnages pour se livrer passage.) Pardon !

PETYPON : Qu'est-ce que vous cherchez ?

LE DUC : Non, c'était pour… Au fait, vous pouvez aussi bien !… Dites-moi donc, docteur, où demeurez-vous, à Paris ?

PETYPON, *tout en prenant sa chaise par le coin gauche du dossier* : Moi, 66 *bis*, boulevard Malesherbes ; pourquoi ?

LE DUC, *avec malice* : Mais pour… *(Avec un clin d'œil dans la direction de la Môme.)* pour y aller !

PETYPON, *qui n'y entend pas malice et lui tendant instinctivement sa main gauche comme pour la lui offrir, sans réfléchir qu'il tient sa chaise* : Ah ?… Très heureux de vous recevoir !

LE DUC, *prenant machinalement le côté droit du dossier* : Trop aimable ! *(Ils secouent tous les deux la chaise comme s'ils échangeaient un shake-hand puis, tandis que Petypon lui laisse étourdiment sa chaise dans la main, à part.)* Je suis l'amant… d'une femme du monde !

PETYPON, *qui déjà retournait au piano, revenant* : Eh ben ! mais… j'avais une chaise !

LE DUC : Oh ! pardon ! distraction !

> *Il lui remet sa chaise.*

PETYPON : Il n'y a pas de mal !

> *Il va porter la chaise à l'avant-scène gauche en la plaçant de façon à faire face à l'avant-scène droite, cependant que le duc*

remonte, radieux, vers le fond, au-dessus du piano. Pendant ce qui précède, les dames ont pris place sur les chaises alignées et sont assises dans l'ordre suivant : madame Vidauban sur la bergère, puis en suivant mesdames Sauvarel, Hautignol, Ponant, Virette, la baronne, Claux, puis l'abbé, le général et le duc. Sont restés debout derrière les dames : Guérissac derrière madame Vidauban, puis à la suite, Chamerot, Sous-Préfet, Vidauban, un officier, madame Tournoy, Tournoy, un officier, invités. Domestiques dans le fond. Petypon sur une chaise à gauche dans le cintre du piano.

LA MÔME* *qui a fini de donner ses instructions à la duchesse, descendant avec sa musique à la main, pour aller se placer devant la caisse du piano et, après avoir fait une révérence, annonçant* : « La Marmite à Saint-Lazare[1] !... »

TOUT LE MONDE : Ah !... Chut !... Chut ! Ah !

PETYPON, *à part, sur les charbons* : Mon Dieu ! Qu'est-ce que c'est que cette romance-là ?

---

* NOTE DE L'AUTEUR. — Ayant remarqué que beaucoup d'interprètes ont une tendance à chanter la romance ci-dessus bien plus face au public que face aux invités, je leur ferai observer qu'en ce faisant elles commettent un véritable non-sens au détriment de la situation. La Môme, à ce moment, est censée chanter pour les invités du général, donc elle doit leur faire face et ne pas descendre à l'avant-scène comme le bon sens l'indique. Je compte sur les artistes qui interpréteront ce rôle pour prendre en considération cette observation. Lorsque j'aurai affaire à une cabotine, bien entendu, je l'autorise à agir au mieux de ses intérêts.

La duchesse prélude.

LA MÔME, *chantant.*

> Calme, ordonné, fait pour l' ménage,
> > Dans mon p'tit taudis,
>
> 'Vec ma marmit' pour tout potage
> J'avais l'paradis.
> Hélas ! pourquoi, sur cette terre,
> Le bonheur du *(respirer.)* re-t-il si peu ?
> Le mien devait être éphémère ;
> Voyez ! il n'a pas fait long feu :
> Ma pauv' marmit', la chèr', petite !
> Faut-il que le mond' soy' méchant* !
> Pour Saint-Lazar', v'là qu'on m' la prend,
> > Ma pauv' marmite !

TOUT LE MONDE, *applaudissant* : Bravo ! charmant ! délicieux !

PETYPON, *à part* : Ah ! ça va bien... ah ! ça promet !

LA MÔME, *annonçant* : Deuxième strophe** ! *(Chantant.)*

> On s'inquièt' peu d' mon existence,
> > Comment j' m'en tir'rai ?
>
> À Saint-Lazare faut sa pitance,
> > Moi je turbin'rai !
>
> Et, sans cœur, ils *(respirer.)* me l'ont bouclée !
> Ell' qui f'sait l'orgueil des fortifs !
> Ell' n'était pas matriculée
> V'là c' qu'ils ont do *(respirer.)* nné comm' motif !

---

* Prononcer « meuchant ».
** Prononcer : « Deuxiè...meustrophe ! »

À Saint-Lazar', v'là qu'on l'abrite !
T'en as donc pas assez comm' ça,
Grand Saint, qu'i't faut aussi cell'-là,
    Ma pauv' marmite ?

TOUS, *applaudissant* : Bravo ! bravo !

GUÉRISSAC, *à mi-voix, à Chamerot, aussitôt la fin de l'accompagnement* : Dis donc ! Ça me paraît plutôt poivré ce qu'elle chante là !

CHAMEROT : Plutôt !

MADAME HAUTIGNOL, *à mi-voix à madame Ponant* : Est-ce que vous comprenez quelque chose, vous ?

MADAME PONANT : Moi ? pas un mot !

MADAME HAUTIGNOL : Ah ! bien, je ne suis pas fâchée de n'être pas la seule !

LA MÔME, *qui est allée pendant ce qui précède jusqu'à la duchesse lui faire quelques petites recommandations, revenant à sa place et annonçant* : Troisième strophe ! *(Troisiè…meustrophe !)*

TOUS, *avec satisfaction* : Ah !

LA MÔME : Couplet sentimental ! *(Chantant.)*

Eh ! bien, soit, je t'en fais l'offrande,
    — Puisqu'y faut, y faut ! —
En priant que Dieu me la rende
    Quelque jour là-haut !
Et j' f'rai trois crans, à ma ceinture
En attendant que j' trouv' un' peau
Pour m'assurer ma nourriture
Puisqu'hélas ! on n' vit pas que d'eau.
Sois heureux a *(respirer.)* vec la petite !
Je m' sacrifi' le cœur bien gros !
Pour le bonheur et le repos
    D' ma pauv' marmite !

TOUT LE MONDE, *très ému, se lève et vient féliciter la Môme; on entend des* : « Ah ! bravo ! bravo ! ah ! quelle délicieuse diseuse !... Ah ! comme c'est chanté !... »

LE GÉNÉRAL, *descendant* : Bravo, ma nièce !

PETYPON, *se levant* : Mon Dieu ! heureusement qu'ils n'y ont rien compris !

LE DUC, *qui est descendu entre les dames et la Môme* : Ah ! merci, madame ! Vous m'avez fait un plaisir...

LA MÔME, *se rapprochant de lui et pâmée, à mi-voix* : C'est vrai... duc ?

LE DUC : Oh ! oui, madame !

LA MÔME, *même jeu* : Ah ! tant mieux, duc ! tant mieux !

PETYPON, *vivement, la rappelant à l'ordre en la tirant par sa robe* : Allons, voyons ! allons, voyons !

LA MÔME, *sur le même ton pâmé à Petypon, tandis que le duc en arrondissant devant les invités remonte fond droit* : La ferme, toi !

LA DUCHESSE, *qui s'est levée, descendant* (1) *devant le coin gauche du piano, à la Môme* (3) *par-dessus Petypon* (2) *affalé sur une chaise dans le cintre du piano* : Ah ! madame, je ne saurais vous dire l'émotion délicate que vous m'avez fait éprouver !... Ce cantique... est vraiment touchant !... C'est vrai : cet homme qui n'a qu'une marmite pour toute batterie de cuisine !... et qui l'offre en *ex-voto* sur l'autel de Saint-Lazare !

LA MÔME (3), *sur un ton de moquerie contenue* : N'est-ce pas, madame la duchesse ?

venue la rejoindre : Tenez, madame, voilà justement un recueil de musique de danse !

LA MÔME, *s'asseyant à sa droite* : Parfait !… Madame la duchesse, nous allons jouer à quatre mains !

PETYPON, *qui est venu jusqu'au piano également* : C'est ça, à quatre mains !

> *Il s'assied sur la chaise avant-scène gauche.*

QUELQUES PERSONNES* : Un quadrille ! un quadrille !

CHAMEROT, *qui est au buffet avec un groupe d'invités, parmi lesquels Guérissac et le duc, se frappant brusquement le front et descendant perpendiculairement au buffet* : Ah ! mon Dieu ! Ce mot de « quadrille » ! quel éclair ! (*Appelant.*) Guérissac !

GUÉRISSAC, *descendant* (1) *à l'appel de Chamerot* : Chamerot ?

CHAMEROT (2) : La ressemblance, j'ai trouvé ! La môme Crevette !

GUÉRISSAC, *regardant vivement dans la direction de la Môme* : Ah !… c't épatant.

CHAMEROT, *dévisageant également la Môme de loin* : Hein ? Crois-tu !

GUÉRISSAC, *saisi d'un scrupule* : Mais non, c'est pas

---

* Pendant la scène qui suit des groupes se forment au fond et on se prépare à danser. Toutes les chaises aussitôt à la fin de la romance ont d'ailleurs été enlevées et rangées contre la balustrade de la terrasse par les domestiques, aidés de quelques invités. Il ne reste en scène que la bergère et une chaise dans le cintre du piano, indépendamment de la chaise sur laquelle est assis Petypon, avant-scène gauche, et de la chaise de la Môme près du tabouret du piano.

possible ! le docteur n'aurait pas épousé la même Crevette !

CHAMEROT : Il ne s'en doute peut-être pas ! Enfin, regarde : les façons ; le mauvais genre !

GUÉRISSAC : En tout cas, Môme ou non, elle a une de ces tenues !

LE DUC, *descendant du buffet et arrivant entre eux pour entendre ces derniers mots* : Qui ça ?

CHAMEROT (3), *au duc* (2) : Madame Petypon ! c'est une fille !

LE DUC, *les toisant et sur un ton pincé* : Je ne trouve pas, moi !

> *Il leur tourne les talons et remonte derrière le piano. À ce moment, la duchesse et la Môme attaquent la ritournelle du quadrille.*

CHAMEROT, *riant* : Mazette ! qu'est-ce qu'il lui faut !

LA MÔME, *aussitôt la fin de la ritournelle* : Eh bien ! c'est comme ça que vous dansez ?

CHAMEROT ET GUÉRISSAC : Voilà ! Voilà !

> *Ils courent rejoindre les danseurs déjà placés. La Môme et la duchesse recommencent les neuf premières mesures du quadrille qui forment ritournelle et pendant lesquelles danseurs et danseuses échangent des révérences.*

LA MÔME, *aussitôt l'accord final* : Vous y êtes ?
TOUS : On y est !

*La Môme et la duchesse attaquent la pre-
mière figure qui commence en fait à la
dixième mesure. Le quadrille principal, qui
occupe le milieu de la scène, est composé
comme suit : à gauche, de profil, Clémentine, avec à sa gauche le sous-préfet ; en vis-
à-vis, Guérissac et madame Ponant. À
l'avant-scène milieu, dos au public, Chamerot et madame Vidauban, en vis-à-vis
madame Claux et un officier. Sur la terrasse, s'il y a la place, autre quadrille d'invités. Au commencement de la figure, les
messieurs, au milieu, se tenant par la main
gauche, font un tour de promenade complet
avec les dames dans le bras droit ; puis, « en
avant-deux » de madame Claux avec l'officier, puis de Chamerot et de madame Ponant.
À ce moment, arrive de la terrasse Émile,
qui semble chercher quelqu'un du regard.
Apercevant Clémentine, et au moment où
celle-ci commence son « en avant-deux », il
en profite pour passer derrière elle et descendre à l'avant-scène gauche.*

ÉMILE, *tout en exécutant le même pas à la suite de
Clémentine toutefois à distance respectueuse, et parlant
à très haute voix* : La couturière vient d'apporter la
robe de mariée de mademoiselle. Mademoiselle
n'a rien à lui faire dire ?

CLÉMENTINE, *tout en revenant à sa place à reculons
avec son cavalier et accompagnée dans ce mouvement
par Émile* : Non, rien ! C'est bien.

MADAME PONANT, *exécutant à son tour son « en avant-deux »* : Votre robe de mariée ? Oh ! est-ce qu'on pourrait la voir ?

LES DAMES DU QUADRILLE : Oh ! oui ! Oh ! oui !

CLÉMENTINE, *« en avant-deux »* : C'est facile ! *(À Émile.)* Après la danse, vous irez chercher ma robe de mariée et vous la descendrez dans cette pièce !

> *Elle indique par-dessus son épaule et tout en dansant la porte gauche au-dessus du piano.*

ÉMILE : Bien, mademoiselle !

> *Reprise de la promenade du commencement de la figure ; Émile suit le mouvement et sort par la porte de droite.*

LA MÔME, *aussitôt la fin de la figure* : Deuxième figure !

TOUS, *en écho* : Deuxième figure !

> *Les danseurs se placent perpendiculairement à la scène, et vis-à-vis quatre par quatre : à gauche, Clémentine, le sous-préfet, madame Claux, l'officier ; à droite, Guérissac, madame Vidauban, Chamerot, madame Ponant. Aussitôt que la Môme et la duchesse attaquent la deuxième figure, ils font un « en avant-quatre », mais très raides, très guindés.*

LA MÔME, *chantant, tout en jouant* : Tralala lalala lalala, lalaire…

PETYPON, *la rappelant à l'ordre* : Allons, voyons !

LA MÔME, *à mi-voix, à Petypon* : Ta gueule !

PETYPON : Oh !

LA MÔME : Tralala… oh ! ce que je l'ai dansé, celui-là !… tralala lalala… *(Considérant tout en jouant la façon dont dansent les invités.)* Mais, allez donc ! Chaud, chaud-là !…

PETYPON, *même jeu* : Je t'en prie !…

LA MÔME, *à Petypon* : Zut ! *(Aux danseurs.)* Vous avez l'air d'être en visite… Vous n'avez pas avalé votre parapluie ?

PETYPON, *sur les charbons, à la Môme* : Je t'en prie ! pas de commentaires !

LA MÔME : Quoi ? on ne peut plus parler ! Oh ! ce qu'ils sont mous ! Aïe donc, là !… Oh ! non, ce tas de ballots ! *(N'y tenant plus, à la duchesse.)* Tenez, continuez toute seule ! Voir des choses pareilles !…

> *Elle s'élance vers le quadrille.*

PETYPON, *la rattrapant par sa jupe* : J' t'en prie ! Je t'en prie !

LA MÔME, *lui faisant lâcher prise d'un coup sec sur sa jupe* : Fiche-moi la paix !

> *Elle a bondi au milieu du quadrille, en séparant brusquement le sous-préfet de Clémentine, et exécute, jusqu'à la fin de la figure, un cavalier seul échevelé à la manière des bals publics.*

TOUS, *cloués sur place* : Oh !

PETYPON, *s'élançant* (1) *instinctivement vers la Môme* (2) *et, de ses deux mains écartant les basques de son habit pour se faire plus large, essayant de lui faire un paravent de son dos, tout en suivant malgré lui les pas de la Môme* : Assez ! chose ! euh ! ma femme !… Je t'en prie ! assez ! assez !

> *À ce moment, sur la dernière note de la figure, la Môme a pivoté dos au public et, d'une envolée, rejetant ses jupes par-dessus sa tête, remonte ainsi vers le fond, au grand scandale de toute l'assistance.*

TOUS : Oh !

> *Les dames surtout se choquent. Plusieurs messieurs ont l'air de trouver cela très piquant.*

PETYPON, *s'affalant sur la chaise près du piano* : C'est la fin de tout ! C'est la catastrophe ! (*Grande agitation générale. On entends des : « Ah ! non, tout de même, elle va un peu loin !… Jamais on n'a vu danser comme ça… On ne nous fera pas croire que dans les salons !… », etc. Petypon, s'élançant vers les dames, et avec l'énergie du désespoir.*) C'est la grrrande mode à Paris ! Ç'a été lancé chez la princesse de…

LES DAMES, *remontant* : Ah ! non ! non ! À d'autres !

PETYPON, *interloqué* : Non ? non ? Bon ! bien ! alors (*Comme diversion.*) la farandole ! la farandole !

> *Il gagne l'avant-scène droite.*

LA MÔME, *qui est redescendue* (1) *extrême gauche en passant derrière la duchesse, toujours au piano* : C'est ça ! la farandole !

> *Elle va feuilleter le recueil de musique qui est au pupitre du piano.*

TOUS : La farandole !

> *Mouvement général : une partie des invités (quatorze ou seize) se mettent en place pour la farandole. Les autres remontent sur la terrasse. Le général gagne la droite, près de Petypon.*

CHAMEROT, *qui est descendu avec Guérissac devant le piano, à mi-voix, à Guérissac* : Eh bien ? Tu me diras encore que ce n'est pas la même Crevette ?

GUÉRISSAC, *même jeu* : Je reste confondu !

CHAMEROT : D'ailleurs, j'en aurai le cœur net !

TOUS : La farandole !

LA MÔME, *passant en gambadant devant les deux officiers rangés contre le piano* : La farandole !

CHAMEROT (1), *vivement, à mi-voix, au moment où la Môme passe devant lui* : Eh ! La Môme !

LA MÔME, *se retournant instinctivement* : Quoi ?

CHAMEROT, *à mi-voix, mais sur un ton de triomphe* : Allons donc !

LA MÔME, *entre eux deux* : Oh ! la moule !

GUÉRISSAC, *émoustillé* : Aha !

LA MÔME, *vivement et bas, serrée contre eux et en leur*

saisissant la main à la dérobée : Oh ! Pas de blagues !
Au nom du ciel, pas de blagues !... À Paris, tout ce
que vous voudrez ! mais ici, pas de blagues !

GUÉRISSAC ET CHAMEROT, *bas* : À Paris ? bon ! bon !

LA MÔME, *aussi à l'aise que si de rien n'était* : La
farandole !

TOUS : La farandole !

> *Les deux officiers vont se placer parmi les
> farandoleurs.*

LA MÔME, *qui a traversé la scène pour aller au général* :
Allons, mon oncle !...

LE GÉNÉRAL : Merci ! Moi, je suis trop vieux !
*(Prenant Petypon par le bras et le faisant passer devant
lui.)* Tiens, Lucien ! tu me remplaceras !

LA MÔME, *happant Petypon au poignet* : C'est ça !

PETYPON, *résistant* : Mais non ! mais non !

TOUS : Si ! Si !

> *On entraîne Petypon qu'on encadre dans
> les farandoleurs dont Guérissac prend la
> tête. À sa suite est la Môme, Petypon, Clé-
> mentine, Chamerot, le reste* ad libitum. *La
> duchesse attaque la farandole dont tous les
> farandoleurs chantent l'air en dansant !*
> «Ta ta ta ta, ta ta ta ta, ta ta ta ta, ta ta
> ta ta, etc.» *Ils descendent ainsi jusqu'à
> l'avant-scène droite, passent devant le trou
> du souffleur et remontent toujours en chan-
> tant, pour disparaître par le côté gauche de
> la terrasse.*

LE GÉNÉRAL, *qui est remonté à la suite des farandoleurs, s'arrêtant à la baie de gauche de la terrasse*:
S'amusent-ils! sont-ils jeunes!… (*Se retournant,
apercevant Corignon, qui arrive du fond droit.*) Ah!
voilà le fiancé!

SCÈNE IX

LE GÉNÉRAL, LA DUCHESSE, CORIGNON,
puis CLÉMENTINE, *puis* LA MÔME,
puis GABRIELLE

CORIGNON, *arrivant baie du milieu et sur le seuil,
saluant militairement le général*: Mon général!

LE GÉNÉRAL, *également dans la baie du milieu, face*
(1), *Corignon* (2): Ah! ben, mon ami! vous arrivez
un peu tard! Votre fiancée vient justement de
partir en farandolant!

CORIGNON, *avec un regret de pure convenance*: Vraiment? Oh!

> *Il salue la duchesse qui lui rend son
> salut, mais sans cesser de jouer.*

LE GÉNÉRAL, *remontant sur la terrasse et appelant,
dans la direction des farandoleurs*: Clémentine! Eh!
Clémentine! (*Redescendant.*) Ah! ouiche! elle ne
m'entend pas! (*À la duchesse.*) Dites donc, duchesse!
pas besoin de vous fatiguer davantage les pha-
langes! Il n'y a plus personne!

LA DUCHESSE, *s'arrêtant de jouer*: Tiens, oui!

Elle se lève.

LE GÉNÉRAL, *lui tendant son bras* : Si vous le voulez, nous allons aller à la recherche de la future !

LA DUCHESSE : Volontiers !

LE GÉNÉRAL : Vous, le fiancé ! attendez là ! je vous envoie votre fiancée !... Je crois qu'elle vous ménage une petite surprise !... Je ne vous dis que ça ! eh ! eh !

CORIGNON (3) : Vraiment, mon général ?

LE GÉNÉRAL (2) : Je ne vous dis que ça ! *(À la duchesse.)* Duchesse ! En avant, ... arche !

Il sort de gauche avec la duchesse.

CORIGNON, *maussade et tout en décrochant de la belière[1] son sabre qu'il dépose contre la console de droite, après y avoir posé son képi* : Une petite surprise ! une paire de pantoufles brodées par elle ! quelque chose comme ça *(Descendant avant-scène droite.)* Ah ! ce mariage ! Vrai, j'aurais mieux fait de ne pas revoir la Môme avant-hier ! *(Apercevant Clémentine qui arrive par la terrasse, côté gauche, en courant, et s'arrête, hésitante, au moment de franchir la baie du milieu.)* Ah ! la voilà ! *(Tout en allant à elle.)* Je vous attendais avec impatience, ma chère fiancée !

En lui baisant galamment la main il la fait descendre plus en scène.

CLÉMENTINE (1), *avec hésitation, puis brusquement* : Ah ! le... Ah ! le voilà le gros Coco !

CORIGNON (2), *qui avait les lèvres sur sa main, se redressant et reculant, ahuri* : Hein !

CLÉMENTINE, *toute confuse de son audace, baisse les yeux, puis se reprenant* : Où c' t'y qu'il était donc, qu'il arrive si tard ?

CORIGNON, *n'en croyant pas ses oreilles* : Ah ! mon Dieu !

CLÉMENTINE, *qui est allée prendre de la main droite la chaise qui est contre le piano et, tout en la posant plus en scène, tendant la main gauche à Corignon* : Venez là !… (Elle lui prend la main.) qu'on vous regarde ! (Sans lâcher la main de Corignon, qui la regarde hébété et se laisse conduire, elle s'est assise sur la chaise. Brusquement, tirant à elle Corignon qui tombe assis sur ses genoux, elle face au public, lui dos côté cour.) Ouh ! le petit Ziriguy à sa Titine !

CORIGNON, *rejetant le corps en arrière* : Ah ! Mon Dieu !

CLÉMENTINE, *le ramenant à elle et le tenant de la main gauche par l'épaule, de la main droite par les genoux* : Ouh ! ma choute !

> *Elle l'embrasse dans le cou, près de l'oreille.*

CORIGNON : Ah ! mon Dieu ! mon Dieu !

CLÉMENTINE : Oh ! qu'il aimait donc bien qu'on le bécotte à son coucou, le gros pépère !

> *Nouveau baiser dans le cou.*

CORIGNON, *se dégageant et gagnant l'extrême droite* : Mon Dieu ! ces mots résonnent à mon oreille comme un refrain déjà entendu !

CLÉMENTINE, *se levant et gagnant un peu à gauche* :

Eh bien ! je crois qu'on est à la coule, hein ?... *(Se retournant et enjambant gauchement la chaise qu'elle vient de quitter.)* Eh ! allez donc ! c'est pas mon père !...

CORIGNON (2), *à part, de plus en plus décontenancé* : « Eh ! allez donc ! c'est pas mon père !... » Ah çà ! suis-je fou ? Ai-je des hallucinations ? C'est comme un écho de la môme Crevette !... *(À Clémentine.)* Clémentine ! est-ce vous ? est-ce vous qui me parlez de la sorte ?

CLÉMENTINE, *tout en allant à Corignon* : Ah ! Ah ! Ça vous la coupe, ça, eh ?... bidon !

CORIGNON : Est-ce possible ? vous la pensionnaire naïve ! Qui vous a transformée de la sorte ?

CLÉMENTINE, *qui est tout près de Corignon, pivotant sur elle-même en manière de minauderie* : Ah ! voilà !... c'est ma cousine ! *(Grâce à ce jeu de scène, apercevant la môme Crevette qui a paru quelques secondes avant et s'est arrêtée dans l'encadrement de la baie pour écouter les propos des deux fiancés.)* ma cousine Petypon... que je vous présente !

CORIGNON (3), *sursautant d'ahurissement* : La môme Crevette !

LA MÔME, *descendant n° 1* : Eh bien ! mon cousin ?... Êtes-vous content de mon élève ?

CORIGNON (3), *en oubliant de dissimuler sa stupéfaction* : Vous !... Vous ici !

CLÉMENTINE (2) : Tiens, vous vous connaissez ?

CORIGNON, *étourdiment* : Oui ! *(Vivement.)* Non ! *(Un temps.)* C'est-à-dire...

LA MÔME, *avec un sérieux comique* : On s'est rencontré chez le photographe !

CORIGNON, *prenant Clémentine par la main et tout en la conduisant vers le fond* : Je vous en prie, ma chère fiancée, laissez-nous un moment ! il faut je parle à… à votre cousine.

CLÉMENTINE, *au seuil de la baie du fond* : Oh ! allez-y !

CORIGNON : Merci !

CLÉMENTINE, *faisant un rond de jambe au moment où Corignon lui quitte la main* : Eh ! allez donc ! c'est pas mon père !

CORIGNON, *avec découragement* : Oh !

CLÉMENTINE, *à part, au moment de s'en aller* : Je crois qu'il doit être content de ma transformation !

> *Elle se sauve terrasse côté jardin.*

CORIGNON, *attend que Clémentine se soit éloignée, puis descendant carrément à la Môme qui, pendant ce qui précède, est descendue* (3), *et la tournant face à lui* : Qu'est-ce que tu fais là ?

LA MÔME (2), *sans se déconcerter* : Eh ben ! et toi ?

CORIGNON (1) : Moi ! moi !… Il ne s'agit pas de moi !… Est-ce que c'est ta place ici ? dans une famille honnête !…

LA MÔME, *avec une moue comique* : T'es encore poli, toi ! Ça m'amusait d'assister à ton mariage ! *(Bien sous le nez de Corignon.)* Après tout, quoi ? tu es venu rejoindre ta fiancée ? Moi, je suis venue accompagner mon amant !

CORIGNON, *rageur, frappant du pied* : Ah !… tais-toi !

Il dégage légèrement à gauche.

LA MÔME, *se rapprochant de lui, et les yeux dans les yeux* : Qu'est-ce que ça te fait ?... tu n'es pas jaloux, je suppose ?

CORIGNON : Jaloux ? Ah ! ah ! Certainement non, je ne suis pas jaloux ! Mais, enfin... je t'ai aimée ; et rien que pour ça, si tu avais un peu de délicatesse !...

LA MÔME, *sous son nez* : J'ai pas de délicatesse, moi ! J'ai pas de délicatesse !

CORIGNON, *même jeu* : Non, t'as pas de délicatesse ! Non, t'as pas de délicatesse !

Il lui tourne à moitié le dos.

LA MÔME : Ah ben ! celle-là !... *(Retournant Corignon face à elle.)* Dis donc ! est-ce que je t'en ai jamais parlé, de mes amants, tant que tu étais avec moi, hein ?... *(Se détachant un peu à droite.)* Mais aujourd'hui que tu ne m'aimes plus !...

CORIGNON, *sur un ton maussade, et les yeux fixés sur son doigt qu'il promène sur le dossier de la chaise* : Ah ! je ne t'aime plus... je ne t'aime plus !... Je n'en sais rien, si je ne t'aime plus !...

LA MÔME, *retournant le couteau dans la plaie* : Puisque tu te maries !

CORIGNON, *se retournant, rageur, en frappant du pied* : Ah ! et puis ne m'embête pas avec mon mariage ! *(Il remonte.)* C'est vrai, ça ! plus j'en approche et plus je recule !...

LA MÔME, *le dos à demi tourné à Corignon, malicieu-*

sement et en sourdine : Eh ! allez donc ! c'est pas mon père !

CORIGNON, *brusquement, descendant vers la Môme et la faisant virevolter face à lui* : Écoute ! Te sens-tu encore capable de m'aimer ?

LA MÔME, *avec une moue comique, les yeux baissés* : On pourrait !

CORIGNON (1), *lui prenant les deux mains* : Vrai ? Eh ! bien, dis un mot ! dis ! et j'envoie tout promener !

LA MÔME (2), *retirant ses mains, d'un petit air sainte nitouche* : Oh ! tu ne voudrais pas faire une crasse à cette petite !

CORIGNON, *haussant les épaules en remontant vers le fond* : Ah ! si tu crois qu'elle m'aime ! (*La main dans la direction par laquelle Clémentine est sortie, et comme s'il l'indiquait.*) Elle m'épouse comme elle en épouserait un autre !... parce que son oncle lui a dit !

LA MÔME, *bien catégorique* : Ça... c'est vrai.

CORIGNON, *ahuri, se retourne à blanc, puis* : Comment le sais-tu ?

LA MÔME, *avec un sourire très aimable* : Elle me l'a dit.

CORIGNON, *vexé* : C'est charmant !

Il redescend.

LA MÔME : Je lui ai demandé si elle avait de l'amour pour toi, elle m'a répondu : (*L'imitant.*) « Mais non ! l'amour ne doit exister que dans le mariage ! Et comme je ne suis pas encore mariée !... Eh ! allez donc ! c'est pas mon père ! »

CORIGNON : Est-elle bête !

LA MÔME, *avec une petite inclination de la tête* : Ah ben !... tu es bien le premier mari qui aura reproché de pareils principes à sa femme !

CORIGNON : Non, je te demande : Quel bonheur peut-on espérer d'un mariage où il n'entre d'amour ni d'un côté ni de l'autre ?...

LA MÔME : Le fait est !...

CORIGNON, *la reprenant par les deux mains* : N'est-elle pas plus morale, l'union libre de deux amants qui s'aiment, que l'union légitime de deux êtres sans amour ?

LA MÔME, *courbant la tête contre la poitrine de Corignon et avec un ton d'humilité comique* : Mon passé est là pour te répondre !

CORIGNON, *avec transport* : Va ! Va ! Nous pouvons encore être heureux ensemble ! Ne réfléchissons pas ! ne discutons pas ! laissons-nous aller à l'élan qui nous pousse l'un vers l'autre ! veux-tu encore être à moi ?

LA MÔME, *lui campant ses deux mains sur les épaules* : Tu veux ?

CORIGNON : Oui, je veux ! Oui, je veux !... Et tu me seras fidèle ?

LA MÔME, *se dérobant comiquement* : Ah ! et pis quoi ?

CORIGNON, *lui rattrapant les mains* : Si ! si ! tu me seras fidèle ! partons, veux-tu ? je t'enlève ! partons !

LA MÔME : Eh ben ! soit !

CORIGNON, *radieux, lui lâchant les mains* : Ah !

LA MÔME : Je passe une mante ! je mets une dentelle sur ma tête... et nous filons !

> *Elle remonte vers le fond.*

CORIGNON (1), *qui est remonté parallèlement à la Môme* : C'est ça ! C'est ça ! (*S'arrêtant ainsi que la Môme sur le seuil de la baie.*) Moi, j'écris un mot au général, pour lui rendre sa parole !

LA MÔME : Et moi, je fais dire à Petypon de me renvoyer mes malles !

CORIGNON : Où y a-t-il de quoi écrire ?

LA MÔME, *indiquant la porte de droite premier plan* : Par là ! (*S'élançant d'un bond dans les bras de Corignon qui l'enlève dans ses bras et lui ceinturant la taille de ses jambes.*) Ouh ! le petit Ziriguy à sa Mômôme !

CORIGNON, *pivotant sur lui-même de façon à déposer la Môme à terre n° 1* : À la bonne heure ! avec toi, ça sonne juste ! Chez la petite, ç'avait l'air d'une tradition dans la bouche d'une doublure !

LA MÔME (1) : À tout à l'heure !...

CORIGNON : À tout à l'heure !

LA MÔME, *se retournant au moment de sortir et avec un rond de jambe* : Eh ! allez donc, c'est pas mon père !

> *Elle sort par la porte de gauche.*

CORIGNON, *descendant vers la pointe du piano* : Ah ! ma foi, c'est le ciel qui le veut ! il ne m'aurait pas envoyé la tentation pour que j'y résiste ! Il doit me connaître assez pour ça. (*Tout en parlant, il est allé prendre machinalement le képi du général qui est posé la visière en l'air sur le piano, s'en coiffe et fait volte-face dans la direction de la porte de droite. À peine a-t-il fait quelques pas, qu'il a la sensation que le képi est bien large pour lui; il agite sa tête, pour s'en assurer, puis, édifié, retire le képi, fait « Oh ! » en constatant son erreur, va respectueusement reposer le képi à sa place, mais cette fois bord et visière en bas, recule de deux pas, réunit les talons, salue militairement, fait demi-tour, remonte à la console, prend son képi dont il se coiffe et gagne vers la porte de droite, tout en raccrochant son sabre à sa belière. Au moment où il s'apprête à sortir, il va donner dans Gabrielle qui, affolée, fait irruption par la porte de droite.*) Oh ! pardon, madame !

GABRIELLE, *s'accrochant désespérément à lui en le tenant par un des boutons de sa tunique, et le forçant ainsi à reculer* : Oh ! monsieur ! par quelle émotion je viens de passer !

CORIGNON (1) : Ah ! vraiment, madame ? Je vous demande pardon, c'est que !…

> *Il fait un pas de côté vers le lointain dans l'espoir de gagner la porte.*

GABRIELLE (2), *qui a exécuté en même temps le même mouvement que lui et continue ainsi à lui barrer la sortie* : Figurez-vous, monsieur ! j'étais entrée dans ma chambre en fermant simplement ma porte sans toucher à la serrure…

CORIGNON, *n'ayant d'autre objectif que la porte, mais ne sachant s'il doit passer à droite ou à gauche de madame Petypon qui contrarie toujours ses mouvements* : Oui, madame, oui ! c'est que !...

GABRIELLE, *sans lui laisser le temps de placer un mot* : Et quand j'ai voulu sortir, monsieur, elle était fermée à double tour !

CORIGNON, *passant* (2) : Oui, madame ! oui !...

GABRIELLE, *le rattrapant au passage par le bras droit, sans cesser de parler* : La clef avait tourné toute seule ! et voilà une demi-heure que je crie sans que personne entende ! *(Lui lâchant le bras.)* Enfin, heureusement, tout à l'heure...

CORIGNON, *lui coupant nettement la parole et avec le salut militaire, les pieds réunis, — la phrase bien scandée en trois fractions* : Madame ! J'ai bien l'honneur de vous saluer.

> *Il fait demi-tour et sort militairement du pied gauche, laissant Gabrielle bouche bée.*

GABRIELLE, *après un temps, au public* : Ça n'a pas l'air de l'intéresser, ce que je lui dis là !... *(Descendant milieu de la scène.)* Ah ! le général a beau dire que les revenants n'existent pas !... c'est égal, il y a de ces mystères !... Allons, ne nous mettons pas martel en tête !... Qu'est-ce que je suis venue chercher ?... Ah ! oui ! les clefs de mes malles... *(Elle va jusqu'à la pointe du piano et cherche sur la caisse.)* Eh ben ?... Ma sacoche ?... Je l'avais posée là sur le piano !... Elle est peut-être tombée !...

> *Appuyée du bras droit sur le piano, côté public, elle se baisse complètement pour cher-*

cher sous l'instrument ; sa croupe seule émerge
de la pointe du piano.

SCÈNE X

GABRIELLE, PETYPON, *puis* ÉMILE,
puis TOUTE LA FARANDOLE,
puis LE GÉNÉRAL

PETYPON (1), *arrivant par le côté gauche de la terrasse, entrant première baie et descendant en scène tout
en parlant* : Ah ! quelle soirée, mon Dieu ! quelle
soirée ! (*Se trouvant, nous ne dirons pas nez à nez,
mais c'est tout comme, avec la croupe débordante de sa
femme.*) Nom d'un chien ! on l'a relâchée !

*Il saute sur le bouton de l'électricité à
gauche de la console, le tourne et la lumière
s'éteint partout.*

GABRIELLE*, *faisant un bond en arrière* : Qu'est-ce
que c'est que ça ?

PETYPON, *à part* : Filons ! (*Il s'élance pour s'éclipser
par la terrasse extrême gauche, mais s'arrête brusquement et fait volte-face en se voyant en pleine lumière de
la lune.*) Oh ! sapristi, la lune !

---

* La scène est dans l'obscurité. Seule la terrasse est éclairée par un
rayon de lune qui doit être dirigé de telle sorte qu'il vienne frapper la
porte de droite premier plan. Éteindre les portants qui éclairent la
découverte côté cour, de façon à avoir la nuit en coulisse quand on
ouvre la porte de droite.

> *Il réintègre le salon en se baissant.*

GABRIELLE, *qui a gagné le milieu de la scène* : Ah ! mon Dieu ! je n'y vois plus clair ! Que signifient ces ténèbres qui soudain m'environnent ?

PETYPON, *à mi-voix* : Derrière le piano, en me baissant, on ne me verra pas !

> *Il se dirige à pas de loup, en longeant le mur, dans la direction du clavier du piano.*

GABRIELLE : Ah ! suis-je sotte !… c'est un plomb de l'électricité qui aura fondu !… Il n'y a pas de quoi s'alarmer. *(S'armant de courage, elle se dirige vers le piano. À ce moment, Petypon trébuche dans le tabouret de piano qu'il n'a pas vu et, en cherchant à se rattraper, applique quatre accords violents sur le piano. Gabrielle, bondissant en arrière en poussant un cri strident.)* Ah !

PETYPON, *à part* : Oh ! maudit tabouret !

> *Il se dissimule derrière le piano en s'accroupissant, de façon à ce que sa tête soit au niveau du clavier.*

GABRIELLE, *au milieu de la scène, terrifiée, et d'une voix tremblante* : Qui… qui est là ?… *(Silence de Petypon.)* Au piano, qui est là ?… Personne ne répond ?… J'ai bien entendu, cependant !… *(Se faisant violence.)* Allons ! voyons ! voyons, Gabrielle ! *(Avec décision, elle reprend le chemin du piano. Ce que voyant, Petypon, toujours accroupi, lève ses deux mains*

au-dessus de sa tête et applique à nouveau deux ou trois
coups de poing sur le clavier. Gabrielle, bondissant en
arrière.) Ah !… *(Petypon, voyant que son truc a réussi,*
se met toujours à croupetons, à jouer l'air « des côte-
lettes[1] » *sur le piano.)* Dieu ! le piano qui joue tout
seul ! le piano est hanté ! *(Elle se sauve éperdue, et se*
précipite dans la pièce de droite. Elle n'a pas plus tôt
disparu que, dans cette même pièce, on entend pousser
un grand cri d'effroi, et Gabrielle reparaît affolée, recu-
lant, les mains en avant, comme pour se protéger, devant
l'apparition blanche qui s'avance sur elle. Les bras
tendus, la tête courbée, en poussant des petits cris d'ef-
froi, elle vient, par un mouvement arrondi, s'affaler à
genoux devant le trou du souffleur, tandis qu'Émile
paraît à la porte de droite, portant, à hauteur de sa
propre taille et bien face au public, un mannequin
d'osier revêtu de la robe de mariée à longue traîne de
satin qui le dissimule complètement et qui au rayon de
lune semble un gigantesque revenant. Émile, sans même
se rendre compte de l'émoi qu'il cause, traverse la scène
et sort de gauche deuxième plan, cependant que toute la
théorie des farandoleurs, qui a fait le tour du parc et
dont on entend depuis un moment les chants éloignés à
la cantonade droite, fait irruption en scène, toujours
dansant, et remplaçant la musique absente par des
« tatatata tatatata », sur l'air de la farandole du départ.
Elle pénètre par la baie du milieu, descend jusqu'à droite
de madame Petypon qui crie : Grâce ! Grâce ! *décrit un*
demi-cercle au-dessus d'elle, de façon à ce qu'elle soit tou-
jours visible du spectateur, puis, faisant un crochet,
remonte vers le fond gauche et, comme le vent, franchit

la baie du milieu pour disparaître, Gabrielle, côté jardin,
pendant tout ce jeu de scène.) Grâce! grâce! messieurs les revenants!

> *À peine le dernier farandoleur a-t-il*
> *franchi la baie que Petypon bondit vers la*
> *cloche, en prend la gaine et, s'élançant vers*
> *sa femme toujours à genoux, lui couvre la*
> *tête avec. Celle-ci, en recevant la gaine, pousse*
> *un petit cri de détresse.*

PETYPON (1), *de la main gauche maintenant la gaine*
sur la tête de sa femme, de l'autre main se faisant un
écran auprès de sa bouche afin d'éloigner sa voix:
Gabrielle! Gabrielle! je suis ton bon ange! Écoute
ma voix et suis mes conseils!

GABRIELLE (2), *à genoux*: L'ange Gabriel!

PETYPON, *même jeu*: Sous cette égide dont je
couvre tes épaules, tu peux braver la malignité
des esprits! Mais, pour éviter un malheur, quitte
à l'instant ce château ensorcelé!… Emporte ta
malle! et pars sans regarder en arrière!

GABRIELLE: Oh! merci, mon bon ange!

PETYPON: Va!… et remercie le ciel!

> *Il relève sa femme et, sans changer de*
> *numéro, la dirige vers le fond, elle, la tête*
> *toujours recouverte de la gaine.*

VOIX DU GÉNÉRAL, *cantonade gauche*: Eh! bien,
oui, bon! Quoi? c'est bon! Je vais voir.

PETYPON, *pivotant sur les talons à la voix du général*

et courant se cacher à gauche du piano, derrière lequel il s'accroupit : Sapristi ! le général !

LE GÉNÉRAL, *arrivant par la première baie gauche* : Eh ben ?... Qu'est-ce qui a éteint l'électricité, donc ? *(Il tourne le bouton électrique qui rend la lumière partout. Apercevant Gabrielle qui, sous sa gaine, semble jouer toute seule à colin-maillard au milieu de la scène.)* Qu'est-ce que c'est que ça ? *(Reconnaissant Gabrielle à sa tournure.)* Hein ! encore la folle ! *(À Gabrielle.)* Ah çà ! qu'est-ce que vous faites là-dessous, vous ?

> *En ce disant, il veut lui enlever la gaine qu'il a saisie par le pompon ou l'anneau du sommet.*

GABRIELLE, *défendant sa gaine en la maintenant des deux mains par le bord* : Laissez-moi ! laissez-moi !

LE GÉNÉRAL, *tirant à lui par le pompon* : Mais, jamais de la vie !

GABRIELLE, *retirant à elle par les bords* : Laissez-moi !

LE GÉNÉRAL, *même jeu* : Mais non ! Mais non ! Elle emporte ma gaine, à présent ! Voulez-vous me rendre ça ?

GABRIELLE, *qui d'une volte du corps est passée n° 1 par rapport au général (2), ceci sans lâcher la gaine ni l'un ni l'autre* : Non !... c'est l'ange Gabriel qui me l'a mise sur la tête ! C'est l'ange Gabriel qui me l'a mise sur la tête !

> *Elle se sauve par la gauche de la terrasse, avec le général à ses trousses.*

PETYPON, *sortant de sa cachette et traversant toute l'avant-scène jusqu'à l'extrême droite* : Enfin ! j'en suis débarrassé ! Mon Dieu ! je n'ai plus qu'un précipice au lieu de deux ! Sauvez-moi du second !

> *Pendant cette dernière phrase, on a vu arriver de droite sur la terrasse, Mongicourt, qui s'avance ainsi un peu plus loin que la baie du milieu, semblant chercher des yeux dans le parc. À ce moment, en se retournant, il aperçoit Petypon.*

SCÈNE XI

PETYPON, MONGICOURT

MONGICOURT, *descendant essoufflé par la baie du milieu, après avoir aperçu Petypon* : Ah ! te voilà !

PETYPON (2) : Hein ! toi ici ?

MONGICOURT (1) : Dieu soit loué ! J'arrive à temps ! Ah ! mon cher ! Je viens de faire deux cent cinquante kilomètres... — je ne les regrette pas ! — pour t'avertir qu'un grand danger te menace !

PETYPON (2), *courbant l'échine, sur un ton épuisé* : Allons, bon ! qu'est-ce que c'est encore ? Parle ! Je suis prêt à tout.

MONGICOURT, *ménageant bien son coup de théâtre* : Ta femme... est ici !

> *Il gagne la gauche comme soulagé d'une mission pénible.*

PETYPON, *relève la tête, le regarde d'un air ahuri, puis* : Oh! que c'est bête de me faire des peurs comme ça!

MONGICOURT, *n'en croyant pas ses oreilles* : Hein?

PETYPON : Non, vrai, si c'est pour ça, tu aurais aussi bien fait de ne pas te déranger!

MONGICOURT, *revenant à Petypon* : Comment! tu le savais?

PETYPON : Mais, voilà une heure qu'elle est ici! Ce que j'ai eu de la peine à m'en débarrasser!

MONGICOURT : J'en ai eu le pressentiment! C'est fait, alors? Ah! tant mieux!… *(S'épongeant le front avec son mouchoir.)* Mais, n'est-ce pas? je ne savais pas, moi! Quand j'ai appris que ta femme partait, je me suis dit : «Il faut que j'aille prévenir Petypon!» J'ai couru à la gare, j'ai demandé à quelle heure le premier train; j'ai sauté dedans, en me disant : «Ça y est. J'arriverai avant elle!» Malheureusement, je n'ai pas réfléchi que le premier train était un omnibus, tandis que le second était un express; de sorte que c'est le second qui arrivait le premier! Comme dans l'Évangile : «les premiers seront les derniers[1]!»

PETYPON : Ah! non! pas de mots, hein? je t'en prie!

MONGICOURT : Enfin, puisque tout s'est bien passé!…

PETYPON : Comment, «tout s'est bien passé!» Et la Môme que tu oublies! qui fait pataquès sur pataquès! Ah! il n'y a que toi qui puisses me tirer de là! Va trouver le général; dis-lui que tu es venu me chercher pour une opération qui ne souffre aucun retard ! J'invoque l'urgence ; j'emmène la Môme ; et pour le reste, je m'en charge ! *(Le poussant vers le fond.)* Va ! va !… et tu me sauves !

MONGICOURT, *se laissant conduire* : Entendu ! Où est le général ?

PETYPON, *sur le seuil de la baie du milieu* : Par là ! Dans le jardin ! avec ses invités !

MONGICOURT : J'y cours ! *(Au moment de s'en aller.)* Ah ! tu avais besoin de te mettre dans ce pétrin-là !

> *Il sort rapidement terrasse côté jardin.*

SCÈNE XII

PETYPON, *puis* CORIGNON, LA MÔME

CORIGNON, *l'air affairé, arrive de droite premier plan ; il tient une lettre à la main* : Voyons ! il n'y a pas un valet de pied pour faire porter ma lettre ?

PETYPON (1), *descendant* : Monsieur Corignon !

CORIGNON (2) : Monsieur Petypon ?

PETYPON, *comme Mongicourt précédemment* : Ah ! monsieur, que je vous avertisse ! je crois que c'est mon devoir : la Môme… est ici !

CORIGNON, *souriant* : Allons donc !

PETYPON : Comme je vous le dis !

CORIGNON : Eh bien ! mon Dieu ! grand bien lui fasse.

PETYPON : Et ça ne vous effraie pas?... Ah! Dieu!... je voudrais la voir à cent lieues d'ici, moi!

CORIGNON, *sur un ton énigmatique* : Le ciel vous fera peut-être cette surprise!

PETYPON : Le ciel vous entende!

CORIGNON, *remontant, en cherchant des yeux* : Mais je vous demande pardon, je suis un peu pressé... *(Redescendant.)* Oh ben! puisque vous êtes là! voulez-vous me rendre un petit service?

PETYPON : Moi!

CORIGNON : Je suis obligé de partir brusquement; voulez-vous remettre cette lettre au général quand vous le verrez?

PETYPON (2), *prenant la lettre et redescendant extrême droite* : Très volontiers!

CORIGNON (1) : Merci! *(Apercevant la Môme qui paraît, porte gauche, enveloppée dans une mante, la figure couverte d'un voile de dentelle. — S'élançant vers elle et à mi-voix.)* Ah! vous voilà! partons!

Il lui offre le bras droit.

LA MÔME, *reconnaissant Petypon qui à ce moment se retourne de son côté* : Sapristi, Petypon! *(Elle se courbe comme une petite vieille et prenant le bras de Corignon, d'une voix tremblotante.)* Au revoir, monsieur!

PETYPON, *s'inclinant* : Au revoir, madame! *(À part, pendant qu'ils sortent par la terrasse, côté cour.)* Sa grand-mère, sans doute!

SCÈNE XIII

PETYPON, LE GÉNÉRAL, *puis* ÉMILE

PETYPON : Quelle drôle d'idée d'écrire au général puisqu'il est chez lui ! Enfin, ça le regarde !

LE GÉNÉRAL (1), *venant de la terrasse et entrant par la première baie. Il tient à la main la gaine qu'il repose en passant sur la cloche* : C'est étonnant !... Tu n'as pas vu Corignon ? Je ne peux pas mettre la main dessus.

PETYPON (2) : Mais, si fait ! *(Déclamant.)* Voici même une lettre, qu'entre vos mains, mon oncle, il m'a dit de remettre[1] !

> *Il remet la lettre, et discrètement s'écarte un peu à droite.*

LE GÉNÉRAL, *décachetant la lettre* : À moi ? quelle drôle d'idée ?... *(Après avoir parcouru la lettre des yeux.)* Oh !

PETYPON : Quoi ?

LE GÉNÉRAL : Mille tonnerres !

PETYPON : Qu'est-ce qu'il y a ?

LE GÉNÉRAL*, *s'emportant* : Le polisson ! Il me rend sa parole et m'écrit qu'il part avec sa maîtresse !... Nom d'un chien ! Ah ! il croit que parce qu'il est mon filleul... Eh bien ! je lui ferai voir !...

---

* Toute la scène, ainsi que la scène finale, doit être jouée par le général dans un mouvement d'enfer et sur un diapason à tout casser.

(Remontant et appelant en voyant Émile qui, venant du fond droit, est en train de traverser la terrasse.) Émile !

> *Émile, faisant immédiatement demi-tour à l'appel de son nom et accourant par la première baie côté jardin, pour s'arrêter dans l'encadrement de la baie centrale.*

Mon général ?

LE GÉNÉRAL : Vous n'avez pas vu le lieutenant Corignon ?

ÉMILE (1) : Si, mon général ! il montait en voiture avec madame Petypon.

PETYPON (3) : Hein ?…

LE GÉNÉRAL (2), *bondissant* : Qu'est-ce que vous dites ?… avec madame Petypon ?… Corignon ?… *(Brusquement, faisant pirouetter Émile par les épaules et l'envoyant baller d'une tape du plat de la main.)* C'est bien ! allez ! *(Redescendant vivement, à Petypon, tandis qu'Émile se sauve par la porte de gauche.)* Tu as entendu ? il a enlevé ta femme !

PETYPON, *a un sursaut des épaules, puis, joignant les mains, dans un transport de joie* : C'est vrai ?

LE GÉNÉRAL, *avec un recul de surprise* : « C'est vrai ! » C'est tout ce que tu trouves à dire : « C'est vrai » ? V'là tout l'effet que ça te fait ?… *(Volubile et énergique, en marchant sur Petypon.)* Oh ! mais, ça ne se passera pas comme ça ! Si tu es philosophe, moi je ne le suis pas !… Tu portes mon nom ; et tu sauras qu'il n'y a jamais eu de cornards dans ma famille ! ce n'est pas toi qui commenceras ! *(Il est remonté à grandes enjambées jusqu'à la porte de gauche, l'ouvrant d'un coup de poing et appelant.)* Émile !

ÉMILE, *sortant de gauche deuxième plan* : Mon général ?

LE GÉNÉRAL, *qui est revenu dans le mouvement jusqu'à la console de gauche* : Vite ! préparez ma valise et celle de M. Petypon et descendez-les !

> *Il fait pirouetter Émile et l'envoie d'une poussée jusqu'à la porte de gauche par laquelle celui-ci disparaît.*

ÉMILE, *tout en se sauvant* : Bien, mon général.

PETYPON, *au général qui revient sur lui* : Mais pourquoi ?

LE GÉNÉRAL, *bondissant à la question de Petypon* : « Pourquoi ! » *(Saisissant Petypon au collet et le secouant comme un prunier.)* Tu penses que je vais les laisser filer sans que nous courions après ?… *(L'envoyant n° 1 près du piano.)* Attends-moi ! *(Tout en prenant son képi dont il se coiffe.)* Je vais voir si par hasard ils n'ont pas encore eu le temps de partir. Et s'ils sont partis, je t'emmène et nous les rattrapons !

> *Tout en parlant il remonte au fond, et dans l'encadrement de la baie il rencontre Gabrielle qui, après avoir fait le tour du parc, arrive de droite de la terrasse.*

GABRIELLE, *toujours palpitante* : Ah ! général !…

LE GÉNÉRAL, *sans s'arrêter* : Oh ! vous, la folle, foutez-moi la paix !

> *Il sort terrasse côté cour.*

SCÈNE XIV

PETYPON, GABRIELLE, puis LE GÉNÉRAL,
puis MONGICOURT

GABRIELLE (2), *apercevant son mari* : Ah ! Lucien !

PETYPON (1), *descendant* : Nom d'un chien ! La v'là revenue !

GABRIELLE (2), *courant à lui* : Toi ! toi ici !

PETYPON : Oui ! Oui ! je t'expliquerai !...

GABRIELLE, *haletante* : Ah ! Lucien ! Lucien ! ne me quitte pas ! sauve-moi ! le château est possédé du démon !

PETYPON, *la poussant vers la sortie (terrasse baie du milieu.)* : Ben oui ! Ben oui ! Calme-toi ! là ! nous allons partir ! va devant ! va devant ! *(Arrivé à la baie, apercevant le général revenant côté droit terrasse.)* Nom d'un chien ! le général !

> *Instinctivement, il donne à sa femme une dernière poussée qui l'envoie près du buffet, en même temps qu'il descend jusque devant le piano.*

LE GÉNÉRAL, *descendant carrément* : Ça y est ! ils sont partis ! *(À Petypon.)* Lucien, madame Petypon est une drôlesse !

GABRIELLE (3), *bondissant* : Qu'est-ce qu'il a dit ? *(Elle descend vers le général, le saisit par l'arrière-bras de façon à lui faire faire demi-tour face à elle et,*

prenant du champ, lui envoie un soufflet retentissant.)
Tiens!

LE GÉNÉRAL (2), *se cabrant au soufflet*: Mille tonnerres!

PETYPON (1), *comme s'il avait reçu le soufflet lui-même*: Oh!

GABRIELLE, *remontant*: Ah! madame Petypon est une drôlesse!

> *Elle sort furieuse par la porte premier plan droit.*

LE GÉNÉRAL, *traversant la scène et gagnant l'extrême droite*: Mort de ma vie! C'est la première fois qu'une femme ose porter la main sur moi... pour un pareil motif!

MONGICOURT (2), *qui a apparu à gauche sur la terrasse sur ces derniers mots, apercevant le général et descendant à lui, la bouche enfarinée*: Ah! vous voilà, général! Je vous cherchais!

LE GÉNÉRAL (3): Ah! vous arrivez bien, monsieur!... vous êtes responsable des actes de votre femme: V'lan!

> *Il lui applique un soufflet retentissant qui l'envoie tomber sur la chaise près du piano.*

MONGICOURT, *s'affalant sur la chaise*: Oh!

LE GÉNÉRAL: Je suis à vos ordres, monsieur! *(À Petypon, tout en remontant vers la terrasse d'un pas accéléré.)* Viens, toi! courons après eux!

PETYPON, *passant dans un mouvement arrondi devant*

Mongicourt pour courir à la suite du général. À Mongi-
court, tout en passant : Oh ! ça se gâte !... ça se
gâte !

> *Il sort vivement, tandis que Mongicourt*
> *reste à se frotter la joue d'un air abruti.*

RIDEAU

ACTE III

Même décor qu'au premier acte. Les meubles sont aux mêmes places où on les a laissés à la fin du premier acte. (Le pouf, inutile pour l'acte, peut être supprimé.)

SCÈNE PREMIÈRE

GABRIELLE, ÉTIENNE

Gabrielle, dans son costume de voyage du second acte (chapeau et cache-poussière), entre de droite, suivie d'Étienne qui porte son sac de nuit et sa couverture de voyage.

GABRIELLE (1), *descendant en scène* : Comment, monsieur n'est pas là ?

ÉTIENNE (2) : Non, madame, monsieur est sorti ! je l'ai vu tout à l'heure, avec son chapeau sur la tête.

GABRIELLE : Comme c'est agréable ! il aurait bien

pu se dispenser, à une heure où il devait bien se douter que j'allais arriver... *(On sonne.)* Tenez, c'est peut-être lui ! Allez ouvrir.

ÉTIENNE, *posant les deux colis à terre au fond* : Oui, madame !

> *Il sort de droite en laissant la porte ouverte.*

GABRIELLE : Non, vraiment, je ne comprends rien à la conduite de mon mari !... *(S'asseyant sur le canapé.)* Il en use vis-à-vis de moi avec une désinvolture !... Hier, il me voit chez son oncle ; il assiste à la scène qui s'est passée !... et au lieu de partir avec moi, justement indigné, il me plante là et il prend le train avec le général ! C'est d'un manque d'égards ! *(Se levant en voyant Étienne qui rentre de droite.)* C'est monsieur ?

ÉTIENNE (2) : Non, madame, c'est un jeune homme qui...

GABRIELLE (1) : Oh ! non, non ! voyez ce qu'il veut ; et à moins que ce ne soit absolument urgent, je n'y suis pour personne.

ÉTIENNE : Bien, madame !

> *Il ressort par où il est venu.*

GABRIELLE, *au-dessus du canapé, se dirigeant vers sa chambre* : Ah ! non, merci ! j'ai bien la tête à recevoir des visites !

> *Elle sort de gauche deuxième plan.*

SCÈNE II

ÉTIENNE, LE DUC

ÉTIENNE, *emboîtant le pas au duc qui entre vivement avec un bouquet de fleurs à la main, et s'arrête au milieu de la scène, l'œil inquisiteur et l'air impatient* : Mais je répète à monsieur que madame arrive à l'instant de voyage ; et, après une nuit de chemin de fer, monsieur comprendra qu'à moins qu'il ne s'agisse d'une affaire très urgente !...

LE DUC, *parlé saccadé* : Oh ! oui !... très urgente !... Dites seulement à madame que c'est le duc de Valmonté et vous verrez !

Il gagne la gauche.

ÉTIENNE : Le duc de... ?

LE DUC, *par-dessus l'épaule* : ... Valmonté.

ÉTIENNE, *ne pouvant réprimer un sifflement d'admiration* : Ffuie !

LE DUC, *se retournant* : Vous dites ?

ÉTIENNE, *vivement* : Rien, monsieur ! rien !

LE DUC : Allez ! Madame doit m'attendre.

Il s'assied sur le canapé.

ÉTIENNE : Ah ! pour ça non, monsieur.

LE DUC : Non ?

ÉTIENNE : Madame m'a dit qu'elle n'y était pour personne.

LE DUC, *avec un sourire de fatuité* : Eh ! ben !...
vous voyez bien qu'elle m'attend !

ÉTIENNE, *étonné* : Ah ?

LE DUC, *se levant et lui mettant dans la main une
pièce de cinq francs* : Tenez !

> *Il passe 2.*

ÉTIENNE, *regardant la pièce qu'on vient de lui donner* :
Oh ! merci, monsieur ! *(À part.)* Oh ! ces grands
seigneurs ! comme ils savent donner de la valeur à
leurs moindres gestes ! *(Haut, en avançant la chaise
qui est près du canapé.)* Je dirai que c'est urgent !

> *Il prend les deux colis et sort de gauche.*

LE DUC : C'est ça ! *(Arpentant un instant la scène,
puis s'arrêtant en posant la main sur son cœur comme
pour en comprimer les battements.)* Je suis très ému !
*(Posant son bouquet et son chapeau sur la table et tirant
de la poche à mouchoir de son veston une petite glace de
poche, se mirant avec complaisance.)* Pas mal ! En physique ! *(Se regardant de plus près.)* Aïe ! j'ai un bouton
sur le nez ! c'est embêtant, moi qui n'en ai jamais !
Il faut que précisément aujourd'hui !... C'est l'émotion ! *(Il remet le miroir dans sa poche, puis, reprenant
son chapeau et son bouquet.)* Je suis très ému !

VOIX DE GABRIELLE, *en coulisse* : Mais, enfin, voyons,
je vous avais dit que je n'y étais pour personne !

SCÈNE III

LE DUC, GABRIELLE, ÉTIENNE

LE DUC, *s'élançant radieux vers la porte en la voyant s'ouvrir*: Ah! (*Pivotant sur les talons et avec désappointement en voyant paraître Gabrielle.*) Zut! c'est son amie!

Il redescend.

ÉTIENNE, *à mi-voix, à Gabrielle qu'il suit*: Il paraît que c'est très urgent, madame! très urgent!

GABRIELLE, *grognement de mauvaise humeur*: Ah!

> *Étienne sort de droite, en adressant au duc en passant des signes d'intelligence, tandis que Gabrielle descend par la gauche du canapé. Gabrielle, surmontant sa mauvaise humeur, s'incline légèrement à la vue du duc.*

LE DUC, *s'inclinant poliment, mais froidement*: Madame!

GABRIELLE: Le duc de Valmonté?

LE DUC: Lui-même, madame!

GABRIELLE *lui indiquant la chaise près du canapé*: Ah! parfaitement, oui, oui!… (*Elle s'assied sur le canapé tandis que le duc, faisant contre fortune bon cœur, s'assied sur la chaise, — un temps d'embarras réciproque.*) C'est bien vous, monsieur, qui étiez à la soirée du général Petypon du Grêlé quand je suis arrivée ?

LE DUC, *s'inclinant légèrement* : En effet, madame ! c'est là que j'ai eu l'honneur de vous voir ! (*Ils échangent une petite inclination de la tête, puis silence gêné de part et d'autre. Le duc regarde à droite et à gauche derrière lui, visiblement préoccupé de tout autre chose que de la présence de madame Petypon. Celle-ci ne comprenant rien à l'attitude du duc, promène un œil étonné du duc au public et du public au duc. Brusquement, ce dernier, à Gabrielle.*) Et… et madame Petypon va bien ?

GABRIELLE : Pas mal, merci ! Un peu fatiguée par le voyage, et en plein dans l'aria des malles.

LE DUC, *regardant dans la direction de la porte de gauche où il suppose que doit être celle pour qui il vient* : Oh ! comme c'est ennuyeux !

GABRIELLE, *intriguée par l'attitude du duc, regardant dans la direction où il regarde et à part* : Qu'est-ce qu'il regarde comme ça ?

LE DUC, *brusquement* : Mais, enfin, elle n'est pas souffrante ?

GABRIELLE, *se retournant vers le duc* : Qui ?

LE DUC : Madame Petypon ?

GABRIELLE : Ah ? (*À part.*) Quelle drôle de façon de parler à la troisième personne, comme un valet de chambre. (*Haut.*) Non ! merci bien !

LE DUC : Ah ! tant mieux ! tant mieux !

> *Nouveau regard du duc dans la direction*
> *de la porte. Nouvel étonnement de Gabrielle.*

> *À un moment, leurs regards se rencontrent,*
> *ils échangent une petite salutation avec un*
> *petit rire contraint :* « Eh ! eh ! eh ! eh ! eh ! »
> *puis, détachant leur regard l'un de l'autre,*
> *ils reprennent chacun leur attitude première.*

GABRIELLE, *au bout d'un instant, dans un mouvement d'impatience* : Mais, pardon, monsieur… je suis un peu pressée, et si vous vouliez bien ?…

LE DUC, *se levant et, tout en parlant, remontant entre la chaise et le canapé* : Mais allez donc, madame… allez donc ! ne vous occupez pas de moi ! je serais désolé !

> *Il pivote sur les talons et tourne le dos à*
> *madame Petypon, sans plus s'occuper d'elle.*

GABRIELLE, *interloquée, se levant* : Hein ?… Mais non, du tout ! Ce n'est pas ce que je veux dire ! Seulement, je n'ai que quelques instants à vous accorder, et alors, vous comprenez !…

LE DUC, *qui dans ce jeu de scène a fait en quelque sorte le tour du dossier de sa chaise, redescendant à droite de celle-ci, sur un ton pincé* : C'est bien aimable à vous ! *(S'asseyant.)* Je n'en abuserai pas !

GABRIELLE, *se rasseyant également* : Vous m'excusez, n'est-ce pas ?

LE DUC, *pincé* : Mais comment donc ! *(Moment de gêne de part et d'autre. Quand leurs regards se rencontrent, ils échangent une petite salutation accompagnée d'un sourire forcé. Après un temps, et pour dire quelque chose.)* Bien charmante soirée, n'est-ce pas, chez le général.

GABRIELLE, *le regarde avec étonnement, puis* : Charmante, en effet !

Un temps.

LE DUC : Quel beau pays que la Touraine !

GABRIELLE, *de plus en plus étonnée* : Ah ! oui !... mais...

LE DUC : Le verger de la France !

GABRIELLE, *interloquée* : Ah ?

LE DUC, *à part* : Si elle croit que ça m'amuse de bavarder comme ça avec elle. (*Brusquement, à Gabrielle, en tendant machinalement son bouquet vers elle.*) Voulez-vous me permettre, madame...

GABRIELLE, *qui croit qu'il lui offre le bouquet* : Oh ! merci !

LE DUC, *ramenant vivement son bouquet qui vient lui fouetter l'épaule gauche* : Non !

GABRIELLE *ahurie* : Ah ?

LE DUC : ... de vous poser une question ?

GABRIELLE : Mais... certainement.

LE DUC : Est-ce qu'il faut longtemps pour défaire des malles ?

GABRIELLE, *sentant la moutarde lui monter au nez* : Hein ! Mais je ne sais pas ! ça dépend ! quand on n'est pas dérangé... (*Brusquement, en se levant.*) Mais, pardon, monsieur ! Je ne suppose pas que vous soyez venu pour me parler de la Touraine et du temps qu'il faut pour défaire des malles.

LE DUC, *qui s'est levé en même temps que Gabrielle* : Oh ! non, madame !

GABRIELLE : Le valet de chambre m'a dit que c'était pour une chose très urgente !...

LE DUC : Oh ! oui, madame ! très urgente !

GABRIELLE, *s'asseyant* : Eh bien ! parlez, monsieur ! de quoi s'agit-il ?

LE DUC : De quoi ?... euh !... *(Brusquement, pivotant sur les talons.)* J' peux pas vous le dire !

Il remonte à droite.

GABRIELLE, *se levant, absolument ahurie* : Comment ?

LE DUC, *se retournant vers Gabrielle* : Non, madame, non ! ne m'interrogez pas ! parlons de ce que vous voudrez ; mais quant à vous dire l'objet qui m'amène, n'y comptez pas !

Il remonte fond droit.

GABRIELLE : Hein ? *(À part.)* Eh bien ! en voilà un original ! *(Haut.)* Mais, pardon, monsieur... alors, pourquoi êtes-vous ici ?

LE DUC : Ça, madame... *(Pirouettant sur lui-même, et sur un ton malicieux.)* c'est mon affaire !

GABRIELLE, *bouche bée* : Ah ?

LE DUC, *brusquement et sur un ton assez précipité* : Mais le temps passe ! Je vois que madame Petypon est occupée, je ne veux pas la déranger le moins du monde ! je reviendrai.

GABRIELLE, *même jeu* : Ah ?

LE DUC : Au revoir, madame ! je reviendrai !... je reviendrai ! *(À part, sur le pas de la porte.)* Plus souvent que je lui raconterai pour qu'elle aille faire des potins ! Ah ! ben !

> *Il sort de droite en remportant son bouquet.*

GABRIELLE, *reste un temps comme médusée, puis, tout en reposant la chaise au-dessus du canapé* : Mais, qu'est-ce que c'est que ce toqué-là ?... *(Remontant vers la porte de droite laissée ouverte par le duc.)* Il vient me déranger pour me dire que la Touraine est le verger de la France ! Il en a un toupet !

> *Elle referme la porte.*

SCÈNE IV

GABRIELLE, PETYPON

PETYPON, *surgissant de la tapisserie du fond* : Qui est-ce qui a sonné tout à l'heure ?

GABRIELLE, *se retournant à la voix de son mari* : Lucien !

PETYPON (1), *au fond* : Toi !... Ah ! çà, depuis quand es-tu arrivée ?

GABRIELLE (2), *au fond* : Mais depuis dix minutes ! Étienne m'avait dit que tu étais sorti.

PETYPON : Moi, pas du tout !... C'est-à-dire que j'étais sorti pour remettre une lettre à un commissionnaire... Mais il y a vingt-cinq minutes que je suis rentré. *(Brusquement, la prenant par le poignet et la faisant descendre à l'avant-scène.)* Ah ! te voilà !... eh bien, tu en as fait de belles !

GABRIELLE, *ahurie* : Moi ! Où ça ? Quand ça ? Comment ça, de belles ?

PETYPON : Mais, là-bas, chez mon oncle !

GABRIELLE : Ah ! non, celle-là est raide ! C'est bien à toi à me faire des reproches !

PETYPON : Mais, évidemment ! Te permettre de lever la main sur mon oncle !

GABRIELLE : Tu aurais peut-être voulu que j'acceptasse de sang-froid ses insultes !

PETYPON, *avec un haussement d'épaules* : Mais il n'a jamais eu l'intention de t'insulter !

GABRIELLE, *remontant et, par un mouvement arrondi, au-dessus de Petypon, gagnant jusque derrière le canapé* : Ah ! très bien ! Si tu trouves que ce qu'il m'a dit était une gracieuseté !

PETYPON : Enfin, quoi ?… Qu'est-ce qu'il t'a dit ?

GABRIELLE, *au-dessus du canapé* : Rien, rien. C'est entendu !… (*Brusquement, venant s'appuyer sur le dossier du canapé comme sur la rampe d'un balcon.*) Et à Mongicourt, hein ? ce pauvre Mongicourt qui ne lui avait rien fait… — Oh ! il en a ragé pendant tout le voyage ! — c'est peut-être aussi par gracieuseté qu'il lui a appliqué la main sur la figure ?

> *Elle est redescendue par la gauche du canapé sur lequel elle vient s'asseoir.*

PETYPON, *haussant les épaules* : « Une gracieuseté » ! Évidemment non, ce n'est pas une gracieuseté ; mais, enfin, quand on a reçu une gifle, on éprouve le besoin de la rendre. C'est humain, ça.

GABRIELLE : Eh ben !… Tu étais là, il n'avait qu'à te la rendre.

PETYPON : À moi ?

GABRIELLE : Dame ! c'était plus logique que de la donner à Mongicourt !… Tu es mon mari ; ça te revenait !

PETYPON, *avec une révérence* : C'est ça, comment donc !… j'aurais même dû offrir ma joue ?

GABRIELLE, *se levant* : Ah ! la la ! J'aurais mieux fait de ne pas y mettre les pieds, dans son sale château !… *(Gagnant la gauche.)* Tout ça pour arriver à me faire traiter de drôlesse.

PETYPON : Pourquoi as-tu pris ça pour toi ?… Il parlait peut-être d'une autre personne ! Il y a plus d'une femme à la foire qui s'appelle… Martin !

GABRIELLE : Mais qui ?

PETYPON, *écartant de grands bras, tout en gagnant la droite* : Ah ! qui ? qui ? est-ce que je sais, moi ?

GABRIELLE, *brusquement* : J'y suis !

PETYPON, *étonné, se retournant à l'exclamation de Gabrielle* : Tu y es ?

GABRIELLE, *en ponctuant chaque syllabe* : Il parlait de ta tante !

PETYPON, *faisant deux pas vers Gabrielle* : De ma… ? *(Saisissant la balle au bond.)* Oui ! oui ! Voilà ! *(À part, les yeux au ciel.)* Pardonne-moi, pauvre tante, si tu m'entends là-haut !

Il gagne la droite.

GABRIELLE : Oh ! je suis désolée ! Qui aurait cru ça ? Une femme si charmante !… *(Un temps.)* C'est vrai que je l'avais trouvée tout de même un peu drôle !

PETYPON, *ahuri, revenant vers Gabrielle* : Comment, « tu l'avais trouvée » ? tu ne l'as jamais vue !

GABRIELLE : Moi ? Si !

PETYPON, *de plus en plus étonné* : Quand ?

GABRIELLE : Hier !

PETYPON, *même jeu, très large* : Hein ?

GABRIELLE, *s'asseyant sur le canapé* : Le général nous a présentées !

PETYPON : Il vous a… ! (*À part, ahuri, tout en gagnant l'extrême droite.*) Ah ! çà, voyons, voyons ! Je n'y suis plus, moi ! (*Récapitulant.*) — Elle a vu ma tante, qui n'est plus depuis huit ans ! (*Un temps.*) et c'est mon oncle qui la lui a présentée ??? (*Haut à Gabrielle, en allant vers elle.*) Voyons, tu es bien sûre que mon oncle ?…

SCÈNE V

LES MÊMES, ÉTIENNE

ÉTIENNE, *le bouquet du duc et une lettre à la main* : Voici un bouquet et une lettre pour madame !

GABRIELLE (1), *se levant, étonnée* : Pour moi ?

PETYPON (2), *prenant bouquet et lettre des mains d'Étienne et passant la lettre à Gabrielle* : C'est ta fête ?

GABRIELLE : Pas que je sache !

ÉTIENNE (3), *près de Petypon* : C'est le jeune

homme de tout à l'heure qui m'a dit de remettre ces fleurs en mains propres à madame, avec ce mot qu'il vient d'écrire.

GABRIELLE : À moi ! mais qu'est-ce qu'il me veut encore ?

PETYPON : Qu'est-ce que c'est que ce monsieur ?

GABRIELLE : Je ne sais pas ; un jeune toqué !

ÉTIENNE : M. le duc de Valmonté.

PETYPON, *ne faisant qu'une volte sur lui-même et allant fouetter de son bouquet la poitrine d'Étienne, à part* : Nom d'un chien !

ÉTIENNE, *recevant le bouquet dans le creux de l'estomac* : Oh !

PETYPON, *lui laissant le bouquet dans les bras et le faisant virevolter en le poussant par les épaules vers la sortie* : C'est bien, allez !

ÉTIENNE, *sortant, avec le bouquet* : Je vais le mettre dans l'eau !

PETYPON, *redescendant vivement vers Gabrielle* : Attends, donne ! Je vais te lire…

GABRIELLE, *qui a déjà décacheté la lettre, écartant celle-ci de la portée de son mari* : Pourquoi ça ? Je lirai bien moi-même !

PETYPON, *à part, tout en gagnant la droite* : Mon Dieu ! Quelle nouvelle tuile ?…

GABRIELLE, *exclamation de surprise* : Ah !

PETYPON, *se retournant vers elle* : Quoi ?

GABRIELLE : Mais il est fou ! regarde-moi ce qu'il m'écrit, cet imbécile !

PETYPON, *se rapprochant* : Quoi donc ?

GABRIELLE, *lisant en exagérant le côté lyrique de la*

lettre: «Ah! madame! Depuis que votre voix enchanteresse m'a dit des paroles d'amour, mon cœur est plein de vous.»

PETYPON: Hein?

GABRIELLE: Des paroles d'amour, moi! Ce toupet! *(Lisant.)* «Hélas! pourquoi faut-il que ma sotte timidité ait paralysé ma langue? Vous étiez bien encourageante, cependant!»

PETYPON, *sur un ton théâtral, tout en lui enlevant d'un geste rapide sa lettre des mains*: Qu'est-ce que tu dis?

GABRIELLE: Mais, c'est de la folie! mais, jamais!…

PETYPON, *continuant de lire*: «Je vous écris ceci pour brûler mes vaisseaux; et quand je reviendrai tout à l'heure vous verrez que mon éloquence sera à la hauteur de votre amour. Je vous embrasse à pleine bouche!…» *(Sur un ton scandalisé.)* Oh!

MADAME PETYPON: L'impertinent!

PETYPON, *prenant du champ vers la droite pour donner plus d'ampleur à son jeu*: Oh! Gabrielle!… à ton âge!

MADAME PETYPON, *abasourdie*: Quoi?

PETYPON, *gagnant vers madame Petypon et jouant l'indignation*: Tu as détourné le jeune duc de Valmonté! toi!

MADAME PETYPON, *de toute son énergie*: Moi! mais tu es fou! À peine si je lui ai dit deux mots chez ton oncle! et quels mots: *(Se tournant à demi vers la gauche pour parler à un être imaginaire qui serait censé au n° 1.)* «Le général n'est pas là?… Non? Je vais en profiter pour voir si on monte mes malles!»

(Se tournant vers Petypon.) Je ne vois pas dans ces paroles?...

PETYPON, *énergiquement sentencieux* : Les paroles ne signifient rien! C'est l'intonation qui fait tout!... *(Changeant de ton.)* Tu lui as peut-être dit ça d'un air provocant! *(La voix doucereuse, l'œil en coulisse, imitant censément sa femme.)* «Je vais voir... *(Œillade raccrocheuse.)* si on monte mes malles...» *(Nouvelle œillade à blanc, puis, voix ordinaire.)* On peut tout dire avec la voix!... Et c'est souvent quand on ne dit rien que l'on dit le plus de choses!

MADAME PETYPON, *presque larmoyante* : Mais je t'assure que rien dans ma voix!...

PETYPON, *grandiloquent* : Allons donc! comme il n'y a pas de fumée sans feu... il n'y a pas de feu sans allumage!

MADAME PETYPON, *même jeu* : Je te jure, Lucien, que je n'ai rien allumé!

PETYPON, *avec un geste de clémence* : Eh! bien! c'est bien!... *(Mettant la lettre dans la poche intérieure de sa redingote.)* Je veux bien admettre que c'est inconsciemment! Mais, en tout cas, je te défends, tu m'entends? je te défends de revoir le duc! Quand il reviendra, j'exige que tu fasses dire que tu ne reçois pas!

MADAME PETYPON, *tendant la main pour prêter serment* : Oh! ça, sur ta tête!

PETYPON : C'est bien! Ma tête n'a rien à faire là-dedans! *(À part et bien scandé, tout en descendant vers la droite.)* En voilà un de réglé!

SCÈNE VI

LES MÊMES, ÉTIENNE, MONGICOURT

ÉTIENNE, *entrant de droite et annonçant* : Monsieur Mongicourt !

PETYPON, *avec découragement* : Ah ! voilà l'autre, maintenant !

> *Il remonte vivement à l'entrée de Mongicourt.*

MONGICOURT, *très nerveux, descendant* (3) : Petypon ! Ah ! Je ne suis pas fâché de te voir, toi !

PETYPON, *avec humeur, à Mongicourt* : Eh ! bien, oui ! bon, bien, quoi ? tout à l'heure ! *(Tout miel, à Gabrielle, tout en la prenant amicalement par les épaules.)* Veux-tu me laisser avec Mongicourt, ma chère amie ?

GABRIELLE, *se laissant conduire par son mari* : Oui, mon ami !… *(À Mongicourt, qui arpente nerveusement la pièce.)* À tout à l'heure, monsieur Mongicourt !

MONGICOURT, *sur un ton rageur* : À tout à l'heure, madame !

> *Gabrielle sort par la gauche.*

PETYPON, *qui a accompagné sa femme — une fois celle-ci sortie — se retournant à la pointe gauche du dossier du canapé* : Eh ! bien, quoi ? Qu'est-ce qu'il y a ?

MONGICOURT (2), *bondissant à cette question*: Comment, «qu'est-ce qu'il y a»! tu en as de bonnes, toi! *(Déposant son chapeau sur la chaise qui est derrière le canapé.)* Ah! çà, as-tu oublié ce qui s'est passé entre le général et moi?

PETYPON, *sur un ton détaché et avec un geste d'insouciance*: Ah!... oh!

MONGICOURT: Quoi, «ah! oh!» Comment! ton oncle, à propos de rien, sans provocation de ma part, m'administre une paire de gifles!...

PETYPON, *l'arrêtant net*: Pardon! tu as mal compté! une seule!

MONGICOURT, *s'asseyant sur le canapé*: Oh! une! deux!...

PETYPON: Oui! C'est pas le nombre qui fait.

MONGICOURT, *se retournant vers Petypon*: Et tu t'imagines que ça va en rester là?

PETYPON, *appuyé nonchalamment sur le dossier du canapé*: Alors, quoi?... un duel?

MONGICOURT, *écartant les bras comme devant une chose inéluctable*: Eh!... Un duel.

PETYPON, *descendant, avec une moue des lèvres et un hochement de tête significatifs*: Oh! c'est embêtant!... Ah! c'est embêtant!

> *En ce disant, il a passé dos au public et par un mouvement en demi-cercle, devant Mongicourt, et se trouve de ce fait nᵒ 2 à droite du canapé.*

MONGICOURT: À qui le dis-tu?

PETYPON, *après un temps*: Écoute, mon cher, je

regrette vivement que l'affaire ait eu lieu avec le général, parce que tu comprends, étant donné le lien de famille, je ne peux vraiment pas te servir de témoin.

MONGICOURT (1), *relevant la tête* : Comment, « de témoin » ?

PETYPON : Eh ! ben, oui ! *(Sur un ton facétieux.)* Tu ne comptes pas te battre sans témoins !

MONGICOURT : Me battre ? mais où as-tu pris que je voulais me battre ?

PETYPON : Dame ! qui dit : « duel » ! !... Tu voudrais un duel sans te battre ?

MONGICOURT : Mais c'est à toi à te battre ! c'est pas à moi !

PETYPON : Hein ! Tu veux que je me batte avec le général ? moi ?

MONGICOURT : Évidemment !

PETYPON : Parce qu'il t'a giflé ?

MONGICOURT : Il m'a giflé... à cause de ta femme !

PETYPON : Oui ! mais parce qu'il croyait que tu étais son mari.

MONGICOURT (1), *se levant* : Eh ! bien, justement ! J'en ai assez de ce rôle ! et je vais aller trouver ton oncle pour lui dire toute la vérité.

> *Il fait mine de se diriger vers la porte.*

PETYPON, *l'arrêtant et sur un ton autoritaire* : Ah ! non, mon ami ! non ! je t'en prie, hein ? ne complique pas !

MONGICOURT, *ahuri par son cynisme, redescendant même numéro* : Qu'est-ce que tu dis ?

PETYPON, *allant et venant* : C'est vrai ça ! Je me donne un mal énorme pour sortir de ce pétrin ! Dieu merci, jusqu'ici, il n'y a pas eu d'éclat !…

MONGICOURT, *se frottant la joue, encore sous le coup de la gifle qu'il a reçue* : Ah ! Tu trouves qu'il n'y a pas eu d'éclat ?

PETYPON : Enfin, il n'y a pas eu d'éclat… qui me touche !… Toi, tu es en dehors !… Ma femme ne se doute de rien ; le général est toujours confit dans son erreur ; actuellement j'ai pris mes dispositions pour que rien ne vienne modifier la situation : j'ai écrit ce matin au général que je pardonnais à ma femme et que pour sceller la réconciliation je partais ce soir avec elle en Italie.

MONGICOURT : Toi !

PETYPON, *avec des petits yeux malicieux* : Dans une heure je recevrai de Rome une dépêche du docteur Troudinelli ainsi conçue : « Êtes prié venir en consultation auprès du Saint-Père qui réclame vos lumières… Troudinelli ! »

> *Scander ce nom ainsi : « Trou » — un temps, — puis d'une traite « dinelli ».*

MONGICOURT, *le regardant, ahuri* : Comment le sais-tu ?

PETYPON, *d'un ton malicieusement détaché* : C'est moi qui l'ai rédigée.

MONGICOURT : Hein ?

PETYPON : Même d'abord j'avais mis « Vittorio

Emanuelo ». Mais j'ai réfléchi qu'aujourd'hui les rois, avec leur manie de déplacements !… tandis que le Pape !… je suis bien sûr au moins qu'il ne bougera pas du Vatican !

MONGICOURT, *dégageant un peu à gauche* : Tu es machiavélique !

PETYPON, *revenant à la charge* : Et c'est ce plan si bien combiné que tu voudrais démolir, en allant manger le morceau auprès de mon oncle !

MONGICOURT, *retournant à Petypon* : Mais, enfin, tu ne peux pourtant pas me demander, pour t'être agréable, de mettre ma gifle dans ma poche avec mon mouchoir par-dessus !

Il remonte.

PETYPON : Mais est-ce que je te demande ça !

MONGICOURT, *redescendant pour s'asseoir sur le canapé* : Non, vraiment, quand je pense que j'ai fait *(Accompagnant chaque chiffre d'un coup de poing sur le siège du canapé.)* deux cent cinquante kilomètres pour encaisser une gifle !

PETYPON, *facétieux* : Oui, ça… c'est un peu loin !

MONGICOURT, *avec amertume* : Un peu !

PETYPON, *se montant* : Ah ! mais, aussi, tu es étonnant à la fin !

MONGICOURT, *interloqué* : Hein ?

PETYPON : La France est assez grande, cependant ! Il faut que tu ailles juste là-bas, dans un petit pays perdu ! à La Membrole ! qui est-ce qui connaît La Membrole ? au moment où il y a une gifle dans l'air ! Tu l'as cueillie… Il y a des gens qui ont la figure malheureuse ! Tu n'avais qu'à ne pas venir !

MONGICOURT : Ah ben ! non, tu sais !…

PETYPON : En tout cas, ce n'est pas une raison pour trahir un ami ! *(Avec mépris.)* Tout ça pour éviter de recevoir quoi ? Un petit coup d'épée.

MONGICOURT, *vivement, en se levant* : Pourquoi ce serait-il moi qui le recevrais ?

PETYPON, *du tac au tac* : Quoi ? c'est ce qui te fait reculer ! Car si tu étais sûr de le donner, ça te serait bien égal d'aller sur le terrain !

MONGICOURT : Moi !

PETYPON : Évidemment, parce qu'alors ce ne serait plus un duel ; cela reviendrait à une opération chirurgicale : tu serais à ton affaire !… Et c'est à ça que tu t'arrêtes ?

MONGICOURT, *suffoquant littéralement* : Oh !

PETYPON : Tu regardes à quoi ? *(Avec un superbe dédain.)* à ta peau !… Ah ! fi !… *(Impérieusement.)* Non !… non ! tu ne parleras pas… Tu fais profession d'être mon ami, dis-tu ?… eh bien ! j'invoque le secret professionnel : tu ne parleras pas !

MONGICOURT, *qui n'entend pas de cette oreille* : Oui, eh bien ! c'est ce que nous verrons !

Bruit de voix à la cantonade.

PETYPON, *imposant silence à Mongicourt* : Chut ! tais-toi !

MONGICOURT : Qu'est-ce qu'il y a ?

VOIX DU GÉNÉRAL, *à la cantonade* : Mon neveu est chez lui ? oui ?

gauche de la table : Ah ! général ! que je suis heureuse !...

LE GÉNÉRAL, *frappant la table d'un violent coup du
plat de la main, ce qui arrête net l'élan de Gabrielle* :
Ah ! je vous en prie, madame ! Après ce qui s'est
passé entre nous !...

GABRIELLE, *minaudant* : Quoi, général, vous y
pensez encore ?

LE GÉNÉRAL : Comment, si j'y pense !... Ma parole,
vous ne me paraissez pas avoir la moindre
conscience de la gravité de vos actes.

> *Il descend un peu à droite.*

GABRIELLE, *de même* : Oh ! si, mon oncle !

LE GÉNÉRAL, *se retournant et flanquant une nouvelle
tape sur le coin de la table* : Ah ! et puis, ne m'appelez pas « mon oncle » ! *(Un temps.)* Appelez-moi
« général ».

> *Il s'assied dans le fauteuil à droite de la
> table et face à elle.*

GABRIELLE, *de même* : Quoi ? vous ne voulez pas
que je sois votre nièce ?

LE GÉNÉRAL : Non !... *(Prononcer « nan ».)* Avant
l'incident, j'ai bien voulu me prêter !... mais maintenant !...

GABRIELLE, *au milieu* : Vous êtes donc intraitable !
Ah ! si vous saviez combien je regrette ce qui s'est
passé.

LE GÉNÉRAL : Il est bien temps, madame !

GABRIELLE : Mais, vous savez j'étais déjà très énervée par l'apparition de tous ces revenants !

LE GÉNÉRAL, *avec un grand coup de poing sur la table qui fait sursauter Gabrielle* : Ah ! non, hein ? Je vous en prie ! *(Se levant.)* Ne faisons pas intervenir des blagues dans les choses sérieuses !

GABRIELLE : Des blagues ! mais, général, je vous jure !...

LE GÉNÉRAL : Tenez, voulez-vous que je vous donne un bon conseil ? Eh ! bien, quand il vous arrivera d'en voir encore, des apparitions, prenez donc une bonne trique ; et flanquez-lui une roulée à votre apparition ; vous verrez ce qu'il en restera !

GABRIELLE, *gagnant légèrement la gauche* : Oh ! général, pouvez-vous blasphémer !

LE GÉNÉRAL : Parfaitement ! *(Tout en venant à elle.)* Ça vous édifiera sur la valeur de vos croyances, et évitera pour l'avenir de vous faire commettre des actes... que vous déplorez ensuite.

GABRIELLE, *avec élan* : Oh ! oui, général, de tout mon cœur ! et je vous en demande bien sincèrement pardon.

LE GÉNÉRAL, *promène un instant sur elle un regard de côté, puis sur un ton radouci* : Allons ! soit, madame ! *(Lui donnant une petite tape amicale sur la joue.)* devant l'expression de vos regrets...

GABRIELLE, *même jeu* : Ah ! général !...

LE GÉNÉRAL, *l'arrêtant court* : Mais ceci, bien entendu, à la condition que votre mari confirme vos excuses en y ajoutant les siennes !

> *Il passe n° 1 devant Gabrielle.*

GABRIELLE : Oh! si ce n'est que ça, il vous les fera.

LE GÉNÉRAL : Vous comprenez, moi… j'ai giflé votre mari!

GABRIELLE* : Hein! aussi? Il ne me l'avait pas dit.

LE GÉNÉRAL : Tiens, parbleu! il ne s'en est pas vanté! *(Remontant fond droit.)* Moi, au fond, je ne lui en veux pas.

SCÈNE VIII

LES MÊMES, PETYPON

PETYPON (1), *surgissant du fond* : Ah! mon oncle! *(À part.)* Fichtre, ma femme!

LE GÉNÉRAL (2), *se retournant à la voix de Petypon* : Eh! Arrive donc, toi! tu me fais attendre.

> *En ce disant, il descend obliquement vers la gauche en passant devant Petypon.*

GABRIELLE, *qui est allée vivement à Petypon* : Ah! Lucien! Nous nous sommes expliqués avec le général. Il est bon! Il m'a pardonné.

---

* Éviter comme le font quelquefois, par irréflexion, des interprètes du rôle de Gabrielle de dire : « Hein! *lui* aussi? » au lieu de « Hein! aussi? » qui est écrit. C'est en effet cette absence du mot LUI qui permet la confusion. Pour le général, il ne peut s'agir que de la gifle qu'il a donnée à Mongicourt et de celle qu'il a reçue de Gabrielle, tandis que Gabrielle entend la gifle que le général a donné à Mongicourt et une autre qu'il aurait donnée à Petypon.

PETYPON : Oui ?

LE GÉNÉRAL, *de l'extrême gauche et face au public* :
Ah ! oui, mais à condition que votre mari me fera
des excuses.

PETYPON : Mais comment donc ! Mais c'est
entendu.

LE GÉNÉRAL, *entre chair et cuir* : Oui ! Enfin ça…
c'est son affaire !

> *Il s'assied sur le canapé.*

PETYPON : Chère amie, j'ai à causer avec mon
oncle, alors, si tu veux bien ?…

GABRIELLE, *se dirigeant vers la porte de droite, accompagnée par Petypon* : Oui, oui ! comment donc !
*(Fausse sortie. Se retournant vers Petypon, et à voix
basse.)* Dis-donc ! Tu ne m'avais pas dit que le
général t'avait giflé.

PETYPON, *la suivant* : Hein ! Moi ? Quand ça
donc ?

GABRIELLE : C'est lui qui vient de me le dire…

PETYPON : Ah ! oui !… Oh ! j'étais tout petit !

GABRIELLE : Mais non, hier !

PETYPON : Ah ! hier, oui ! oui ! oh ! mais si gentiment.

GABRIELLE : Ah ?

PETYPON : D'un oncle, tu sais, c'est une taloche.

GABRIELLE, *peu convaincue par cette explication* :
Oui ! Oui !

PETYPON : Allez ! va ! va !

> *Il la fait sortir et referme la porte.*

LE GÉNÉRAL, *qui de son canapé n'a pas cessé de les observer d'un œil amusé*: Dis-donc! C'est pas possible! T'en pinces pour elle!

PETYPON, *redescendant*: Hein! Moi? Pourquoi?

LE GÉNÉRAL: Dame, chaque fois qu'on vient ici on la trouve!... Sais-tu que, si elle était un peu moins... blette, ça donnerait à jaser!

Il se lève.

PETYPON, *qui goûte peu ce genre de plaisanterie*: Oh! mon oncle.

LE GÉNÉRAL, *se rapprochant de Petypon*: Comment s'appelle-t-elle déjà? Tu me l'as présentée, mais je ne peux jamais me rappeler un nom!

PETYPON, *vivement*: Hein?... Madame, euh!... (*S'arrêtant court, puis froidement.*) Madame Mongicourt.

LE GÉNÉRAL: Ah! C'est ça!... Oui, oui! «Mongicourt»! (*Répétant.*) «Mongicourt»! Je penserai à «gilet».

PETYPON (2), *le regardant étonné*: À «gilet»?

LE GÉNÉRAL: Oui!... «Mon-gilet-est-trop-court»... «Mon-gilet-est-court»... «Mon-gilet-court»... «Mongicourt!» (*Un temps.*) J'arrive au nom comme ça.

PETYPON: Ah! oui!... (*Un temps.*) Maintenant, est-ce que vous ne croyez pas que vous auriez plus vite fait de vous rappeler «Mongicourt» tout bonnement?

LE GÉNÉRAL (1), *dégageant à gauche*: Oh! la! la! Oh! non!... Non!... c'est trop compliqué!

PETYPON: Ah?

LE GÉNÉRAL, *revenant à Lucien* : Mais, je ne suis pas venu ici pour parler de ça ! Lucien ! je viens te prêcher la conciliation.

PETYPON : Comment ça ?

LE GÉNÉRAL : Il ne s'est rien passé entre ta femme et Corignon !

PETYPON, *jouant le doute* : Oui, oh !…

LE GÉNÉRAL, *l'arrêtant du geste* : J'en ai eu la certitude… Donc, je viens te dire : « Oublie et pardonne ! »

PETYPON : Ah ! mon oncle ! *(Lui prenant la main.)* c'est tellement mon avis, que je vous ai écrit ce matin pour vous annoncer que je pardonnais à ma femme ; et que, pour sceller la réconciliation, je l'emmenais dès ce soir en Italie !

LE GÉNÉRAL : Oui ? Ah ! que je suis heureux ! *(Brusquement le faisant virevolter par les épaules.)* Attends-moi ! Attends-moi !

> *Il se dirige précipitamment vers la porte*
> *fond droit en passant au-dessus de Petypon.*

PETYPON, *abasourdi* : Hein ? Quoi ? Qu'est-ce ?

LE GÉNÉRAL : Attends-moi !

> *Il sort.*

PETYPON, *abasourdi, gagnant la gauche devant le canapé* : Eh bien ! où va-t-il ? Qu'est-ce qui lui prend ?… Ah ! la ! la ! Quel bolide que cet homme ! Heureusement que je ne suis pas fragile !

SCÈNE IX

PETYPON, LE GÉNÉRAL, LA MÔME

LE GÉNÉRAL, *arrivant avec la Môme* : Venez, mon enfant ! Venez !

PETYPON, *bondissant en reconnaissant la Môme* : Hein ?

LE GÉNÉRAL, *poussant la Môme vers Petypon* : Et jetez-vous dans les bras de votre mari ! il vous pardonne.

LA MÔME, *entrant dans la peau du rôle, allant à Petypon les bras tendus* : Lucien !...

Prononcer « Lucian ».

PETYPON, *hors de lui* : Ah ! non ! non ! ça ne va pas recommencer ! Emmenez-la ! je ne veux plus la voir ! emmenez-la !

LE GÉNÉRAL, *descendant* : Hein ? Mais comment ?...

PETYPON, *se réfugiant à l'extrême gauche* : Non, non ! je l'ai assez vue, celle-là ! *(Envoyant des ruades dans le vide dans la direction de la Môme.)* Emmenez-la, je vous dis ! emmenez-la !

LE GÉNÉRAL, *descendant* (2) *entre la Môme et Petypon* : Mais, voyons ! Mais tu perds la tête !

LA MÔME, *commençant à sentir la moutarde lui monter au nez* : Ah ! et puis, zut, tu sais !... Moi, ce que j'en fais c'est pour le général ! mais je m'en fiche, après tout ! qu'il reste donc avec sa vieille peau !

LE GÉNÉRAL : Hein !

PETYPON : Qu'est-ce qu'elle a dit ?

LA MÔME : Bonsoir !

> *Elle remonte vers la porte comme pour s'en aller.*

LE GÉNÉRAL, *la retenant* : Non, non, mon enfant ! Au nom du ciel ! pas de coup de tête ! vous le regretteriez.

LA MÔME, *se laissant ramener par le général* : C'est vrai, ça ! Je me mets en quatre pour lui être agréable !... pour lui éviter des embêtements !

PETYPON, *craignant les pieds dans le plat* : Hein ? Oui, chut !

LA MÔME : Il n'y a pas de « hein ? oui ! chut !... ».

LE GÉNÉRAL, *cherchant à la calmer* : Mon enfant ! mon enfant !

LA MÔME : Estime-toi bien heureux que je sois bonne fille, parce que sans ça !...

LE GÉNÉRAL (2) : Oui, oui ! vous avez raison ! Tenez ! Allez m'attendre dans le petit salon.

LA MÔME : Oui, oh ! ben, je l'ai assez vu, le petit salon.

LE GÉNÉRAL : Si ! Si ! mon enfant, je vous en prie ! Je vous appellerai.

LA MÔME, *se laissant amadouer* : Ah ! ben, c'est bien pour vous, allez !... Ah ! la la !... *(Sur le pas de la porte, avant de sortir.)* A-t-on jamais vu ! Ce vadrouilleur à la manque !

> *Elle sort.*

SCÈNE X

PETYPON, LE GÉNÉRAL, *puis* ÉTIENNE

LE GÉNÉRAL (2), *qui a accompagné la sortie de la Môme, revenant sur Petypon toujours extrême gauche* : Ah ! çà, mais tu es fou ? Qu'est-ce qu'il te prend ?... Comment ! tu me dis que tu lui pardonnes ; que tu l'emmènes en Italie ; et quand je la jette dans tes bras, voilà comment tu l'accueilles ?

PETYPON (1), *devant le canapé, l'air contrit* : Je vous demande pardon, mon oncle ! mais sur le moment, n'est-ce pas ?... après ce qui s'est passé !... un mouvement de révolte !...

LE GÉNÉRAL, *presque crié, comme s'il parlait à un sourd* : Mais puisque je te dis qu'il ne s'est rien passé !

PETYPON (1) : Oui, vous avez raison, mon oncle, appelez-la donc et que tout soit fini !

LE GÉNÉRAL, *lui tapant amicalement sur l'épaule* : À la bonne heure ! Voilà qui est bien parlé.

PETYPON : Oui !

> *Petypon, avec la moue d'un homme très ému, regarde le général, en le remerciant de la tête, puis brusquement, comme obéissant à l'élan de son cœur, lui tend la main droite.*

LE GÉNÉRAL, *lui serrant énergiquement la main de sa main droite* : Mais, dame, voyons ! (*Il fait mine de remonter vers la porte du fond. Petypon, qui n'a pas lâché sa main, le tire à lui. Le général, ramené contre Petypon.)* Qu'est-ce qu'il y a ? *(Petypon, sans lâcher la main du général, tend sa main gauche, par-dessus son poignet droit. Le général, regardant la nouvelle main qu'il lui tend.)* Ah ! *(Il lâche la main droite de Petypon, et de sa main gauche lui serre la main gauche.)* Mais oui, oui ! *(Il fait de nouveau volte-face pour s'en aller, mais Petypon, qui ne l'a pas lâché, le ramène à lui comme précédemment et lui tend sa main droite par-dessus sa main gauche. Le général regarde cette troisième main, étonné, puis.)* Y en a plus ?

PETYPON, *dans un reniflement d'émotion* : Non !

LE GÉNÉRAL : C't heureux !

PETYPON, *à part, tandis que le général remonte* : Je la ficherai à la porte dès qu'il sera parti, voilà tout !

LE GÉNÉRAL, *fausse sortie* : Ah ! si je n'étais pas là pour tout arranger !

ÉTIENNE, *paraissant à la porte sur le vestibule* : Monsieur, il y a deux messieurs qui sont déjà venus avant-hier.

PETYPON : Quels deux messieurs ?

ÉTIENNE, *descendant au-dessus et à gauche du fauteuil extatique* : Messieurs Marollier et Varlin. Ils disent qu'ils viennent de la part de M. Corignon.

LE GÉNÉRAL, *exclamation* : Ah !

PETYPON : Quoi ?

LE GÉNÉRAL : Je sais !

PETYPON : Ah !

LE GÉNÉRAL : C'est pour ton duel !

PETYPON, *bondissant et remontant vers le général* : Comment, mon duel !

LE GÉNÉRAL, *catégorique* : Oui !… Tu te bats avec Corignon !… Je lui ai dit que tu attendais ses témoins.

PETYPON, *redescendant devant le canapé* : Hein ! Mais pas du tout ! Mais en voilà une idée !

LE GÉNÉRAL, *à Étienne* : Priez ces messieurs d'attendre au salon !… *(Au moment où Étienne fait demi-tour pour sortir, — brusquement.)* Non ! *(Demi-tour d'Étienne en sens inverse.)* Madame y est !… Dans la salle à manger !…

PETYPON, *effondré* : Oh ! lala ! lala !

LE GÉNÉRAL, *rappelant Étienne qui déjà s'en allait* : Ah !… *(Étienne revient.)* et puis, dites à madame Petypon !… *(Répétant, pour bien préciser.)* à madame Petypon… que le général la prie de venir dans le cabinet de monsieur.

PETYPON, *vivement* : Hein ! Mais non ! mais non !

LE GÉNÉRAL, *à Étienne* : Mais si, mais si ! quoi ? Allez !

ÉTIENNE : Oui, mon général !

PETYPON, *descendant devant le canapé* : Ah ! ça va bien ! Ah ! ça va bien !…

LE GÉNÉRAL, *descendant avec les épées qu'il est allé prendre au fond* : Et maintenant, dis que je ne suis pas un homme de précaution.

Il tire une des épées hors de la gaine.

PETYPON, *se retournant* : Quoi ? *(Manquant de s'embrocher.)* Oh !

LE GÉNÉRAL (2), *relevant l'épée* : Eh ! là !… attention, que diable !… il est inutile de te blesser d'avance ! *(Plaisamment.)* c'est l'ouvrage de ton adversaire !

PETYPON (1) : C'est délicieux ! *(Changeant de ton.)* Ah ! çà mon oncle, ça n'est pas sérieux !

LE GÉNÉRAL, *sur les derniers mots de chaque phrase, fouettant l'air avec son épée de façon à raser le nez de Petypon qui est face au public, légèrement au-dessus de lui, et qui sursaute à chaque coup* : Comment ça, pas sérieux ? Ce garnement mérite une leçon ! *(Même jeu.)* Moi, comme général, je ne peux pas la lui donner ! *(Même jeu.)* mais toi, comme mari offensé !…

> *Même jeu, après quoi il va poser les épées sur la table, les poignées du côté de l'avant-scène.*

PETYPON, *descendant extrême gauche* : Mais, qu'est-ce qu'ils ont donc tous à vouloir que je me batte ?

SCÈNE XI

LES MÊMES, MONGICOURT, *puis* GABRIELLE

MONGICOURT, *passant la tête par l'embrasure des rideaux de la baie et appelant à voix basse* : Eh ! Petypon ?

PETYPON, *bondissant* : Nom d'un chien, l'autre ! *(Se précipitant vers Mongicourt, et bas.)* Oui, oui ! ça va bien ! je suis en train ! Va, je t'appellerai !

MONGICOURT, *à mi-voix* : Enfin, dépêche-toi !

PETYPON : Mais va donc ! puisque je te dis que je suis en train !

Il le repousse dans la pièce du fond.

LE GÉNÉRAL, *qui rangeait les épées, se retournant* : Qu'est-ce que c'est ?

PETYPON, *se retournant vivement en tenant les deux rideaux fermés derrière lui* : Rien !… un malade !… un malade qui s'impatiente !… Oh ! il peut attendre !… c'est une maladie chronique !

Il redescend et gagne n° 1 devant le canapé.

VOIX DE GABRIELLE : Dans le cabinet de monsieur ? le général ? Bon !

LE GÉNÉRAL, *allant à Petypon* : Oh ! on vient de ce côté !… Ça doit être ta femme. Tu ne vas pas recommencer comme tout à l'heure ?

PETYPON, *voyant entrer Gabrielle* : Nom d'une pipe ! Gabrielle ! v'là ce que je craignais !

LE GÉNÉRAL, *se retournant et reconnaissant Gabrielle* : Allons, bon ! encore la folle.

GABRIELLE, *allant toute sautillante jusqu'au général* : Vous m'avez fait demander, général ?

LE GÉNÉRAL, *avec un haussement d'épaules, passant devant Gabrielle et gagnant la droite* : Mais non, madame ! Mais non !

PETYPON (2), *faisant passer sa femme n° 1* : Non, non ! c'est une erreur !… Va dans ta chambre ! va dans ta chambre.

LE GÉNÉRAL (3), *debout devant le fauteuil extatique,
à part* : Ils se tutoient !

GABRIELLE (1), *à Petypon* : Mais non !... Étienne
m'a dit que le général me priait de venir dans ton
cabinet.

LE GÉNÉRAL, *éclatant de rire* : Non ? Ah ! quel idiot !
*(Se laissant tomber sur le fauteuil extatique en se tordant
de rire.)* Il m'envoie madame Mon... Mongilet-
court...

PETYPON, *voyant le général sur le fauteuil* : Oh !

GABRIELLE, *devant le canapé* : Qu'est-ce qu'il dit ?

LE GÉNÉRAL, *tandis que Petypon en catimini s'élance
derrière le fauteuil extatique* : ... quand je l'ai chargé
de faire venir madame Pet...

> *Le général reçoit le choc électrique et reste
> figé et souriant : c'est que Petypon vivement
> a frappé sur le bouton du fauteuil et que le
> fluide opère.*

PETYPON, *à part, tout en s'éloignant, de l'air le plus
détaché du monde* : Ouf !

> *Les pouces dans l'emmanchure du gilet,
> il gagne avec un air détaché jusqu'au-dessus
> du canapé et va s'asseoir sur le bras gauche
> de ce dernier.*

GABRIELLE, *qui n'a pas vu tout le manège de son
mari, tournée qu'elle est vers l'avant-scène gauche, au
bout de* six *ou* sept *secondes, étonnée de ne plus entendre
le général, se retournant de son côté* : Ah ! mon Dieu !...
le général ! vois donc !...

> *Tout en parlant, instinctivement, elle s'est élancée vers le général.*

PETYPON, *sans se retourner* : Quoi ?

GABRIELLE, *à peine a-t-elle touché l'épaule du général, recevant la commotion* : Ah !

> *Elle reste figée, le sourire aux lèvres, la main gauche sur l'épaule du général, la droite en l'air, le corps bien face au public. Un temps de quatre ou cinq secondes.*

PETYPON, *sans se retourner* : Eh ben ! quoi ? que je voie quoi ? (*N'obtenant pas de réponse, il se retourne et apercevant sa femme en état d'extase.*) Gabrielle ! qu'est-ce que tu fais ?

> *Il se précipite vers elle, instinctivement lui aussi, l'attrape par le bras, et, subissant le fluide, glisse à terre par la force de l'élan, et reste figé sur place, les jambes allongées parallèlement à la rampe, la main gauche tenant toujours le bras de sa femme, la main droite appuyée à terre. Huit ou neuf secondes se passent ainsi. Se baser pour cela sur l'intensité et la durée de l'effet, attendre le decrescendo du rire.*

SCÈNE XII

LES MÊMES, ÉTIENNE, CHAMEROT,
puis MONGICOURT

ÉTIENNE, *au bout de ce temps, paraissant à la porte de droite et annonçant* : Monsieur Chamerot ! *(Il attend trois ou quatre secondes qu'on lui dise : «Faites entrer !», il regarde étonné du côté du groupe ; ne comprenant rien à ce qu'il voit, il avance plus près. Avec stupeur.)* Ah !… mais qu'est-ce qu'ils ont ? *(S'avançant jusqu'au-dessus du fauteuil, entre madame Petypon et le général.)* Monsieur !… Madame !… Ah !

> *Choc, extase ; il a touché de la main droite l'épaule de madame Petypon et le courant a opéré. De nouveau* huit *secondes environ.*

CHAMEROT, *las de poser dans le vestibule, entrant carrément* : Eh ben ! quoi donc, ma petite Môme ! on fait attendre comme chez le dentiste ? *(Descendant au milieu de la scène.)* Oh ! sapristi, du monde !… Mon Dieu ! le général ! *(La main au képi, parlant au général.)* Mon général, excusez-moi !… J'allais chez mon oncle qui demeure au-dessus… je me serai évidemment trompé d'étage, et… Comment ?… Oh ! pardon, je croyais que mon général me parlait… *(Devant le silence général, regardant de plus près.)* Ah ! çà, qu'est-ce qu'ils ont ? ils sont changés en statues ! *(S'affolant.)* Ah ! mon Dieu, mais ils sont pétrifiés ! *(Courant jusqu'à la baie du fond, dont il écarte les rideaux en passant sans les ouvrir.)* Au secours ! À l'aide ! *(Sans s'arrêter, il est allé jusqu'à la porte de gauche qu'il entrouvre pour crier.)* Au secours ! une catastrophe ! au secours !

MONGICOURT, *accourant par la baie et se précipitant à la suite de Chamerot* : Qu'est-ce qu'il y a ? qu'est-ce qu'il y a ?

CHAMEROT, *qui, sans s'arrêter, a fait le tour du canapé, traversant la scène en courant dans la direction du groupe* : Je ne sais pas, monsieur ! Là ! là ! regardez-les !

> *Il a saisi le bras de Gabrielle, et, toc ! reste figé dans la position du coureur, une jambe en l'air, tandis que sa main droite vient coiffer du képi qu'elle tient, la tête de Petypon (visière du côté de la nuque).*

MONGICOURT, *devant le canapé* : Sapristi ! ils ont oublié de mettre les gants ! *(Se tordant.)* Le musée Grévin[1] à domicile !… C'est à se tordre ! et je n'ai pas d'appareil pour faire un instantané ! *(Tout en se tordant, il a traversé la scène, pour remonter jusqu'au-dessus du fauteuil. Frappant sur le bouton de droite.)* Allez ! debout, les dormeurs !

> *Il redescend n° 1 devant le canapé. Choc simultané chez les cinq dormeurs, sur l'arrêt brusque de la machine, puis, chacun poursuivant son rêve extatique.*

PETYPON (2), *dansant et chantant :*

> À la Monaco, l'on danse,
> L'on y danse,
> À la Monaco, l'on danse tout en rond !
> *Boléro de la* Cruche cassée[1].
> Trala lalala, lalala, lala, la, *etc.*

Il descend vers le canapé.

CHAMEROT (3), *avec des gestes d'amour, son képi dans la main :*

> Vous êtes si jolie,
> Ô mon bel ange blond,
> Que mon amour pour vous est un amour profond,
> Que jamais on n'oublie, *etc.*

LE GÉNÉRAL (6), *devant la table :*

> As-tu vu la casquette, la casquette,
> As-tu vu la casquette au père Bugeaud !
> Taratata, ratata, ratata, ratataire,
> Taratata, ratata, ratata.

Ensemble, pendant que Mongicourt (1)

GABRIELLE (4), *amoureusement, à Étienne :*

> Oh ! parle encore[2],
> Ah ! je t'adore,
> Oui, près de toi, je veux mourir.
> Ah ! oui, mourir, mourir !

ÉTIENNE (5), *enlaçant la taille de Gabrielle et chantant sur un air à lui :*

> Aglaé, ne sois pas farouche,
> Aglaé, ne m' fais pas droguer,
> Et donn'-moi ta bouche,
> Ta bouche à baiser…

suit le spectacle, amusé.

> *Presque en même temps, le réveil s'opère chez chacun des sujets.*

Presque en même temps.

PETYPON, *à part* : Qu'est-ce qu'il y a eu donc ?

GABRIELLE, *à part, dans les bras d'Étienne* : Où suis-je ?

CHAMEROT, *à part* : Eh ! ben, mais, quoi donc ?

LE GÉNÉRAL, *à part, descendant à droite* : Ah ! çà, j'bats la breloque ?

TOUS, *étonnés de se voir* : Ah !

ÉTIENNE, *en retard sur le réveil général, bissant le dernier vers de la chanson* :

> ... Ta bouche à baiser.

> *Il embrasse Gabrielle sur les lèvres.*

GABRIELLE, *complètement réveillée par ce baiser* : Étienne ! ah ! pouah !

> *Elle le repousse.*

ÉTIENNE : N... de D...! la patronne !

> *Il détale, poursuivi jusqu'à la porte par Gabrielle furieuse.*

CHAMEROT, *apercevant le général* : Le général ne m'a pas vu ! filons !

> *Il se précipite vers la porte de sortie qu'obstrue Gabrielle. Sans égard, il la fait pirouetter, l'envoie descendre avant-scène droite, et s'éclipse.*

GABRIELLE : Oh ! brutal !

MONGICOURT, *sur un ton moqueur, à Petypon* : Eh ! ben, mon vieux !...

PETYPON, *qui, à peine revenu à lui, n'avait pas remarqué Mongicourt* : Sapristi, Mongicourt !

MONGICOURT (1) : Et maintenant, puisque voici le général ! *(Au général.)* Général !

PETYPON, *affolé en devinant son intention* : Non ! non ! Pas maintenant !

LE GÉNÉRAL (3), *devant la table* : Monsieur Mon... Mongilet trop court !...

MONGICOURT, *à Petypon* : Comment est-ce qu'il m'appelle ?

LE GÉNÉRAL, *s'avançant milieu de la scène* : Nous n'avons rien à nous dire, monsieur !... que par l'entremise de nos témoins !

MONGICOURT, *s'avançant vers le général, dont il est séparé par Petypon* : Mais, permettez !...

PETYPON, *presque crié, en essayant de repousser Mongicourt* : Si ! si ! il a raison !

LE GÉNÉRAL, *à Petypon* : Toi ! attends-moi !... je vais chercher ta femme !

PETYPON, *à pleine voix, de façon à couvrir la voix du général, sur « ta femme »* : Aha !... Oui, oui ! je sais !... allez !

LE GÉNÉRAL : Je reviens.

Il sort de droite.

GABRIELLE, *aussitôt le général sorti, se rapprochant curieusement de Petypon* : Qu'est-ce qu'il a dit qu'il va chercher ?

PETYPON, *vivement* : Rien, rien ! sa pipe, il va chercher sa pipe.

GABRIELLE : Mais non, il a dit « ta femme ».

PETYPON : Parfaitement ! « Taphame », c'est comme ça que ça s'appelle en Algérie ! Ça veut dire pipe en arabe.

GABRIELLE : Ah ?

PETYPON : On dit je fume ma « Taphame ». *(Cherchant à les entraîner dans la chambre de gauche.)* Tenez ! allons par là ! Voulez-vous ? Allons par là !

MONGICOURT, *résistant* : Ah ! çà, mais tu ne lui as donc pas parlé ?

PETYPON, *sur des charbons* : Mais si ! mais si ! Seulement, ça ne se fait pas si vite !…

VOIX DU GÉNÉRAL, *à la cantonade* : Mais oui, mon enfant, mais oui ! Je vous en réponds !

PETYPON, *à part, bondissant* : Le voilà qui revient ! *(Saisissant Mongicourt et Gabrielle chacun par un poignet et les ramenant tous deux l'un contre l'autre pour les pousser en paquet vers la pièce de gauche.)* Venez par là, venez par là !

Ensemble

GABRIELLE : Mais, pourquoi, pourquoi ?

MONGICOURT : Mais non, mais non !

> *Bousculés et roulant l'un contre l'autre dans la poussée de Petypon.*

PETYPON, *poussant de plus belle* : Allez ! Allez !

LE GÉNÉRAL, *paraissant à la porte de droite* : Ah ! Lucien, mon garçon !…

PETYPON : Oui, oui, tout à l'heure ! *(Envoyant une dernière poussée.)* Mais, allez donc !

> *Ils disparaissent tous trois derrière la porte, qui se referme.*

SCÈNE XIII

LE GÉNÉRAL, LA MÔME

LE GÉNÉRAL, *ahuri* : Eh ! bien, quoi ? il s'en va au moment où nous arrivons ! *(Se retournant pour faire entrer la Môme qui attend dans le vestibule.)* Venez, mon enfant, venez, je vais vous ramener votre mari aussi empressé et amoureux que par le passé.

LA MÔME, *qui suit le général* : Ah ! ben ! c'est bien pour vous, général, ce que j'en fais !

LE GÉNÉRAL (1), *milieu de la scène, serrant la Môme affectueusement dans son bras gauche* : Allons, mon enfant, pas de nerfs surtout ! pas de nerfs.

LA MÔME (2), *appuyée langoureusement contre sa poitrine* : Ah ! vous êtes bon, vous, général ! *(Lui frisant sa moustache de la main droite.)* Vous me comprenez.

LE GÉNÉRAL, *bien culotte de peau* : Mais oui, je suis bon !... *(Se campant bien face au public, les jambes écartées, les genoux pliés, et les mains sur les genoux.)* Allons, ma nièce, embrassez votre oncle.

> *Il tend sa joue.*

LA MÔME, *langoureusement* : Ah ! oui, mon oncle !…
Avec joie !

> *Elle lui prend la tête entre les deux mains,*
> *la tourne face à elle au grand étonnement*
> *du général, et longuement lui promène ses*
> *lèvres sur les yeux.*

LE GÉNÉRAL, *très troublé, entre chair et cuir* : Oh !
nom d'un chien !… (*Plus fort.*) Oh ! nom d'un chien !
(*Se dégageant et gagnant la droite.*) Ah ! nom d'un
chien de nom d'un chien, de nom d'un chien !

LA MÔME, *avec un lyrisme comique* : Ah ! ce baiser
m'a fait du bien !

LE GÉNÉRAL, *à part, avec élan, tout en revenant à la
Môme* : Ah ! si elle n'était pas ma nièce ! Cré nom
de nom !

LA MÔME, *langoureusement appuyée contre la poitrine
du général, tout en lui caressant les cheveux* : Ah ! C'est
un homme comme vous qu'il m'aurait fallu, général ! un homme… (*Lui introduisant furtivement
l'index dans l'oreille, ce qui le fait sursauter.*) qui me
comprît !… Ah ! je vous assure qu'avec vous !…

LE GÉNÉRAL, *se dégageant si brusquement que la Môme
manque en perdre l'équilibre* : Eh ! Quoi ?… Alors,
mon neveu !… Il ne vous comprendrait pas ?

LA MÔME : Oh ! pour ce que je lui suis !…

LE GÉNÉRAL, *revenant à elle et lui prenant les mains* :
Est-il possible ! Il vous délaisse !… Oh !… (*Brusquement, comme une trouvaille.*) Et pour une autre peut-
être !

LA MÔME, *courbant la tête* : Oh ! ne parlons pas de ça !

LE GÉNÉRAL : Ah ! nom de nom ! Je comprends maintenant le pourquoi de votre coup de tête !

LA MÔME, *laissant tomber sa tête contre l'épaule gauche du général* : Je n'en calculais pas la portée.

LE GÉNÉRAL, *la serrant dans son bras gauche et, par un mouvement circulaire de la main droite renversée, désignant la Môme, en lui dirigeant les extrémités de ses doigts dans le creux de l'estomac* : Ah ! pauvre innocente !... que de ménages ainsi disloqués par l'incurie des maris !

> *Il lui donne un gros baiser.*

LA MÔME, *avec élan* : Ah ! mon oncle !

> *Elle lui prend la tête comme précédemment et l'embrasse longuement sur les yeux.*

LE GÉNÉRAL, *émoustillé, tandis qu'elle l'embrasse.* — *Entre chair et cuir* : Ah ! nom de nom !... (*Un peu plus fort.*) Ah ! nom de nom ! (*Se dégageant et gagnant la droite en ramenant nerveusement un côté de sa redingote sur l'autre[1].*) Ah ! nom de nom, de nom, de nom ! (*Avec transport.*) Ah !... pourquoi faut-il qu'elle soit ma nièce ! (*Revenant à elle et l'enlaçant fiévreusement de son bras gauche.*) Et c'est cette petite femme-là que son mari, par son indifférence, jetterait dans les bras d'un autre ?... Non, non ! (*Il l'embrasse sur la tempe droite.*) Je ne veux pas d'un autre !... (*Nouveau baiser.*) Un autre ne l'aura pas !... (*Nouveau baiser.*) Tenez, mon enfant, (*La condui-*

sant au fauteuil extatique.) asseyez-vous là ! *(Tandis que la Môme s'assied, gagnant la gauche.)* Je vais lui parler, moi, à votre mari !... et nous verrons !... *(Revenant à la Môme.)* Ah ! mais, si je m'en mêle, mille millions de tonnerres !... *(Il donne un grand coup de poing sur le bouton gauche du fauteuil ; courant, — choc. La Môme est endormie. Le général, sans se rendre compte de l'effet de son geste, a gagné à grandes enjambées la porte de gauche ; arrivé sur le seuil, il se retourne et avec un geste de la main.)* Bougez pas !

Il sort. — Un temps. — La porte de droite s'ouvre et Étienne paraît.

SCÈNE XIV

LA MÔME, *endormie*, ÉTIENNE, LE DUC

ÉTIENNE, *annonçant* : Le duc de Valmonté !

Il s'efface pour laisser passer le duc puis sort.

LE DUC, *un nouveau bouquet à la main, allant droit au canapé et s'asseyant* : J'espère que cette fois je serai plus heureux !... Je ne la comprends pas ! C'est elle qui m'a demandé de venir... je lui fais dire que je suis là, et elle m'envoie la vieille ! Ah ! non, ça !... *(Apercevant la Môme endormie.)* Eh ! mais la voilà ! *(Se levant.)* Ah ! madame, vous étiez là ! moi qui désespérais de vous voir !... Ah ! je suis

bien heureux ! j'ai bien pensé à vous depuis hier,
aussi je n'ai eu de cesse !... J'ai dit à maman que
je venais chez vous... elle m'a chargé de vous
exprimer tous ses bons souvenirs !... Alors, n'est-
ce pas ?... Mais qu'est-ce que vous regardez comme
ça ?... *(À part.)* Qu'est-ce qu'elle regarde ? *(Haut.)*
Madame ! *(À part.)* Elle me fait une blague. *(Haut.)*
Madame, je vous préviens que si vous me faites
une blague je vais me venger !... Mais... en vous
embrassant, madame... Oh ! vous pouvez sourire !...
Vous ne me connaissez pas, quand une fois je m'y
mets !... Une fois ? deux fois ? Vous ne voulez pas
me répondre ? Non ? Eh bien ! tiens !

> *Il se jette à genoux et l'embrasse. Immé-*
> *diatement, contact, choc. Le duc, sa figure*
> *dans le cou de la Môme, son bouquet à la*
> *main, subit l'effet du fluide.*

SCÈNE XV

LES MÊMES, *endormis,*
LE GÉNÉRAL *et* PETYPON

LE GÉNÉRAL, *de la coulisse, tout en ouvrant la porte*
de gauche : Viens, mon ami ! *(Paraissant et entrant à*
reculons en train qu'il est de parler à Petypon qui le
suit.) Viens la voir l'image de l'Innocence !
Regarde-la l'image de l'Innocence ! *(Se retournant*
et apercevant le groupe endormi.) Ah !

PETYPON : Allons, bon ! qui est-ce qui a fait marcher le fauteuil !

Tout en parlant il passe devant le général et gagne jusqu'au fauteuil.

LE GÉNÉRAL, *descendant à droite du canapé* : Mais, qu'est-ce que c'est ?

PETYPON, *pressant sur le bouton de droite du fauteuil* : C'est rien ! Tenez !

Il remonte devant la porte de droite. Le duc et la Môme ont reçu le choc. — un temps, — puis :

Ensemble, dans les bras l'un de l'autre

LE DUC : Une femme du monde ! Je suis l'amant d'une femme du monde ! Oh ! maman ! maman !

LA MÔME : Ouh ! le petit Ziriguy à sa Mômôme ! Ouh ! ma choute ! Oh ! mon lapin vert.

Ils s'embrassent.

LE GÉNÉRAL : Qu'est-ce qu'ils racontent[1] ?

Mais le réveil s'est produit de part et d'autre. Ils se regardent étonnés et se lèvent. La Môme descend devant la table, le duc à gauche du fauteuil. Tous deux ont encore le regard un peu égaré.

LE DUC : Où suis-je ?

LA MÔME : Eh ! bien, quoi ?

LE DUC, *revenu à lui tout à fait, apercevant le général* : Le général !

> *Il se précipite instinctivement vers la porte
> de sortie, va donner contre Petypon qui
> obstrue le passage, et, rebroussant chemin,
> se précipite dans la chambre du fond.*

LE GÉNÉRAL : Hein ! d'où sort-il, celui-là ?

LA MÔME (3), *descendant à droite* : Mais qu'est-ce que j'ai eu donc ?

PETYPON (2), *descendant à gauche du fauteuil extatique* : C'est rien ! rien !... C'est le fauteuil extatique : quand la bobine est en mouvement et qu'on s'assied, on s'endort.

LE GÉNÉRAL (1) : Non ?... Tout le monde ?

PETYPON, *descendant milieu de la scène* : Tout le monde.

LE GÉNÉRAL : Ouida ! ah ! ben, moi... ça ne m'endormirait pas !...

PETYPON, *sur un ton railleur* : En vérité !

LE GÉNÉRAL, *passant n° 2 pour aller à la Môme* : Mais c'est pas tout ça ! Mes enfants, nous voilà en présence, pas d'explications et embrassez-vous !

PETYPON, *à part* : Ah ! ma foi, puisqu'il n'y a pas moyen autrement !... *(Haut.)* Dans mes bras, ma femme !

LE GÉNÉRAL, *la poussant vers Petypon* : Allez-y, sa femme !

LA MÔME, *se, jetant dans les bras de Petypon, dans un lyrisme comique* : Lucien !

> *En s'embrassant ils pivotent lentement
> sur eux-mêmes de façon à prendre, la Môme
> le n° 1, Petypon le 2.*

SCÈNE XVI

LES MÊMES, GABRIELLE, *puis* ÉTIENNE

GABRIELLE, *surgissant brusquement de gauche et poussant une exclamation en voyant le tableau* : Ah !

Elle descend par la gauche du canapé.

PETYPON, *se dégageant vivement et à part* : Sapristi, ma femme !

LE GÉNÉRAL, *à part, gagnant la droite* : Ça y est ! v'la la loufetingue !

GABRIELLE, *allant à la Môme, les bras tendus* : Oh !… Comment, c'est toi ! C'est toi qui es là !

PETYPON, *à part* : Hein !

LA MÔME (2), *embarrassée* : Mais oui, c'est… c'est moi !

GABRIELLE (1), *lui faisant fête* : Ah ! que je suis contente de te voir !

PETYPON (3), *à part, ahuri* : Ma femme tutoie la Môme !

GABRIELLE, *qui tient la Môme par les mains, l'attirant à elle et l'embrassant* : Ah ! ma tante !

PETYPON, *à part* : Qu'est-ce qu'elle dit ?

GABRIELLE, *même jeu* : Ma chère tante !

LE GÉNÉRAL (4) : Ça y est !… v'là la crise…

GABRIELLE : Ah ! ce que je suis contente !… (*Passant 2 et à Petypon.*) Ma tante ! C'est ma tante !

(À la Môme.) Oh! mais, je ne t'ai pas dit… Je ne t'ai pas dit ce qui s'est passé à La Membrole!

LA MÔME, *à moitié abrutie*: Non!…

PETYPON, *bondissant vers elle*: Non! non! C'est pas la peine! nous savons! nous savons!

GABRIELLE: Mais ma tante ne sait pas…

PETYPON: Oui, eh! bien, c'est pas le moment! pas ici! pas ici!

GABRIELLE: Ah! comme tu voudras! *(À la Môme.)* Eh! bien, alors, viens dans ma chambre; je te raconterai.

PETYPON, *voyant Gabrielle qui déjà remonte avec la Môme par la droite du canapé, essayant de s'interposer*: Mais non! mais non!

GABRIELLE: Mais si, quoi?… Je te laisse avec le général et j'emmène ma tante!… *(Avec élan.)* Viens, ma tante!… ma chère tante!

PETYPON, *les suivant*: Mais voyons…

LA MÔME: Oh! ce qu'elle m'embête, ma nièce!

> *Elles sortent toutes deux par la gauche.*

PETYPON, *qui a suivi jusqu'à la porte, redescendant extrême gauche*: Mon Dieu! Il me semble que je navigue dans un rébus!

> *Tout en parlant, il a passé devant le canapé et s'assied sur le bras droit de ce dernier.*

LE GÉNÉRAL, *riant encore de la scène qu'il vient de voir*: Ah! c'est pas pour dire, mais elle est vraiment marteau avec sa manie de parenté!…

PETYPON, *riant sans conviction* : Oui !… Oui ! elle est un peu…

LE GÉNÉRAL, *allant vers Petypon* : Mais laissons cette échappée de cabanon…

PETYPON, *à part* : Oh !

LE GÉNÉRAL : … et parlons de toi. Tu ne saurais croire combien je suis content de t'avoir ramené ta femme.

PETYPON : Ma f… Ah ! et moi donc !

LE GÉNÉRAL : Quand on pense que tu délaisses une petite femme comme ça ! Mais, elle est adorable, idiot ! *(Il lui envoie une bourrade au défaut de l'épaule.)* Elle est exquise, brute ! *(Nouvelle bourrade.)* Mais tu veux donc qu'un autre te la souffle, daim !

> *Nouvelle bourrade plus forte qui fait basculer Petypon.*

PETYPON, *assis le corps sur le siège du canapé et les jambes sur le bras de ce dernier* : Eh ! mais, dites donc !… vous me paraissez bien emballé, mon oncle !

LE GÉNÉRAL, *avec élan* : Moi ?… Ah ! je ne le cache pas ! Si elle n'était pas ta femme !… si elle n'était pas ma nièce !… Ah ! ah-ah-ah-ha !… *(Ne sachant comment traduire mieux sa pensée.)* Et allez donc, c'est pas mon père !

> *Il pivote sur lui-même et remonte légèrement.*

PETYPON, *toujours dans la même position* : Qu'est-ce que vous feriez donc ?

LE GÉNÉRAL, *redescendant* : Ah !… je ne sais pas ! Je crois, nom d'une brique ! que je serais capable de t'avantager sur mon testament !

PETYPON : Non ?… Votre parole ?

LE GÉNÉRAL : Ma parole !

PETYPON, *à part, tout en se levant* : Mon Dieu, et moi qui me donnais tout ce mal !… *(Allant au général et bien lentement pour ménager son effet.)* Eh bien ! mon oncle, soyez heureux !… Elle n'est pas ma femme !

LE GÉNÉRAL, *le regardant bien en face* : En vérité !

PETYPON : Non !

LE GÉNÉRAL, *avec un hochement de tête qui semble approbatif, puis* : Elle est bonne !

PETYPON : Comment ?

LE GÉNÉRAL, *comme au deuxième acte* : Elle est bonne ! Elle est bonne ! Elle est bonne !

PETYPON : Mais, mon oncle !…

LE GÉNÉRAL, *subitement pète-sec* : Ah ! assez, hein ? tu ne vas pas encore recommencer ! Si tu dois me la faire comme ça tous les deux jours… Ah ! non, non, ça ne prend plus !

PETYPON : Je vous assure, mon oncle…

LE GÉNÉRAL, *id.* : Oui, eh bien ! assez ! J'aime pas les blagues.

Il remonte.

ÉTIENNE, *paraissant à la porte de droite pan coupé* : Monsieur !…

LE GÉNÉRAL (2), *saisi d'une inspiration* : Ah ! ça n'est pas ta femme ! Eh bien ! nous allons bien voir ! *(Se campant, le poids du corps sur les genoux écartés et pliés, les deux mains étendues pour parer à toute communication d'un personnage avec l'autre, — à Étienne.)* Eh ! vous !... je ne sais pas comment vous vous appelez... *(Bien posément, comme pour l'énoncé d'un problème.)* De qui madame Petypon est-elle la femme ? *(Vivement, à Petypon.)* Chut !

ÉTIENNE (3), *au-dessus un peu à gauche du fauteuil extatique* : Mais... de monsieur Petypon.

LE GÉNÉRAL, *triomphant* : Là ! je savais bien !

ÉTIENNE, *à part* : Mais... il est bête !

PETYPON, *gagnant l'extrême gauche* : Ah ! non, non ! il est étonnant ! Il n'y a que quand on lui ment qu'il vous croit, cet homme-là !

ÉTIENNE, *de sa place à Petypon* : Monsieur ! Ce sont les deux messieurs de tout à l'heure qui demandent si on ne les a pas oubliés ?

LE GÉNÉRAL : Ah ! c'est juste ! Faites-les entrer.

PETYPON, *tandis qu'Étienne sort* : Ah ! bon, les autres maintenant !

SCÈNE XVII

LE GÉNÉRAL, PETYPON, *puis* LE DUC,
puis ÉTIENNE, MAROLLIER, VARLIN,
puis GABRIELLE

LE GÉNÉRAL, *descendant vers Petypon* : Ah ! pour ta gouverne ! afin de ne pas mêler ta femme à tout ça...

PETYPON : Bien, bien !

LE GÉNÉRAL : Quoi, « bien, bien » ?… Tu ne sais pas ce que je vais dire… Il est convenu avec Corignon que le véritable motif de la rencontre resterait ignoré.

PETYPON, *s'en moquant complètement* : Bon, bon !

LE GÉNÉRAL : Même de ses témoins…

PETYPON : Entendu ! Entendu !

LE GÉNÉRAL : Donc ils ne savent rien.

PETYPON : Bon, bon !

LE GÉNÉRAL : Le prétexte : n'importe quoi.

PETYPON : Oui, Oui.

LE GÉNÉRAL : Vous vous battez… parce que tu aurais dit… ou qu'il aurait dit…

PETYPON : Entendu ! entendu.

LE GÉNÉRAL : Enfin à propos de potins… sans préciser davantage.

Il remonte.

PETYPON : Oui ! oui ! Tout ce qu'on voudra. (*À part, en gagnant l'extrême gauche.*) Ça m'est égal, je ne me battrai pas.

LE GÉNÉRAL, *au-dessus du fauteuil extatique* : Ah ! Diable, mais !…

PETYPON : Qu'est-ce qu'il y a encore !

LE GÉNÉRAL : Tu n'as pas de second témoin !

PETYPON : Ah !… non !

LE GÉNÉRAL : Je ne peux pas faire les deux témoins à moi tout seul.

PETYPON : Ah ! évidemment vous ne… (*Brusque-*

ment.) Eh bien ! v'là tout ! On se battra une autre fois !

Il redescend.

LE GÉNÉRAL : Hein ! Mais pas du tout ! Mais tu en as de bonnes !

LE DUC, *faisant une brusque apparition et virevoltant aussitôt en apercevant le général, pour disparaître par où il est venu* : Sapristi ! Encore là !

LE GÉNÉRAL, *qui a eu le temps de reconnaître le duc, d'une voix bien étalée* : Le duc !… Mais le voilà, ton second témoin ! (*Il remonte, écarte le rideau de droite et l'on aperçoit, à la tête du lit, le duc assis, la jambe gauche repliée sous la cuisse droite, et son bouquet toujours à la main. Au duc.*) Venez, duc ! venez !

LE DUC, *très troublé* : Hein ! Général, c'est que…

LE GÉNÉRAL, *le faisant descendre* : Mais venez, je vous dis ! N'ayez pas peur, quoi ? on ne vous mangera pas ! C'est vous qui êtes le second témoin.

LE DUC (2), *même jeu* : Moi ?

LE GÉNÉRAL (3) : Vous.

LE DUC, *même jeu* : C'est que…

LE GÉNÉRAL : Ne vous inquiétez pas. Vous n'avez qu'à me laisser parler et à opiner ; par conséquent…

LE DUC : J'opinerai, mon général ! j'opinerai ! (*À part, en allant s'asseoir sur le canapé.*) C'est pourtant pas pour ça que je suis venu !

ÉTIENNE, *annonçant* : Messieurs Marollier et Varlin.

LE GÉNÉRAL, *debout à droite du canapé* : Veuillez entrer, messieurs !

> *Marollier et Varlin entrent.*

PETYPON, *qui est remonté par l'extrême gauche et prend le milieu du fond de la scène, indiquant aux arrivants le général et le duc* : Mes témoins !

> *Marollier et Varlin descendent un peu.*
> *Échange de saluts entre les témoins tandis*
> *que Petypon, toujours par le fond, descend*
> *extrême droite, où il se tient à l'écart, adossé*
> *discrètement contre la table. Le duc, indiffé-*
> *rent à ce qui se passe, est assis extrême droite*
> *du canapé, la jambe droite repliée sous la*
> *cuisse gauche et le corps à demi tourné dans*
> *la direction de la porte de gauche par*
> *laquelle il espère toujours voir arriver celle*
> *pour qui il est là.*

MAROLLIER (3), *bien qu'en civil, faisant le salut militaire au général* (2) : Mon général, c'est avec orgueil que j'ai appris que j'avais à défendre les intérêts de mon client avec un témoin de votre haute importance. Aussi vous pouvez être sûr que je ferai tout...

LE GÉNÉRAL, *l'arrêtant net* : Oh ! je vous en prie, lieutenant !... *(Un temps.)* Veuillez considérer, pour la conduite de cette affaire, qu'il n'y a plus ici un général et un lieutenant !... mais des mandataires, ayant mission égale et partant, des droits égaux. Par conséquent !...

MAROLLIER, *avec un sourire légèrement sceptique* : Oui !… C'est très joli, mon général, mais comme une fois l'affaire réglée vous redeviendrez le général ; et moi le lieutenant !…

LE GÉNÉRAL, *même jeu* : Soit ! Mais, en attendant, nous sommes témoins ; restons témoins !

MAROLLIER, *s'incline, puis, présentant* : M. Varlin, le second témoin.

> *Échange de saluts.*

LE GÉNÉRAL, *présentant le duc en l'indiquant de la main, sans se retourner vers lui* : Le duc de…

> *Le duc étant assis, reçoit la main du général en pleine joue.*

LE DUC, *qui précisément avait la tête tournée vers la porte, se retournant vivement* : Oh !

LE GÉNÉRAL, *vivement et entre chair et cuir au duc, en lui cinglant le gras du bras du revers de la main* : Mais levez-vous donc !

LE DUC : Ah ?… pardon !

LE GÉNÉRAL, *présentant* : Le duc de Valmonté, le second témoin.

LE DUC, *s'inclinant, en ramenant dans son geste de révérence son bouquet sur sa poitrine* : Messieurs !

LE GÉNÉRAL, *au duc, vivement et bas* : Posez donc votre bouquet !

LE DUC : Comment ?

LE GÉNÉRAL, *même jeu* : On ne règle pas une affaire d'honneur avec un bouquet.

LE DUC, *déposant son bouquet à côté de lui sur le canapé* : Oui !

VARLIN, *malicieusement* : Monsieur croit peut-être être témoin à un mariage.

MAROLLIER, *vivement, à mi-voix, le rappelant à l'ordre* : Ah ! non, hein ! pas de mots ! taisez-vous ! ne recommencez pas !

LE GÉNÉRAL, *à Marollier et Varlin, tout en prenant pour lui-même et l'apportant près du canapé, la chaise qui est au-dessus dudit canapé* : Si vous voulez prendre des sièges, messieurs !

MAROLLIER : Parfaitement, mon général !

> *Il va prendre la chaise qui est au fond droit et la descend au niveau de celle du général.*

LE GÉNÉRAL, *à Varlin qui cherche des yeux un siège, lui indiquant le fauteuil extatique* : Tenez, vous avez un fauteuil qui vous tend les bras.

VARLIN, *déclinant l'invitation avec un sourire ironique* : Merci !… merci bien !

> *Il prend la chaise qui est au-dessus de la table et l'apporte entre celle de Marollier et le fauteuil extatique. Tout le monde s'assied, sauf le duc dont la pensée est ailleurs.*

LE GÉNÉRAL : Vous êtes au courant, messieurs, du… (*Apercevant le duc, toujours debout près de lui, et lui cinglant comme précédemment le gras du bras gauche.*) Asseyez-vous donc ! (*À part, tandis que le duc, furieux et bougonnant intérieurement, s'assied en se frottant le bras avec humeur.)* Quel cosaque ! *(Haut aux témoins.)* Vous êtes au courant, n'est-ce pas ? messieurs, du motif de la rencontre ? À la vérité, il n'est pas bien grave ; mais, pour des gens comme nous, la gravité des causes importe peu. *(Les autres témoins s'inclinent pour acquiescer.)* Votre client a dû vous le dire : il s'agit de potins.

MAROLLIER : En effet, c'est bien ce que le lieutenant nous a dit : M. Petypon ici présent aurait affirmé que ce n'était pas le premier épicier de Paris.

LE GÉNÉRAL, *qui écoutait dans une attitude concentrée, le coude gauche sur la cuisse, la nuque baissée, redresse la tête, reste un instant interdit, puis se tournant vers Marollier* : Qui ?

MAROLLIER : Potin.

PETYPON, *ahuri* : Moi !

LE GÉNÉRAL, *rêveur* : Pot... ? *(Comprenant subitement.)* Ah ! oui[1] !... Oui, parfaitement ?... *(Changeant brusquement de ton.)* Eh ! ben mais... si mon client maintenant n'a plus le droit de donner son avis en matière d'épicerie !... Je réclame donc pour lui la qualité d'offensé.

MAROLLIER, *très déférent, en esquissant machinalement des petits saluts militaires* : Je suis absolument de votre avis, mon général ! absolument ! mais...

LE GÉNÉRAL : Mais, quoi ?

MAROLLIER : Mais il me semble que c'est tout le contraire.

LE GÉNÉRAL : Comment, « Vous êtes de mon avis et c'est tout le contraire » ?

MAROLLIER : Il me semble que cet avantage doit revenir à mon client.

LE GÉNÉRAL : Et pourquoi ça, à votre client ?

MAROLLIER : Dame, absolument, puisque c'est la phrase prononcée par votre client, mon général, qui a offensé le mien.

LE GÉNÉRAL : Eh ! bien, tant pis pour lui ! Il n'avait qu'à ne pas s'offenser d'une phrase qui ne s'adressait pas à lui ; tandis que c'est lui en se mettant en colère après mon client...

MAROLLIER : Ah ! permettez mon général...

LE GÉNÉRAL : Permettez vous-même !

MAROLLIER : Cependant !...

LE GÉNÉRAL : Il n'y a pas de cependant.

MAROLLIER : Mais...

LE GÉNÉRAL, *se dressant comme mû par un ressort* : Ah ! et puis en voilà assez ! (*Marollier, instinctivement, s'est levé et prend immédiatement la position du «garde-à-vous». Varlin se lève également.*) Je n'admets pas qu'un simple lieutenant se permette de contredire son général.

MAROLLIER, *face au général, le petit doigt de la main gauche sur la couture du pantalon, la main droite à la tempe* : Vous avez raison, mon général ! vous avez raison !

LE GÉNÉRAL, *entre chair et cuir* : Je vous ficherai aux arrêts, moi !

PETYPON, *traversant l'avant-scène et allant jusqu'au général* : D'ailleurs, écoutez, c'est bien simple : si on veut, je la retire, moi, la phrase ; par conséquent, ça arrange tout.

LE GÉNÉRAL, *le repoussant par les épaules de façon à le faire pivoter sur lui-même et à l'envoyer vers Marollier* : Ah ! toi, on ne te demande rien ! Mêle-toi de ce qui te regarde.

MAROLLIER, *à Petypon en le repoussant comme le général* : Mon général a raison ! Mêlez-vous de ce qui vous regarde !

VARLIN, *même jeu, à Petypon* : Mêlez-vous de ce qui vous regarde, puisqu'on vous le dit !

PETYPON, *à part, après avoir roulé de l'un à l'autre* : C'est trop fort ! il s'agit de mon existence ; et ça regarde tout le monde excepté moi !

> *Il va reprendre sa place à l'écart, contre la table.*

LE DUC, *toujours ailleurs* : Qu'est-ce qu'elle peut faire madame Petypon qu'on ne la voit pas !

LE GÉNÉRAL, *voyant que le duc est assis quand tout le monde est debout, le cinglant au gras du bras* : Levez-vous donc !

LE DUC, *se relevant, l'air furieux et intérieurement (le mot seulement perceptible par le mouvement des lèvres)* : Ah ! m…e !

LE GÉNÉRAL, *faisant signe à Marollier et Varlin de s'asseoir* : Messieurs !… *(Une fois assis lui-même :)* Je réclame donc pour… *(Apercevant le duc toujours debout, et le regardant avec un hochement de tête.)* C'est effrayant ! *(Lui envoyant une tape plus forte que les autres.)* Mais asseyez-vous donc, sacré nom !

LE DUC, *perdant l'équilibre et tombant sur son bouquet qu'il écrase* : Oh ! mon bouquet !

LE GÉNÉRAL, *à Marollier et Varlin* : Je réclame donc pour mon client la qualité d'offensé.

MAROLLIER, *prêt à toutes les concessions* : Mais comment donc, mon général ! si ça peut vous être agréable !…

LE GÉNÉRAL : J'y tiens d'autant plus que cette qualité nous donne le choix des armes ; et nous permet d'écarter l'épée, qui, j'y réfléchis bien, mettrait mon client dans un état d'infériorité absolue ! Le lieutenant Corignon l'embrocherait comme un poulet.

PETYPON, *à part, frissonnant* : Frrrou !

MAROLLIER : C'est évident !

LE GÉNÉRAL, *se tournant vers le duc* : N'est-ce pas votre avis, duc ?

LE DUC, *qui pendant tout ce qui précède s'est évertué à remettre son bouquet en état, — à part* : Je ne pourrai jamais lui offrir ça !

LE GÉNÉRAL, *voyant que le duc ne l'écoute pas* : Duc !

LE DUC, *comme si on le réveillait en sursaut* : Eh ?

LE GÉNÉRAL : Quoi, « eh ? » Je vous demande si c'est votre avis ?

LE DUC : Hein ? Oh ! pffut !

> *Il fait prouter ses lèvres.*

LE GÉNÉRAL, *le regarde, puis* : Merci ! *(À Varlin.)* Et vous, monsieur ?

VARLIN : Oh ! moi vous savez je m'en f…

MAROLLIER, *vivement couvrant sa voix* : Oui !

LE GÉNÉRAL : Ah ! nous sommes bien secondés !

(À Marollier.) N'importe ! je vois que nous sommes d'accord ; nous choisirons donc le pistolet.

Il se lève.

MAROLLIER ET VARLIN, *se levant également* : C'est ça, le pistolet !

> *Ils se disposent à reporter leurs chaises où ils les ont respectivement prises.*

PETYPON, *de sa place* : Mais… il peut me toucher !

LE GÉNÉRAL, *sa chaise à la main* : Eh ! naturellement, il peut ; mais toi aussi ! Tu n'imagines pas que nous allons te préparer un duel où tu ne risques rien ? *(Au duc.)* Vous pouvez vous lever, vous savez, duc ! c'est fini !

LE DUC : Ah ?

LE GÉNÉRAL, *à Petypon, catégoriquement, tandis que le duc se lève* : Au pistolet !

TOUS : Oui, oui, au pistolet !

> *Chacun remet sa chaise à sa place primitive.*

PETYPON, *gagnant jusqu'au milieu de la scène et énergiquement* : Oui ? Eh bien ! non !

TOUS, *redescendant* : Quoi ?

PETYPON, *face aux témoins, dos au public* : C'est trop fort à la fin ! Vous disposez de moi, là ! vous y allez !… vous y allez !… *(Brusquement.)* Je ne me battrai pas !

Il redescend à droite.

TOUS : Hein !

PETYPON : C'est vrai, ça ! « l'épée ; le pistolet ! » Vous en parlez à votre aise !... *(Revenant sur eux.)* On veut que je me batte ? eh bien ! soit ! j'ai le choix des armes ? je prends le bistouri !

Il redescend à droite.

LE GÉNÉRAL : Mais tu es fou !

MAROLLIER : Il se moque de nous !

GABRIELLE, *sortant de chez elle et descendant extrême gauche* : Que signifie ce tapage ?

PETYPON, *sans faire attention à sa femme, allant* (4) *au général* (3) : Après tout c'est moi qui me bats, n'est-ce pas ? Eh bien ! je choisis mon arme !

GABRIELLE, *se précipitant* (3) *entre le général* (2) *et Petypon* (4) *pour étreindre ce dernier* : Qu'entends-je ? tu as un duel ! Lucien, je ne veux pas ! je ne veux pas que tu te battes !

PETYPON, *essayant de se dégager de son étreinte* : Ah ! toi, laisse-moi !

LE GÉNÉRAL, *gagnant jusque devant le canapé* : Allons, bon, rev'là l'autre !

GABRIELLE, *s'agrippant à lui* : Lucien, je t'en supplie ! je ne veux pas ! Songe à moi ! à moi qui t'aime !

LE GÉNÉRAL, *se frappant le front* : Ah ! mon Dieu !...

MAROLLIER, *à droite du groupe formé par Gabrielle et Petypon* : Mais non, madame, rassurez-vous ! il n'y a pas de duel !

LE GÉNÉRAL, *à lui-même* : Mais oui !

VARLIN, *à gauche de Gabrielle* : On causait amicalement.

LE GÉNÉRAL, *même jeu* : C'est bien ça !

GABRIELLE : Si, si, j'ai entendu ! Lucien ! mon
Lucien !

LE GÉNÉRAL, *pendant que Gabrielle supplie son mari,
et que les autres cherchent à la persuader* : Je comprends tout, maintenant, ses tutoiements, sa présence continuelle ici !… *(Au duc* (1)*.)* Et c'est pour
des femmes comme ça que les maris délaissent le
foyer conjugal ! *(Appliquant brusquement sa main
droite dans le dos du duc, et sa main gauche dans celui
de Varlin, et projetant le premier contre l'estomac du
second, de façon à les coller l'un contre l'autre.)* C'est
bien, messieurs !

LE DUC, *dont le bouquet se trouve écrasé dans la rencontre* : Oh ! mon bouquet !

LE GÉNÉRAL, *poussant vers la porte les trois témoins
qu'il a rassemblés en paquet* : Allez ! nous repren-
drons cet entretien ailleurs !

VARLIN, MAROLLIER, LE DUC, *roulés les uns contre les
autres* : Oui, mon général !

LE GÉNÉRAL : Allez ! Allez !

> *Il les pousse dehors tandis que Petypon,
> obsédé par Gabrielle qui le supplie, gagne
> l'extrême gauche, suivi de sa femme.*

SCÈNE XVIII

LE GÉNÉRAL, GABRIELLE,
puis LA MÔME, *puis* MONGICOURT

LE GÉNÉRAL (3), *du seuil de la porte, aussitôt la sortie des témoins, tout en gagnant à larges enjambées jusqu'au canapé* : Ah ! je comprends tout, maintenant ! Madame est ta maîtresse !

PETYPON (1) : Hein ?

GABRIELLE (2) : Qu'est-ce que vous dites ?...

PETYPON, *passant n° 2* : Mais, mon oncle !...

LE GÉNÉRAL : Laisse-moi tranquille !

> *Il remonte jusqu'à la porte de gauche.*

GABRIELLE : Moi, moi, sa maîtresse !

PETYPON, *à Gabrielle* : Hein ? oui ! non ! ne te mêle pas ! ne te mêle pas !

> *Il gagne à droite.*

GABRIELLE : Qu'est-ce que ça veut dire ?

LE GÉNÉRAL, *qui est sorti de scène une seconde, reparaissant avec la Môme et descendant entre Gabrielle* (1) *et Petypon* (4) : Venez, pauvre enfant, et apprenez à connaître ce que vaut celle que vous appelez votre amie !... Elle vous trompe avec votre mari !

LA MÔME (2), *à part* : Aïe !

GABRIELLE (1) : Moi ! moi ! Mais je suis sa femme !

LE GÉNÉRAL (3), *un peu au-dessus avec la Môme* : Vous !

PETYPON, *au général* : Je vous expliquerai !

LE GÉNÉRAL : Laisse-moi tranquille ! *(Désignant la Môme.)* Ta femme, la voici !

GABRIELLE : Elle ? mais c'est votre femme !

PETYPON, *vivement, se précipitant* (2) *vers Gabrielle et la poussant vers la gauche devant le canapé* : Hein ! oui, chut !…

LA MÔME, *s'écartant prudemment vers le fond, — à part* : Fichtre ! ça se gâte !

LE GÉNÉRAL : Ma femme, elle ! *(Courbé par le rire et se laissant tomber dans le fauteuil extatique.)* Ah ! ah ! laissez-moi rire !

PETYPON, *à qui ce jeu de scène du général n'a pas échappé* : Le fauteuil !

> *Il se précipite derrière le fauteuil pour presser le bouton, mais au moment où il fait fonctionner la bobine, le général se relève.*

LE GÉNÉRAL, *redescendant, toujours en riant, jusque devant la table* : Ah ! Ah ! Ah !

PETYPON, *avec désespoir en redescendant à gauche du fauteuil* : Raté !

GABRIELLE, *gagnant le milieu de la scène* : Ah ! çà, général ! expliquez-vous !

PETYPON, *énergiquement, s'interposant* : Non, non ! pas d'explications !

MONGICOURT, *qui est entré de gauche, descendant extrême gauche* : Ah !… Vous, général ! Il faut que je vous parle !

PETYPON, *à part, en pleine détresse* : Mongicourt à présent !… Ah ! tout est perdu !

Il se laisse tomber dans le fauteuil sans réfléchir que la bobine est en mouvement. Immédiatement, il reçoit le choc ; un hoquet : « Youpp ! » et le voilà figé dans son attitude dernière, les yeux ouverts, le sourire aux lèvres.

LE GÉNÉRAL, *gagnant le milieu de la scène* : Non, monsieur, non ! pas d'explications !

MONGICOURT : Mais permettez !…

LE GÉNÉRAL : Inutile, monsieur ! après ce qu'a fait votre femme !…

Il remonte un peu.

MONGICOURT : Où ça, ma femme ? Qui ça, ma femme ?

LE GÉNÉRAL, *désignant Gabrielle* : Mais… Madame !

GABRIELLE : Moi !

MONGICOURT : Mais ça n'est pas ma femme !

GABRIELLE : Je suis la femme du docteur Petypon !

LA MÔME, *qui pendant ce qui précède s'est peu à peu rapprochée de la sortie* : V'là le grabuge, caltons !

Elle s'esquive par la porte droite.

LE GÉNÉRAL : Oui ? eh ! bien, ça ne prend pas ! vous pensez bien que je la connais ! Je la connais la femme de mon neveu ! puisqu'il l'a amenée à La Membrole avec lui.

GABRIELLE : Hein ! il l'a amenée, lui !

LE GÉNÉRAL : Mais parfaitement ! De même que

je sais bien que vous êtes la femme de M. Chose, là, Machincourt.

GABRIELLE ET MONGICOURT : Quoi ?

LE GÉNÉRAL : Mais c'est le genre, ici, de toujours prétendre que vos femmes ne sont pas vos femmes !... à ce point que vous en arrivez à vouloir me faire croire que la femme de mon neveu est ma femme ! vous comprenez que cela dépasse les bornes !

GABRIELLE, *se prenant la tête à deux mains* : Mais qu'est-ce qu'il dit ?

LE GÉNÉRAL : Allons, assez de blagues comme ça !... Non, me persuader qu'elle est ma femme, elle !... Eh bien ! où est-elle donc ? *(Appelant en remontant.)* Ma nièce !... ma nièce !

GABRIELLE, *emboîtant le pas au général* : Mais enfin, général !...

MONGICOURT, *à la suite de Gabrielle* : Général, voyons !...

LE GÉNÉRAL : Allez, rompez ! *(Il sort de droite en appelant.)* Ma nièce ! ma nièce !

MONGICOURT, *descendant à droite au-dessus de la table* : Ah ! non, par exemple, celle-là !...

GABRIELLE, *descendant à gauche du fauteuil* : Ah ! c'est trop fort ! *(À Petypon endormi.)* Ah ! gredin, tu avais une maîtresse et tu la faisais passer pour ta femme !... Ah ! tu !... *(À Mongicourt.)* Non, mais regardez-le !... et il ose sourire !... Ah ! bien, attends un peu !...

Elle s'élance sur lui pour le souffleter.

MONGICOURT, *vivement* : Prenez garde ! Vous n'avez pas de gants !

GABRIELLE, *allant au-dessus de la table* : Vous avez raison. Où sont-ils les gants ?

MONGICOURT, *s'interposant* : Mais non ! Mais non, voyons !

GABRIELLE, *écartant Mongicourt et farfouillant sur la table, prenant la boîte et en tirant les gants* : Si ! Si ! Où sont-ils les gants ? Ah ! les voilà ! *(Elle prend le gant de la main droite et l'enfile tout en redescendant à gauche du fauteuil.)* Ah ! tu m'as trompée ! Ah ! tu as abusé de ma confiance ! Eh ! bien, tiens ! *(Ayant pris un peu de champ, elle soufflette son mari du revers de la main droite. La figure de Petypon reste souriante et immobile.)* Ah ! tu as une maîtresse ! Eh bien ! tiens ! *(Nouveau soufflet du revers de la main droite.)* Ah ! tu fais la fête ! Eh bien ! tiens ! tiens ! tiens !

> Un soufflet, toujours du revers, à chaque « Tiens ! ».

MONGICOURT, *se précipitant au-dessus du fauteuil et appuyant sur le bouton de droite* : Assez ! assez ! grâce pour lui !

> Il redescend jusqu'au canapé. À la pression du bouton, Petypon a reçu le choc du réveil. Il se lève, descend de biais, en trois pas de théâtre, jusque devant le trou du souffleur, puis :

PETYPON (2), *la main sur le cœur, chantant* :

> Il pleut des baisers,
> Piou ! Piou !

GABRIELLE : Quoi ?
PETYPON :

> Il pleut des caresses…

GABRIELLE (3) : Ah ! je vais t'en donner, moi, des caresses ! Tiens !

> *Elle lui envoie une maîtresse gifle.*

PETYPON, *complètement réveillé par la douleur* : Oh !
GABRIELLE : Tu l'as sentie, celle-là !

> *Elle quitte le gant et le remet sur la table.*

PETYPON : Gabrielle !…
GABRIELLE : Arrière, monsieur ! Le général m'a tout dit !… Désormais, tout est fini entre nous ! Je reprends ma vie de jeune fille !
PETYPON : Gabrielle, voyons !
GABRIELLE, *descendant vers lui* : Il n'y a pas de « Gabrielle, voyons » ! Je vous dicte mes volontés ; vous n'avez qu'à vous soumettre !
PETYPON, *jouant la résignation* : C'est bien !
GABRIELLE : Je quitte cette maison !
PETYPON, *même jeu* : Bon !
GABRIELLE : Nous divorçons !
PETYPON, *même jeu* : Bon !

GABRIELLE : Je reprends ma fortune !

PETYPON, *même jeu* : Bon ! *(Relevant la tête.)* Oh ! tout, alors ?

GABRIELLE, *d'un geste large* : Tout ! *(Remontant pour lui faire la place et lui indiquant la porte.)* Et maintenant, sortez ! que je ne vous voie plus !

PETYPON, *avec une résignation comique* : Bon ! *(L'échine pliée, d'un pas lourd, il gagne théâtralement la porte de droite. Arrivé sur le seuil, il se retourne et mélodramatiquement.)* Je retourne chez ma nourrice !

Il sort.

MONGICOURT, *qui était assis sur le canapé, se levant, et allant à Gabrielle* : Ce pauvre Petypon ! vous avez été dure pour lui !

GABRIELLE : Jamais trop ! Si vous croyez m'apitoyer sur son sort !… *(Marchant sur Mongicourt qui recule à mesure.)* Ah ! il veut faire le gandin à son âge ! Ah ! je ne lui suffis pas ! Eh bien ! qu'il aille se faire consoler ailleurs !

Elle remonte.

SCÈNE XIX

GABRIELLE, MONGICOURT, ÉTIENNE,
puis LE DUC, *puis* PETYPON, *puis* LE GÉNÉRAL

ÉTIENNE, *paraissant à la porte de droite et annonçant* : Le duc de Valmonté !

GABRIELLE : Lui ! Ah ! bien, il arrive bien !

LE DUC, *entrant d'une traite, tandis qu'Étienne sort aussitôt le duc passé* : J'espère que cette fois… *(Se trouvant nez à nez avec Gabrielle et pivotant aussitôt sur lui-même pour filer.)* Nom d'un chien ! encore elle !

GABRIELLE, *le rattrapant au vol et le faisant descendre, peu rassuré, milieu de la scène* : Venez, duc, venez ! Ah ! vous pouvez vous vanter d'arriver au moment psychologique !

LE DUC (3) ET MONGICOURT (1), *chacun dans un sentiment différent* : Hein !

GABRIELLE (2) : Vous m'avez écrit que vous m'aimiez ?

LE DUC, *de toute son énergie* : Moi !

GABRIELLE, *le rassurant* : Ne vous en défendez pas ! Je ne serai pas cruelle !

LE DUC, *terrifié* : Qu'est-ce qu'elle dit ?

MONGICOURT, *à part, en riant sous cape* : Ah ! le malheureux !

Il se laisse tomber en riant sur le canapé.

GABRIELLE : Et d'abord, … *(Saisissant de la main gauche la main du duc qui tient le bouquet, et de la main droite farfouillant dans les fleurs.)* cette fleur de votre bouquet à mon corsage…

LE DUC, *défendant son bouquet* : Non ! non !

GABRIELLE, *arrachant la plus belle fleur* : … comme emblème d'amour !

Elle la met à son corsage.

LE DUC, *furieux, son bouquet contre la poitrine* : Oh !
mais, madame, vous m'abîmez mon bouquet.

GABRIELLE, *dessinant un léger « par le flanc droit »* :
Et maintenant, *(Plongeant sur elle-même dans cette
position pour se donner un élan.)* emmenez-moi,
duc ! *(Se laissant tomber sur la poitrine du duc dont elle
écrase ainsi le bouquet.)* je suis à vous !

LE DUC, *faisant un rapide volte-face* : Hein ! Ah !
mais non ! ah ! mais non !...

GABRIELLE, *le rattrapant par le bas du derrière de son
veston, puis lui entourant la taille de ses bras* : Venez,
duc ! venez ! C'est une femme qui a soif de ven-
geance qui vous le demande !

LE DUC, *se débattant et entraînant Gabrielle, toujours
agrippée à lui, jusqu'à la porte* : Laissez-moi ! Au
secours ! Maman ! Maman !

> *D'un coup de reins il arrive à se dégager
> et se sauve éperdu.*

GABRIELLE, *sur la porte* : Hein ! quoi ? il se sauve !

MONGICOURT, *assis sur le canapé, d'un ton blagueur* :
On dirait !

GABRIELLE, *descendant* : Les voilà, les hommes,
tenez ! Diseurs de belles paroles et quand on les
prend au mot !...

> *Elle complète sa pensée en faisant craquer
> l'ongle de son pouce contre ses incisives
> supérieures.*

VOIX DE PETYPON, *venant du fond, lointaine et
éthérée* : Gabrielle !... Gabrielle !...

GABRIELLE, *arrêtée net à l'appel de son nom* : Qui m'appelle ?

PETYPON, *même jeu* : C'est moi ! ton bon ange !

MONGICOURT, *à part* : Hein ?

GABRIELLE, *tout émue, descendant la tête courbée, les bras tendus, jusque devant le fauteuil* : Ah ! mon Dieu ! l'ange Gabriel ! Je reconnais sa voix !

> *Mongicourt, intrigué, est allé tirer le rideau du fond, et l'on aperçoit, debout sur le lit, Petypon enveloppé d'un drap, le visage éclairé par en dessous comme la Môme au premier acte.*

MONGICOURT, *à part, avec un sursaut en arrière* : Petypon !

PETYPON, *à mi-voix, à Mongicourt* : Chut !

MONGICOURT, *redescendant par la gauche du canapé* : Eh ! bien, il en a un toupet !

PETYPON, *de sa voix céleste, à Gabrielle qui se tient prosternée face au public* : Gabrielle ! Gabrielle !

GABRIELLE : Je t'écoute, ô mon bon ange !

PETYPON : Gabrielle, tu es en train de faire fausse route ! tu as le meilleur des maris !... Tu... (*Apercevant le général qui surgit de droite.*) Nom d'un chien ! mon oncle !

> *Il dissimule vivement son visage derrière son coude gauche relevé.*

LE GÉNÉRAL, *descendant extrême gauche* : Mille tonnerres, on s'est moqué de moi !... (*Apercevant l'apparition sur le lit.*) Ah !

PETYPON : Ça y est ! pigé[1] !

> *Dans l'espoir d'intimider le général, il se*
> *met à faire des moulinets avec son drap, à*
> *la façon de la Loïe Fuller[2].*

LE GÉNÉRAL, *ahuri* : Qu'est-ce que c'est que ça ?

GABRIELLE, *se redressant* : Le général ! Ah ! il arrive
bien ! *(À l'apparition, mais sans se retourner vers elle.)*
Pardonne-moi ce que je vais faire, ô ange Gabriel !
mais c'est pour convaincre un hérétique !

> *D'un geste large, sur la table, elle saisit*
> *par la poignée une des deux épées et la*
> *brandit au-dessus de sa tête.*

PETYPON, *inquiet* : Qu'est-ce qu'elle fait ?…

GABRIELLE, *le glaive en l'air, au général* : Regardez,
général ! et soyez converti !

> *Elle pivote sur elle-même et remonte vers*
> *le lit, l'épée tendue.*

MONGICOURT, *se tenant les côtes de rire* : Oh ! là ! là !
oh ! là ! là !

PETYPON, *affolé, en voyant sa femme foncer sur lui* :
Gabrielle ! une épée ! eh ! là ! eh ! là !

GABRIELLE, *reconnaissant Petypon* : Ah !

PETYPON, *même jeu* : Gabrielle ! pas de bêtises !

GABRIELLE, *s'élançant pour le pourfendre* : Ah ! c'est
toi, misérable ! toi qui te moques de moi !

PETYPON, *bondissant hors du lit par le côté opposé à*
Gabrielle : Gabrielle !… Gabrielle !…

GABRIELLE, *grimpant à moitié sur le lit pour essayer*

d'atteindre Petypon : Attends un peu ! attends un peu !

PETYPON, *profitant de la position de Gabrielle pour filer par la pointe du lit et détalant en scène, toujours entouré de son drap qui flotte au vent* : Au secours ! Au secours !

GABRIELLE, *s'élançant à sa poursuite* : Attends un peu ! Ah ! gueux ! Ah ! scélérat !

> *Poursuite à travers la scène. Descente par l'extrême gauche, traversée devant le canapé ; Petypon trouve sur son passage Mongicourt, riant, dos à lui ; il le saisit, le retourne face à la pointe de sa femme ; «Eh ! là ! eh ! là ! » crie Mongicourt en se dérobant. Petypon remonte vers la droite, trouve le général, le retourne comme précédemment. Petypon, face à la pointe de sa femme, descend extrême droite puis, traversant obliquement la scène, disparaît porte de gauche avec Gabrielle à ses trousses.*

SCÈNE XX

MONGICOURT, LE GÉNÉRAL

MONGICOURT, *assis sur le canapé, et riant encore* : Ah ! ah ! ah ! ce pauvre Petypon !

LE GÉNÉRAL, *assis sur la chaise qui est à la tête du lit* : Ah ! ah ! ah ! je crois qu'elle doit être édifiée sur ses apparitions !

MONGICOURT : Ah ! ah ! je n'ai pourtant pas envie de rire !

LE GÉNÉRAL : Ah ! monsieur mon neveu, vous voulez mystifier le monde !... Mais tout finit toujours par se découvrir ; vous venez d'en avoir la preuve !... *(Descendant et à Mongicourt.)* Et à ce propos, monsieur, je vous fais toutes mes excuses !

MONGICOURT, *se levant* : À moi, général ?

LE GÉNÉRAL (2), *sévèrement* : Je sais tout !... Cette chère petite enfant m'a tout dit ; *(Émoustillé.)* elle est délicieuse ! Figurez-vous qu'elle ne connaît pas l'Afrique ! *(Brusquement, de nouveau sévère.)* Vous n'êtes pas le mari de madame Mongicourt ?

MONGICOURT : Mais non, général, puisqu'elle est la femme de Petypon !

LE GÉNÉRAL : Bien oui, je le sais bien ! mais, hier, n'est-ce pas ? j'ignorais ! alors, je vous ai envoyé une...

Il esquisse le geste du soufflet.

MONGICOURT, *vivement, comme s'il le parait* : Oui !

LE GÉNÉRAL : Qu'est-ce que vous voulez ? je sais bien qu'une gifle est une gifle !... Mais l'insulte n'est pas dans le fait, mais dans l'intention !... Ici, elle ne s'adressait à vous, que du moment que vous étiez le mari de la femme qui m'avait...

MONGICOURT, *même jeu* : Oui !

LE GÉNÉRAL : Vous ne l'êtes pas... Cette gifle n'est donc plus un affront ! Ce n'est qu'une commission.

MONGICOURT, *ne voyant pas où il veut en venir* : Comment ça ?

LE GÉNÉRAL, *bien lentement* : Le vrai destinataire est mon neveu Petypon ; *(Avec un petit geste d'offrande.)* vous n'avez qu'à la lui faire parvenir.

Il remonte.

MONGICOURT, *ravi, à cette idée* : Mais… c'est vrai !

En parlant il passe extrême droite, devant la table.

SCÈNE XXI

LES MÊMES, PETYPON, GABRIELLE,
puis LA MÔME

LE GÉNÉRAL, *voyant entrer Petypon* : Lui !

PETYPON, *à part, sur le pas de la porte* : Mon Dieu ! pardonnez-moi ce dernier mensonge, il le fallait, pour convaincre ma femme !… *(À Gabrielle, encore hors de vue.)* Viens, Gabrielle !

Il la prend par la main et la fait entrer en scène.

LE GÉNÉRAL, *au milieu de la scène, sévèrement à Petypon* : Ah ! te voilà, toi ! Je sais tout ! Tu m'as menti.

PETYPON (2), *au-dessus du canapé* : Hein ?

GABRIELLE (1) : Qu'est-ce qu'il y a encore ?

LE GÉNÉRAL (3) : La chère enfant que tu m'as présentée pour ta femme n'a jamais été ta femme ! Ta femme, c'est madame !

GABRIELLE : Évidemment !

PETYPON, *venant au général* : Mais c'est ce que je me tue à vous répéter.

LE GÉNÉRAL : Ah ! tu t'es moqué de moi ! C'est très bien ! Je t'ai donné ma parole que je ne te déshériterais pas, je la tiendrai !

PETYPON, *ravi de cette idée* : Oui ?

LE GÉNÉRAL, *l'arrêtant du geste* : Mais c'est fini entre nous ! Je ne te reverrai de ma vie !

PETYPON, *à part* : Je n'en demande pas davantage. *(Haut.)* Oh ! mon oncle !

LE GÉNÉRAL, *descendant* : Non ! Non !

GABRIELLE, *devant le canapé* : Général, pardonnez-lui ! Sachez que c'est par abnégation qu'il a fait passer cette femme pour la sienne. Il savait qu'elle était la maîtresse de M. Corignon et c'est pour éviter un scandale et empêcher la rupture du mariage qu'il a fait ce pieux mensonge.

LE GÉNÉRAL : Je ne sais qu'une chose : il s'est moqué de moi, ça suffit.

TOUT LE MONDE, *voyant la Môme qui entre et s'arrête sur le pas de la porte* : Ah !

LA MÔME, *au général, descendant n° 4* : Eh bien ! y es-tu ?

LE GÉNÉRAL, *empressé* : Voilà, bébé, je te suis !

       Il remonte vers elle.

TOUS, *étonnés* : Ah !

MONGICOURT, *passant, à Petypon* : Quant à moi, je me suis expliqué avec le général ; tu sais, pour l'affaire.

PETYPON : Ah !

MONGICOURT : Oui, il a trouvé un arrangement qui concilie tout : c'est de considérer la gifle, non comme un affront, mais comme une commission.

PETYPON, *sans comprendre* : Excellente idée !

MONGICOURT : Vraiment?… Alors… tu souscris ?

PETYPON : Mais, comment donc, tu penses !

MONGICOURT : Oui?… Ah ! bien, alors… *(Il s'éloigne pour prendre du champ et lui envoie un formidable soufflet.)* V'lan !

PETYPON, *bondissant en arrière* : Oh !

LE GÉNÉRAL, *qui pendant ce qui précède a été prendre les épées et son chapeau sur la table, tout en se dirigeant vers la Môme qui a gagné près de la porte* : Touché !

PETYPON, *se frottant la joue* : Nom d'un chien !

GABRIELLE, *se précipitant vers son mari* : Lucien !

MONGICOURT, *s'effaçant pour montrer le général et bien lentement* : C'est de la part du général !

LE GÉNÉRAL, *à la Môme* : Je suis à tes ordres.

PETYPON, *inquiet* : À moi ?

LE GÉNÉRAL, *offrant son bras gauche à la Môme tout en l'indiquant de la main droite* : Non ! je parle à madame.

LA MÔME : Et allez donc ! *(Donnant une petite tape amicale sur la joue du général.)* c'est pas mon père !

Elle sort avec le général.

RIDEAU

DOSSIER

CHRONOLOGIE

(1862-1921)

1862. *8 décembre.* Naissance de Georges Léon Jules Marie
   Feydeau à Paris. Il est le fils d'Ernest Feydeau, cou-
   lissier à la Bourse de Paris, féru de littérature et
   d'art : il fréquenta Théophile Gautier, Maxime Du
   Camp, Henry Monnier et Charles Baudelaire, écrivit
   un roman à succès (*Fanny*, 1858) et commit plusieurs pièces dont une seule fut mise en scène, mais
   échoua. Il avait épousé en 1861 une très belle Polo-
   naise, Léocadie Bogaslawa Zelewska, qui fut, dit-on,
   la maîtresse du duc de Morny, voire de Napoléon III.
   L'un ou l'autre, selon les rumeurs, aurait été le véritable père de Georges.
1871. Georges Feydeau est interne au collège Chaptal.
1872. *Octobre.* Il entre en huitième au lycée Saint-Louis.
   Pendant sa scolarité, qu'il n'achèvera pas, il compose
   des « dialogues » et des « monologues », et fonde en
   1876 avec son condisciple Adolphe Louveau le
   « Cercle des castagnettes ». Il a des talents d'acteur
   et d'imitateur qu'il exploite lors de matinées orga-
   nisées par le « Cercle de l'Obole ».
1882. *Septembre.* Il donne la première représentation
   publique d'une de ses pièces, *Par la fenêtre*.
1883-1884. Il accomplit son service militaire en tant qu'in-

firmier. Il s'en souviendra pour moquer l'armée dans *Champignol malgré lui*.

1884. Il devient secrétaire du théâtre de la Renaissance et tient pendant un an la rubrique théâtrale dans le journal *XIXᵉ siècle*.

1886. *17 décembre*. Création de *Tailleur pour dames* au théâtre de la Renaissance : gros succès qui sera suivi d'échecs à répétition pour les pièces qui suivent jusqu'en 1892 (*Un bain de ménage*, *Chat en poche*, *Les Fiancés de Loches*, *Le Mariage de Barillon*...).

1889. Il épouse Marianne Carolus-Duran, fille d'un des plus célèbres peintres de l'époque, qui lui donnera quatre enfants, une fille, Germaine, et trois fils, Jacques, Michel et Jean-Pierre.

1892. Le succès revient avec *Monsieur chasse !*, *Champignol malgré lui*, et *Le Système Ribadier*.

1894-1896. Les succès se transforment en triomphes, non seulement à Paris (théâtres de la Renaissance, des Nouveautés et du Palais-Royal notamment), mais aussi à l'étranger et jusqu'aux États-Unis : *Un fil à la patte*, *L'Hôtel du libre-échange*, en 1894 ; *Le Dindon*, en 1896.

1899. *17 janvier*. Création de *La Dame de chez Maxim* au théâtre des Nouveautés. La pièce sera jouée deux ans de suite et aura six cents représentations dans ce même théâtre. Les droits d'auteur que lui rapporte la pièce permettent à Feydeau de se consacrer à ce qu'il considère comme sa vraie vocation : la peinture.

1902. *3 décembre*. Création de *La Duchesse des Folies-Bergère* au théâtre des Nouveautés. La pièce n'est jouée que quatre-vingt-deux fois.

1904-1908. Feydeau produit, à un rythme moins soutenu qu'auparavant, des œuvres dont certaines connaissent un succès considérable : *La main passe*, en 1904, *La Puce à l'oreille*, en 1907, et *Occupe-toi d'Amélie*, en 1908.

1908. Feydeau en a fini avec les grands vaudevilles à quiproquo et se tourne vers des farces en un acte trai-
tant, sur le mode du sarcasme, les déboires de la vie
conjugale. Ce seront *Feu la mère de Madame,* en 1908,
On purge Bébé!, en 1910, *Léonie est en avance,* en 1911,
et *Hortense a dit : «Je m'en fous!»,* en 1916.

1909. *Septembre.* Préférant la vie de café sur les boulevards
au domicile conjugal, Feydeau s'installe à demeure
à l'hôtel Terminus, près de la gare Saint-Lazare,
qu'il habitera jusqu'en 1918. Le divorce sera prononcé en 1916, au théâtre Femina.

1911. Création et succès de *Mais n'te promène donc pas toute
nue!.*

1918-1919. Feydeau contracte la syphilis et, atteint dans
ses centres nerveux, il est hospitalisé à Rueil-Mal-
maison, au «Sanatorium», maison de santé du pro-
fesseur Sicard.

1921. *5 juin.* Mort de Georges Feydeau. Il repose au cime-
tière Montmartre.

NOTICE

Les raisons du succès

Quand on sait que la pièce de Feydeau avait été « reçue[1] » par le directeur du théâtre des Nouveautés en 1897 et qu'elle ne fut jouée que deux ans plus tard, on peut supposer que Feydeau profita de ce temps pour peaufiner son œuvre et même pour… la récrire car, d'une part, comme il le dit lui-même, « j'ai fini le second acte de *La Dame de chez Maxim* et bâti le troisième pendant que le premier était en répétition. En quatre mois, j'ai mis l'ouvrage sur pied[2] » ; d'autre part, l'on sait[3] que Feydeau avait écrit un premier acte qui se passait dans un hall de gare, à l'instar du *Voyage de Monsieur Perrichon :* le protagoniste se débarrassait de sa femme légitime qui l'avait accompagné jusque-là et retrouvait sa maîtresse pour partir en voyage. Rien n'en fut conservé dans la version définitive. C'est peut-être la rencontre que Feydeau fit alors avec Armande

---

1. C'est-à-dire programmée pour un avenir plus ou moins lointain ; la réception vaut engagement de la part de la direction du théâtre.
2. Cité dans *Une leçon de vaudeville*, in Adolphe Brisson, *Portrait intimes*, t. V, Armand Colin, 1901, p. 16.
3. Les informations et les citations de Feydeau qui suivent viennent de Jacques Lorcey, *Georges Feydeau*, La Table Ronde, 1972, p. 140 et s.

Cassive, non dans une gare mais dans un théâtre, qui fut
le déclic et orienta tout autrement son œuvre, en lui permettant de combiner le vaudeville avec le music-hall, le
théâtre de texte avec la danse et les chants, pour imprimer
à tout ce qui était dit un rythme interne de musicalité et
de légèreté.

Cassive[1] en effet était une chanteuse et une danseuse
d'opérette et de revue qui allait bientôt représenter pour
Feydeau (et sans doute pour ses contemporains) le plus
haut degré de la féminité : facile, sensuelle, gaie et vivant
dans l'instant. Les éloges que ne cessera de lui décerner
Feydeau sont tout à fait exceptionnels et d'une rare péné-
tration. Quand il la revoit en 1892, c'est l'éblouissement :
« Je vis apparaître, simplement recouverte d'un maillot,
une femme dans tout l'éclat de sa beauté, avec des jambes
à enflammer tous les cœurs (ce qui ne signifie pas que
c'étaient des allumettes), et une frimousse lumineuse, adorable. » Sa beauté et sa vitalité ne suffisent pas pour faire
d'elle l'actrice idéale et Feydeau ne nourrit pas d'illusion :
« À parler franc, comme actrice, rien ne faisait présager
encore l'excellente comédienne qu'elle deviendrait plus
tard. » En effet, dit Feydeau, « elle avait un grand défaut ;

---

1. Louise Armandine Duval, dite Cassive, née en 1874, commença sa
carrière en 1888 en jouant *La Commère* dans un caf'conc' de la rue Biot ;
Feydeau lui proposa alors d'entrer au théâtre des Variétés, ce qu'elle
refusa. Elle fut ensuite engagée à l'Européen puis au Bataclan. Feydeau
la revoit jouer en novembre 1892 dans *Le Pays de l'or*, opérette montée
au théâtre de la Gaîté. En 1896 elle est embauchée par Michau dans la
troupe du théâtre des Nouveautés, elle qui s'est jusqu'alors distinguée
dans des revues et des opérettes à la porte Saint-Martin et aux Folies-
Dramatiques. Elle sera la vedette préférée de Feydeau : sans parler du
rôle de la Môme dont elle assura maintes reprises (en 1906, 1908, 1916-
1917, 1920), elle rencontre un très grand succès dans *Occupe-toi d'Amélie*
en 1908 (255 représentations) ; elle crée *Feu la mère de madame* en 1908
et *On purge bébé* en 1910 ; *Hortense a dit : « je m'en fous ! »* en 1916 ; elle
joue dans la reprise de *Monsieur chasse !* en 1911 et elle reprend le rôle
de Bichon dans *Je ne trompe pas mon mari* en 1916. Elle est encore de la
distribution en 1923 dans *Cent millions qui tombent*.

elle était restée chanteuse d'opérette ; elle parlait comme un ténor ; c'était insupportable dans le dialogue. Peu à peu, à force de volonté, elle eut raison de ce travers[1] ».

L'apprentissage du rôle ne fut pas facile, les travers vocaux de la future Môme se combinant avec les caprices de la comédienne. Enfin ce fut la première et le triomphe : la pièce tint l'affiche pendant deux ans au théâtre des Nouveautés ! Triomphe renouvelé avec *La Duchesse des Folies-Bergère*[2], avec la Julie de *On purge bébé*[3], la Lucette Gautier du *Fil à la patte*, à la reprise de 1911[4]. À l'occasion de la reprise de *On purge bébé* en 1912 au théâtre Michel, Feydeau fit de sa comédienne un portrait où l'on sent s'exprimer toute la tendresse, sans paternalisme, d'un auteur pour celle qui a haussé ses pièces bien au-dessus du mécanisme bien huilé auquel trop souvent on veut les rabaisser : « … C'est Cassive qui reprend le rôle dans lequel elle a laissé un souvenir si étourdissant. "Ma Cassive" pourrais-je dire, car elle fait tellement corps avec mes pièces, que le public nous voit en quelque sorte inséparables l'un de l'autre. Un ouvrage de moi sans mon interprète favorite, Cassive dans une pièce qui n'est pas de moi, cela semble quelque chose d'incomplet, de dépareillé. Nous deux ensemble, c'est presque la partie gagnée, ou alors, c'est ma faute. C'est de *La Dame de chez Maxim*, que personne n'a jamais joué

---

1. Ces phrases sont tirées de l'ouvrage de Jacques Lorcey, *Georges Feydeau, op. cit.*, 116-117 et 137.

2. Selon Edmond Stoullig : « Mlle Cassive, qui est d'une verve étourdissante et sait, dans la charge, garder une mesure de bon goût… », *ibid.*, p. 165.

3. Selon Nozière : « Et le comique de Mlle Cassive est direct, sincère, simple. Elle est la seule comédienne qu'on puisse rapprocher de Jeanne Granier, et avec ce naturel, cette conviction, elle a développé avec M. Georges Feydeau cette qualité essentielle : le mouvement », *ibid.*, p. 210.

4. Feydeau dit d'elle dans une lettre à Basset : « C'est d'abord Cassive ; Cassive, mon étoile entre toutes et ma bonne étoile. Dans Lucette Gautier, la chanteuse de café-concert, elle est tout simplement exquise de grâce, de charme et d'espièglerie », *ibid.*, p. 214.

comme elle, que date notre intime collaboration. [...] De ce rôle date sa véritable consécration d'artiste. Depuis elle a marché de succès en succès ; elle est devenue la comédienne consommée que nous applaudissons aujourd'hui et ce n'est pas sans vanité que je me dis que c'est surtout dans mon théâtre qu'elle s'est faite : dans *La Duchesse des Folies-Bergère*, dans *Occupe-toi d'Amélie*, dans *Feu la mère de Madame*, dans *Mais n'te promène donc pas toute nue !* qu'elle jouait encore tout dernièrement à Femina, dans *On purge bébé*, qu'elle reprend ce soir au théâtre Michel, autant de pièces dans lesquelles elle fut mon interprète incomparable. Comme me disait quelqu'un : "Cassive, c'est un peu vous qui l'avez créée ; et si l'on devait lui établir son pedigree comme disent les gens de courses, il ne serait pas exagéré de mettre : 'Cassive, par Georges Feydeau et *la Dame de chez Maxim.*'" On ne pouvait pas me faire un meilleur compliment[1]. »

Le point de vue de Feydeau, qu'on pourrait soupçonner de complaisance, est confirmé par les jugements lucides et précis que Cassive a émis sur son jeu et les exigences du vaudeville : « Le ton de la voix joue un grand rôle dans l'effet comique. Il faut des intonations un peu claironnantes qu'on jette par-dessus la rampe. [...] Le vaudeville doit se jouer sur un diapason très élevé. [...] J'estime donc que la voix et les intonations sont les meilleurs instruments de l'acteur comique.

» La sobriété des gestes est indispensable. [...] Je crois qu'il faut jouer avec une grande sincérité et que le public ne sente pas le travail du rôle. Pour ma part, j'obtiens de gros effets en disant des énormités avec une apparence naïve. L'effet d'inconscience apparente est un effet très sûr. [...] Il faut surtout dégager une force de radiation, une sorte de pouvoir secret sur la foule. C'est un rayonnement magnétique, un fluide qui se dégage de l'acteur et

---

1. *Ibid.*, p. 223-224.

décroche le rire[1]. » On ne saurait mieux dire que jouer du vaudeville exclut toute fabrication visible : il y faut une nature. Bien peu de comédiennes, si l'on en juge par toutes celles qui se sont affrontées au rôle de la Môme, ont possédé *le* don.

Néanmoins, pour être tout à fait juste, tout le succès de la dame ne reposait pas sur les épaules d'une seule comédienne : ajoutons aux ingrédients du succès le piment d'une sensualité, diffuse par son thème et directe par ses images : elle était exportée — mélange des genres efficace — du cabaret du Moulin-Rouge au théâtre des Nouveautés avec ses pas de cancan et ses effets de lingerie. Ajoutons aussi le condiment des inventions techniques : « fauteuil extatique », propice à arrêt cocasse sur images ; usage tout nouveau de la lumière électrique, maniable à volonté pour faire surgir de l'ombre vision d'archange ou robe fantomatique de mariée : le spectateur, on lui en mettait plein la vue !

1. Confidences de Cassive au journal *La Petite Gironde, ibid.*, p. 253-254.

MISES EN SCÈNE

La Dame de chez Maxim a connu une fortune exceptionnelle : la pièce fut jouée presque tous les ans de 1899 à
1933 aussi bien à Paris dans de multiples théâtres (Variétés,
Nouveautés, Bouffes-Parisiens, la Cigale, la Scala…) qu'en
province : pendant que Cassive, créatrice du rôle de la
Môme, partait en tournée à Marseille, Mlle Clavel la remplaçait à Paris. Chose rare, les deux rôles principaux furent
tenus avec une fidélité exemplaire par Cassive qui joua
encore la Môme en 1920, et par Marcel Simon, titulaire du
rôle de Corignon à la création, qui endossa bientôt la
redingote du docteur Petypon lors des multiples reprises,
notamment à la Cigale dont il était devenu le directeur en
1920 et, en 1938, à l'Odéon, lors de la dernière reprise
avant la Seconde Guerre mondiale.

À partir de 1933, les représentations s'étaient raréfiées ;
de ce fait l'entrée de la pièce à l'Odéon est doublement
significative, et de la promotion de *La Dame* au statut patrimonial des grandes comédies françaises, et de son caractère daté, voire obsolète, comme cela apparaît clairement
dans les critiques du temps. À la franche gaieté qu'elle
avait provoquée en 1899, à l'admiration suscitée tant par
sa «merveilleuse fertilité d'inventions drolatiques» (Francisque Sarcey) que par la tornade de fantaisie débridée, de

folie proche du délire, qui avait emporté les spectateurs
avant la guerre de 1914, succède en 1938 une interrogation sur la portée de l'œuvre. Interrogation bien propre à
mettre à nu la gratuité de son fonctionnement et sa pau-
vreté en regard de ce qu'on attend alors d'une pièce :
qu'elle dise quelque chose de fort sur la société.

Sans doute en 1899 maints commentateurs louaient déjà
en Feydeau « un exact observateur de la nature humaine »
(Paul Acker dans *Gil Blas*) ou remarquaient que l'auteur
« prend ses bonshommes dans la vérité, […] leur donne
un caractère réel » (billet anonyme titré *Instantané* du *Figaro*).
Mais ces qualités-là de Feydeau ne faisaient que décupler
le rire sans aiguiser l'esprit satirique des spectateurs :
« M. Georges Feydeau prend dans la vie des situations de
comédie, c'est-à-dire de vraies situations observées, il choisit
comme personnages des êtres qu'il a rencontrés, avec lesquels il a vécu, et qu'il connaît à fond ; comme un carica-
turiste, il synthétise tout ce qu'il y a en eux de risible ou de
plaisant… » (Camille Le Senne). En somme, aucune mé-
chanceté dans le regard jeté par Feydeau sur ses contemporains.

En 1938, ces mêmes qualités deviennent des défauts :
André Bellessort dans *Débats* se montre plus que réticent :
« La pièce a vieilli. Le Général […] est tout ce qu'il y a de
suranné. […] Tout nous paraît d'un autre monde. La
guerre a enterré ces vieux personnages et ces vieux clichés
de farce. » Pierre Audiat, dans *Paris-Soir* n'est pas plus
tendre : « Si vous allez à l'Odéon avec la pensée de voir
une comédie célèbre, vous risquez […] d'être déçus. »
Sans doute, tout à l'inverse, les admirateurs de Feydeau
louent ses dons d'observation aiguë et son coup d'œil rava-
geur. À Marcel Belvianes dans *Le Ménestrel* : « Georges
Feydeau avait une telle force d'observation, ses personnages sont si près de la vie, qu'on pourrait le comparer aux
grands caricaturistes du siècle dernier », fait écho cette
remarque de Lucien Dubech dans *L'Action française* : « Il y
a un arrière-son chez Feydeau, on ne sait quel mépris,

presque de l'amertume. » Le mot est fort et signale l'évolution des mentalités et du jugement général porté sur
l'auteur d'*On purge bébé*. Depuis que Feydeau est devenu le
satiriste impitoyable des couples et de la médiocrité bourgeoise dans ses petites pièces en un acte, tout ce qu'il a
écrit auparavant recèle anguille sous roche et reçoit par
contrecoup une coloration sombre, du moins ambiguë ;
depuis que le Front populaire a hissé le théâtre au rang
des arts majeurs pour sortir le peuple d'une ignorance qui
l'aliène, le rire gratuit, le rire sans autre finalité que celle
du plaisir, notamment celui du Boulevard, est condamné
pour inutilité.

Dès lors Feydeau (et bien plus encore Labiche) va
devenir *volens nolens* le porte-parole d'un théâtre de combat.
Les analyses dramaturgiques auxquelles se livrent les metteurs en scène à partir des années 1950 vont le prendre au
sérieux et lui faire tenir, avec plus ou moins de bonheur
ou de lourdeur, le langage de la dénonciation d'un monde
où pourtant il se sentait tellement à l'aise ! Si l'on veut
raison garder, c'est plutôt au jugement de Bertrand Poirot-
Delpech qu'il conviendrait de se rallier : « Si l'on cherchait
un sens à ce délire mécanique, on y trouverait sans doute
la satire d'une certaine société fondée exclusivement sur la
respectabilité apparente et que la moindre gaffe suffit à
détraquer. Mais c'est de toute évidence la bouffonnerie de
ces craquements en chaîne qui occupe d'abord Feydeau et
fait le prix de la pièce[1]. »

Du fait de cette distorsion entre ce que Feydeau propose
et ce que les metteurs en scène mettent dans sa pièce,
aucune représentation entre 1950 et 1990 n'est vraiment
convaincante, à en juger par la critique. Les mises en scène
de 1944, au théâtre de la Renaissance, et de 1951, au théâtre
Sarah-Bernhardt, n'ont guère laissé de traces, sinon moroses :
Marc Beigbeder, dans *Le Parisien libéré*, parle, pour la

---

1. *Le Monde*, 18 décembre 1965.

seconde de « ralentissements et [d'] émiettements »… En 1965, au Palais-Royal, sous la houlette entraînante de Jacques Charon, *La Dame* retrouve toute sa verve avec une Zizi Jeanmaire en blonde et en Môme. Charon, vieux briscard du théâtre de Feydeau, en connaît toutes les ficelles, mais ce ne sont… que des ficelles : il « typise » à plaisir les personnages, figés en figurines de mode d'un autre âge : c'est le musée Grévin du vaudeville, impeccable et prévisible jusque dans ses folies, avec un Pierre Mondy « d'une rare saveur » en Petypon, un Jean Le Poulain, inévitable en Général du Grêlé et une Claude Gensac, totalement inattendue en Mme Petypon qu'elle joue « en étourdissante idiote[1] ».

En 1981, *La Dame de chez Maxim* entre au répertoire du Français, ce qui n'est qu'une demi-révolution car cinq œuvres de Feydeau l'avaient précédée et avaient déjà imposé un style fait de diction constamment tendue (chez Yves Gasc / Petypon), de voix de tête survoltées (vite fatigante chez Catherine Samie / la Môme), d'une gestuelle insistante et conventionnelle, d'élégance et de vivacité, voire de légère connivence avec le public. Jean-Paul Roussillon, le metteur en scène, respecte à la lettre toutes les indications de jeu et de ton de l'auteur[2], et Dieu sait si elles sont nombreuses et précises[3]. La mise en scène, très sèche (très peu de gags inventés), ne peut cependant occulter la part de folie et de délire qui emporte la pièce de temps à autre, comme, par exemple, lors de la scène du pouf à

---

1. La première citation est de Gilbert Guilleminault, dans *L'Aurore*, et la seconde de Jean Paget dans *Combat*. Le spectacle connut 600 représentations.

2. Qui plus est, Roussillon estime traduire « l'absolue vérité de la pièce », propos recueillis par Roselyne Laplace, *Acteurs*, n° 2, février 1982.

3. Roussillon ne va pas jusqu'à restituer la sensualité de la Môme, pourtant indiquée par Feydeau : il gomme par exemple les baisers de la Môme sur les yeux du Général et toutes ses cajoleries qui ont pour effet de l'enflammer (à l'acte III, scène 13).

l'acte I et lors des chassés-croisés de la fin de l'acte II. L'originalité du travail de Roussillon n'est donc pas là, mais dans un parti d'interprétation, pourtant très discrète, mais qui a fait tiquer certains critiques, découvrant dans la mise en scène des intentions (presque) brechtiennes de dénonciation sociale : « On ne peut quand même pas confondre Brecht et le vaudeville. Il était temps, on l'a échappé belle, mais pas tout à fait, car un relent d'acidité triste vient par moments altérer la joie saine et immédiate que nous donne *La Dame de chez Maxim*[1]. » André Vigneron emboîte le pas à cette critique mais s'explique davantage : le décor sombre des premier et troisième actes « serait davantage accordé à un drame de Becque » ; les costumes opposent les « ombres grises de la bourgeoisie locale » à la robe « aussi rouge qu'indécente de la Môme ». Cela parce que Roussillon « a choisi d'accentuer — jusqu'à l'outrance parfois — la satire sociale derrière l'irréprochable mécanique du vaudeville[2] ». Vaudeville qui devient « sombre cauchemar ou critique sociale sans merci[3] ».

Dès lors apparaissent nettement les deux versants d'une mise en scène possible : celui qui s'en tient à la folle mécanique et laisse Feydeau, sans le violenter, manœuvrer ses pantins ; celui qui estime qu'il est nécessaire de mettre l'accent sur des ridicules qui deviennent des tares et sur une joie qui ne peut être que de surface puisqu'elle dissimule — mal — les hontes de la stupide et bien mal nommée « belle époque ». Il faut alors prendre Feydeau au sérieux : « On doit reconnaître qu'il ne s'agit pas, déclare le metteur en scène Alain Françon[4], de l'œuvre d'un amuseur public

---

1. Philippe Tesson, *Le Canard enchaîné*, 23 décembre 1981.
2. Dans *La Croix* du 24 décembre 1981. C'est aussi le point de vue de Pierre Marcabru (*Le Figaro* / *L'Aurore*, 17 décembre 1981) qui regrette un tempo parfois inutilement ralenti.
3. Matthieu Galey dans *Les Nouvelles Littéraires* du 7 janvier 1982.
4. Créée à Lyon, au théâtre du Huitième, en 1990, la pièce fut reprise, à partir du 29 janvier 1991, au théâtre des Amandiers de Nanterre.

et qu'on se trouve là face à un théâtre dont le projet est éminemment sérieux. [...] son point de départ est celui d'une conviction forte, très précise et très définie : ce théâtre donne une vision d'une terrible cruauté de la bêtise de l'humanité[1]. » Indifférent à la vulgate qui porte au pinacle la fameuse horlogerie feydalienne, considérant que « le comique n'est jamais que la réfraction du drame » et que le vaudeville est précisément ce dont Feydeau voulait se débarrasser, « mon opinion », avance Françon, « prend le contre-pied de cette convention-là en faisant appel au réalisme, non pas dans l'architecture du décor, mais dans la façon de travailler les situations[2] ».

La réaction de la critique fut généralement très favorable : « Si Françon explore les pistes hors autoroute comique (angoisse, dérèglement du monde) [...], Dominique Valadié (la Môme Crevette) réussit une composition mémorable [...] : elle jongle avec le malaise et le danger[3]. » C'est précisément sur la performance de Dominique Valadié que portent les éloges d'autres critiques, aussi bien Didier Méreuze, dans *La Croix*, que Jean-Pierre Leonardini, dans *L'Humanité* : « Dominique Valadié, crevante dans la Môme Crevette, semble jouir d'une liberté totale eu égard à son riche tempérament. [...] Et jamais un centimètre de vulgarité dans son personnage de pute populaire, argotique et nature. [...] Toujours, elle surprend, amuse, émeut même, au sein d'un impayable mélange de culot bon enfant, d'innocence rouée et de vénalité[4]. » Assez curieusement, ce sont à peu près les termes qu'avait utilisés la critique lors de la création pour qualifier le jeu de Cassive !

---

1. Propos recueillis par Irène Sadowska-Guillon, article extrait d'*Acteurs-Auteurs*, n° 86-87, 1991.
2. *Ibid.* Autour de Dominique Valadié, les acteurs étaient Claire Wauthion en Mme Petypon, Roger Jendly en M. Petypon, Alain Mottet en Général, et René Loyon en Mongicourt. Le décor était de Jacques Gabel, les costumes de Rosalie Varda, et la lumière de Joël Hourbeigt.
3. René Solis, *Libération*, 13 février 1991.
4. *L'Humanité*, 4 février 1991.

Ce que n'avait pas inventé Cassive, c'est le jeu de scène que Françon prête à son héroïne au moment où elle laisse jaillir (acte II, scène 8) un «meeerde» qui jette un froid autour d'elle : «Dominique Valadié se désarticule, lance des sons inarticulés, se dérythme, se roule sur elle-même comme un tas de glaise : elle devient le malaise qu'elle a provoqué dans cette société coincée. Et apparaît que cette fille, avec sa générosité sans calcul, fait l'effet d'une bombe parmi ces gens desséchés. Elle est inacceptable. Elle est fabuleuse[1].»

À côté de cette mise en scène inventive, celle qui fut présentée le même mois au théâtre Marigny[2], sous la direction de Bernard Murat, donna l'impression d'un classicisme sans saveur. Il est vrai que Murat veut mettre ses pas dans ceux de Feydeau, considère qu'«au deuxième acte, les répliques sont tellement au rasoir, qu'à un mot près, le rideau tomberait» et, qu'«on ne peut faire œuvre de mise en scène avec lui [...], tout est d'une telle précision qu'on ne peut que le suivre à la lettre. Notre travail consiste à essayer de trouver cette ligne de crête, pour ne pas tomber dans la complaisance du rire, non plus basculer vers une dramatisation sociale outrancière. Et puis aussi, à donner aux comédiens l'impulsion de la sincérité[3]».

Assez curieusement, lorsque, à son tour, près de vingt ans plus tard, Jean-François Sivadier montera *La Dame* au Théâtre national de Bretagne, c'est comme s'il avait retourné terme à terme les affirmations de Murat pour élaborer son propre travail. Il ne s'agit que d'un pur hasard, évidemment, mais ce changement de perspective signe l'évolution des temps et des esthétiques[4] : le texte n'est pas

1. Colette Godard, *Le Monde*, 25 janvier 1991.

2. Avec Marie-Anne Chazel (la Môme), Christian Clavier (Lucien Petypon), Catherine Rich (Gabrielle Petypon) et Claude Evrard (le Général). Décor de Nicolas Sire.

3. Propos recueillis par Dominique Poncet, parus dans *Acteurs-Auteurs*, n° 86-87, 1991.

4. La pièce a été créée en juin 2009 avec Norah Krief (la Môme), Nadia Vonderheyden (Gabrielle Petypon), Nicolas Bouchaud (Lucien

respecté rigoureusement (coupes, notamment à l'acte II,
et actualisation des couplets) ; la mise en scène est on ne
peut plus visible ; le rire explose jusqu'au délire, sans que
la critique sociale apparaisse un seul instant ; quant à la
sincérité des comédiens, elle ne consiste pas à se glisser
dans la peau des personnages mais à faire sentir, presque
à chaque instant, qu'ils ne sont que des comédiens.

Sivadier vise, dit-il au «divertissement pur», chimique-
ment pur : exempt de tout mélange (de toute adultération)
avec le réalisme tant psychologique[1] que social, avec les
vraisemblances et même avec l'érotisme, ingrédient majeur
et traditionnel de tout comique de transgression : pas de
reconstitution d'un décor bourgeois ou aristocratique mais
des panneaux, des trappes et des voiles que l'on manœuvre
à vue ; pas de références à une époque précise (les personnages, par leurs silhouettes, leur âge et leurs costumes sont
d'aujourd'hui, même les Tourangelles, malgré leurs accou-
trements extravagants). Pas de mobilier, mais quelques
accessoires, réduits à la plus simple expression, et qui
n'évoquent nullement le «fauteuil extatique» ou les malles
de Mme Petypon ; une gestuelle survoltée, poussée parfois
à la vulgarité, et qui regarde du côté du cirque, du guignol,
du music-hall, voire du cabaret (le Duc est un expert en
claquettes). Pantin désarticulé qui rampe ou s'écroule,
Petypon est affligé d'une sorte de danse de Saint-Guy qui
signe son affolement ; Mme Petypon réalise, elle, à petits
pas et petites mines, une composition étonnante de gamine
attardée, plus niaise que naïve et plus ahurie qu'illuminée.

Le refus total de l'époque Feydeau se manifeste dans le

Petypon), Stephen Butel (Mongicourt), Gilles Privat (le Général). La
scénographie était de Daniel Jeanneteau, la lumière de Philippe Ber-
thomé, les costumes de Virginie Gervaise et les maquillages / perruques
d'Arno Ventura.

1. Encore que la composition de Nadia Vonderheyden en Gabrielle
Petypon soit, par sa finesse et sa variété, très proche d'une étude psychologique fouillée.

traitement de la Môme : elle ne met en œuvre, notamment
à l'acte II, aucune stratégie de séduction propre à faire
tomber sous son charme hommes et femmes et à balayer
toutes les barrières des conventions et de la respectabilité
bourgeoise : elle va droit au but, cuisses au vent, et s'installe tout à trac sur les épaules du Duc. Aucune référence
au cancan : le fameux geste de la jambe lancée par-dessus
une chaise, avec la phrase médaille : « Eh ! allez donc ! c'est
pas mon père ! », est remplacé par une sorte de tressaille-
ment de tout le corps, les mains plaquées sur les seins.
Quant au final du cancan, tous jupons renversés sur la tête
et la croupe exhibée, il est évidemment absent : il n'y a ni
jupons ni fanfreluches (pas plus que de « chemise de jour »
à l'acte I) ! La Môme alors donne à voir une culotte de soie
noire, pudique et si souvent entraperçue depuis le début
de l'acte II qu'elle ne détonne pas plus que les jambes
nues que l'Abbé agite en caracolant, la soutane retroussée
jusqu'au nombril.

Chez Sivadier toujours, la théâtralité est constamment
soulignée, par refus de toute illusion scénique : adresse et
clins d'œil au spectateur, jeu à la face, diction de tête « à
l'ancienne » (chez Mongicourt), éclats de voix brutaux
et intempestifs, diapason suraigu, ruptures de rythme,
silences appuyés, jeux de scène surlignés. Chaque acteur,
seul ou en groupe, vient faire son numéro tandis que les
autres attendent leur tour, à peine dissimulés par la grand-
voile[1] qui barre la scène. Le salon du château n'est rien
d'autre que le plateau du théâtre muni d'une garde-robe
où viennent successivement puiser les comédiennes peu
nombreuses de la troupe pour se multiplier et incarner
l'abondant personnel prévu par Feydeau. On n'assiste pas
à une représentation mais plutôt à une répétition : tout a

---

1. La grand-voile plutôt que le grand voile. En effet, Sivadier se souvient que la machinerie de théâtre vient de celle des navires et il utilise,
à plein et à vue, les cordages et les poulies, signe supplémentaire (indi-
rect) de théâtralité exhibée.

un air, comme le demandait Claudel dans l'avertissement du *Soulier de satin*, «provisoire, en marche, bâclé, incohérent, improvisé dans l'enthousiasme!». «Avec des réussites, si possible», ajoute-t-il. Chez Sivadier aussi, les réussites sont là. Son désir de modernisation va de pair avec son aptitude à inventer un nouveau comique très gestuel, moins caricatural que bouffon, voire branquignol. S'agit-il d'absurde à la Ionesco, comme on l'a trop dit de Feydeau? Nullement, mais absurde au sens ordinaire du terme : totalement déraisonnable. Feu d'artifice de gags et de jeux scéniques imprévus qui mène le spectateur aux frontières de la folie, mais d'une folie gaie qui ne se prend pas une minute au sérieux.

C'est précisément la folie joyeuse de la mise en scène qui a suscité l'unanimité des éloges critiques. Folie qui est celle des acteurs (tout particulièrement de Bouchaud / Petypon) mais tout autant des costumes et du rythme soutenu tout au long des trois actes : «L'action s'emballe, et peu à peu, on perd la raison, emporté par ce vertige que donne Feydeau dès l'instant où l'hystérie est là, sur la scène, impeccable dans sa marche en avant. Sur cet immense espace de l'Odéon, Sivadier a conduit une chorégraphie éblouissante, d'une énergie folle. Le texte est comme une boule de feu que les acteurs se lanceraient de main en main. On ne l'a jamais si bien entendu exploser.» Quant à Nicolas Bouchaud : «Il fait de Petypon une sorte de pantin électrique, décervelé, anéanti, poursuivant en somnambule un destin qui lui a définitivement échappé[1].» Même si la scénographie avec ses cordages et ses trappes paraît gratuite à l'auteur de cet article, comme à Jean-Pierre Han, ce dernier n'en est pas moins sensible à ce qui révèle, selon le titre de sa chronique, «la folie Feydeau[2]». Nora Krief étonne et séduit par sa façon de prendre le rôle

---

1. Philippe Tesson, *Le Figaro magazine*, 29 mai 2009.
2. Dans *L'Humanité*, 9 mai 2009.

de la Môme : « Elle la joue comme un poulbot, un piaf de Paris qui connaît la chanson et ne perd pas une occasion de gruger son monde en s'amusant. Elle a une façon de dire : "Eh allez donc, c'est pas mon père", en se pinçant les seins qui la rend "crevante", pour parler comme autrefois. On dirait une enfant jetée trop vite sur les trottoirs de la vie[1]... » ; René Solis parle de sa « dimension lunaire troublante[2] ». Pour sa part l'« inénarrable » Nadia Vonderheyden donne au rôle de Mme Petypon « une couleur et des accents savoureux[3] ».

En un mot comme en cent, Jean-François Sivadier « empoigne les situations jusqu'à leur faire cracher toute leur folie[4] ».

---

1. Brigitte Salino, *Le Monde*, 3 et 4 mai 2009.
2. *Libération*, 28 avril 2009.
3. Le premier mot est de Jacques Nerson, *Le Nouvel Observateur*, 4-10 juin 2009, et la phrase, de Philippe Tesson, déjà cité.
4. Emmanuelle Bouchez, *Télérama*, 3 juin 2009.

BIBLIOGRAPHIE

Œuvres de Georges Feydeau

Théâtre complet en neuf volumes, préface de Marcel Achard, éditions du Bélier, 1948-1956.

Théâtre complet en quatre volumes, introduction et notes d'Henry Gidel, Classiques Garnier, 1988-1989 (le premier volume contient une riche bibliographie. *La Dame de chez Maxim* figure dans le deuxième volume, 1988).

Ouvrages généraux sur le comique

BERGSON, Henri, *Le Rire*, F. Alcan, 1900.

VOLTZ, Pierre, *La Comédie*, Armand Colin, coll. U, 1964.

GIDEL, Henry, *Le Vaudeville*, Presses universitaires de France, coll. « Que sais-je ? », 1986.

« Le vaudeville », dossier in *Europe* n° 786, octobre 1994.

Sur Feydeau et son époque

SARCEY, Francisque, *Quarante ans de théâtre*, Bibl. des Annales, huit volumes, 1900-1901.

BRISSON, Adolphe, *Portraits intimes*, t. V, Armand Colin, 1901.

CROISSET, Francis de, *La Vie parisienne au théâtre*, Grasset, 1929.

VERNEUIL, Louis, *Rideau à neuf heures*, t. I *(1911-1920)*, éd. des Deux-Rives, 1945.

GUILLEMINAULT, Gilbert, *La Belle Époque*, Denoël, 1957.

« La Question Feydeau », in *Cahiers Renaud-Barrault*, n° 32, décembre 1960.

CASSOU, Jean, « Le Génie systématique de Feydeau », in *Parti pris*, Albin Michel, 1964.

LORCEY, Jacques, *Georges Feydeau*, La Table Ronde, 1972.

Cahiers du théâtre, n° 8/273, numéro spécial rédigé par Jacques Lorcey, 1973.

SHENKAN, Arlette, *Georges Feydeau*, Seghers, coll. « Théâtre de tous les temps », 1972.

GIDEL, Henry, *Le Théâtre de Georges Feydeau*, Klincksieck, 1979.

—, *Georges Feydeau*, Flammarion, 1991.

Sur La Dame de chez Maxim

L'Avant-scène théâtre, n° 951-952, 1994.

STEINMETZ, Yves, coordinateur d'un dossier réalisé pour l'Éducation nationale, s. d, s. l.

NOTES

Page 37.

1. Le nom des personnages est généralement chargé par Feydeau de connotations plaisantes ou satiriques. « Petypon » évoque « petit patapon » et lui enlève tout sérieux ; le « général du Grêlé » est, par son nom, marqué de la vérole ; « Gabrielle » a un nom prédestiné pour une Annonciation burlesque ; « Valmonté » peut évoquer les intentions d'entreprise sexuelle du Duc ; quant à la « Môme Crevette », son nom correspond tout à fait aux sobriquets que portaient les danseuses du Moulin-Rouge : « la Môme Fromage » ou « la Sauterelle ». Crevette évoque la légèreté, la souplesse et la gaieté : les contemporains n'ont pas manqué de trouver « crevante » l'interprète du rôle.

Page 43.

1. Les numérotations 1, 2, 3, constantes dans le texte, indiquent les positions des acteurs voulues par Feydeau sur le plateau, de l'avant-scène (1) au lointain (3), le (2) étant la situation médiane.

Page 44.

1. La « mise-bas » désigne le rebut de ses biens que le propriétaire laisse à son personnel domestique. On com-

prend ici qu'Émile ne veut pas qu'on casse des meubles qui lui reviendront un jour.

Page 45.

1. L'air de *Faust* (« *Paresseuse fille* ») se trouve dans l'opéra de Charles Gounod (1859), acte I, scène 1.

Page 52.

1. *Chez Maxim's* est le nom que porta la pièce jusque dans les années 1920 en référence à l'établissement fondé en 1883 par un garçon de café nommé Maxime Gaillard, qui avait eu l'idée d'ajouter ce 's, possessif à l'anglaise, au nom de son restaurant qui était et est toujours un restaurant situé 3, rue Royale, dans le VIIIe arrondissement de Paris. Il était le rendez-vous d'une société assez mêlée, faite de nouveaux riches, de fêtards et de jolies femmes cherchant fortune. Feydeau y avait sa table réservée. Le lieu servira de décor pour le second acte de *La Duchesse des Folies-Bergère* (1902), suite peu heureuse de *La Dame de chez Maxim.*

Page 61.

1. La « chemise de jour » est un sous-vêtement que les femmes de l'époque portent sous leur corset. Si la Môme est en chemise de jour, cela veut dire qu'elle ne s'est pas déshabillée ; l'honneur est donc sauf. Ses cheveux sont « coupés court », coiffure tout à fait insolite en 1900, ce qui la classe parmi les marginales.

Page 62.

1. Le fait qu'elle soit danseuse au « Moulin-Rouge », situé comme aujourd'hui place Blanche, signifie que la Môme est une spécialiste du cancan, ou « quadrille naturaliste », grande attraction du lieu. Après le spectacle, Petypon et elle se sont « pochardés » — ont trop bu.

Page 63.

1. Le « pantalon » en 1900, et jusqu'à la guerre de 1914,

est une culotte en lingerie et à jambes que les femmes portaient comme sous-vêtement : il n'est pas question en effet que le moindre bout de chair soit visible, fût-ce par transparence. Ce qui n'empêche pas, bien au contraire, les allusions grivoises : exhiber son pantalon, comme le fera la Môme à la fin de l'acte II, est déjà très prometteur.

Page 64.

1. « Les tapisseries » : l'alcôve est fermée par deux tentures en tapisserie qui, formant rideau, transforment le lieu en petit théâtre intérieur à l'appartement-cabinet du docteur.

Page 67.

1. Une « lettre à cheval » est une lettre écrite sur un ton cavalier.

Page 71.

1. Mongicourt : « Oh ! moi, tu sais !… je suis bronzé » : le mot « bronzé » a ici son sens vieilli d'« endurci ».

2. Si « quarante francs » représentent à peine le dixième du prix de la robe (« vingt-cinq louis », soit « cinq cents francs-or », voir plus loin) de la Môme, c'est cependant les deux tiers de ce que gagnait par mois une bonne, en 1900. Les honoraires d'un médecin étaient très élevés pour tout le monde et inaccessibles aux petites gens (même si Petypon dit un peu plus loin qu'il ne prend lui-même que « quarante francs » par visite).

Page 72.

1. « Chiner » c'est critiquer.

2. Les trois premiers vers sont inspirés de *L'Art poétique* de Boileau :

> *C'est en vain qu'au Parnasse un téméraire auteur*
> *Pense de l'art des vers atteindre la hauteur :*
> *S'il ne sent point du ciel l'influence secrète,*
> *Si son astre en naissant ne l'a formé poète…*

3. Quant au dernier vers cité ici (*Mon histoire, messieurs les juges, sera brève*), il est le premier de *La Grève des forgerons* (1869), poème de François Coppée. Cette information, ainsi que plusieurs autres, est due à Henry Gidel, auteur de l'excellente édition du *Théâtre complet* de Feydeau (Classiques Garnier, t. II, 1988).

4. « Il m'avait promis le collage » : concubinage en langage populaire.

Page 75.

1. Mongicourt fait le savant mais l'emploi du mot « liquette » n'est pas un « euphémisme », tout juste un mot familier (l'équivalent argotique est limace) pour désigner une « chemise ».

Page 81.

1. « Sainte Catherine est apparue dernièrement, à Houilles, à une famille de charbonniers » : bien que Feydeau ait souvent affirmé que « les mots » devaient être en situation, celui-ci est bien pour le plaisir, même si ces gens de Houilles manifestent la foi du charbonnier.

2. Un « séraphin » est un ange de la première hiérarchie qui n'intervient pas à la légère.

Page 82.

1. Il est curieux d'entendre la Môme risquer de se faire surprendre par une phrase destinée à elle-même : elle n'est pas encore entrée dans le jeu : est-ce elle ou Feydeau qui joue avec le feu ?

Page 90.

1. La parodie de l'Annonciation est ici précise et lourde. Elle n'a pourtant scandalisé personne à la création, du fait sans doute de son « hénaurmité » (allusion à la déformation du mot usuelle chez Flaubert). En revanche, Feydeau dut corriger un passage de l'acte II où c'était l'Abbé qui

accompagnait au piano la Môme dans sa chanson gaillarde.

Page 91.

1. « J'entends ! je vois ! je crois ! je suis désabusé » : citation approximative d'un vers de Pierre Corneille dans *Polyeucte* (acte V, scène 5), prononcé par Pauline :

Je vois, je sais, je crois, je suis désabusée.

Page 98.

1. « *Un mouvement de tête qui rappelle celui du chien qui écoute le gramophone* » : c'est en 1899 précisément que le peintre Francis Barraud peignit la scène du chien devant un gramophone et qu'il appela son tableau *His Master's Voice*. Il le montra à William Barry Owen, patron de la Gramophon Company, qui le lui acheta immédiatement et en fit la marque de fabrique de ses appareils. Ce détail, parmi d'autres, montre à quel point Feydeau colle à l'actualité, ce qui ne fut pas la moindre raison de son succès.

Page 101.

1. Le sens sexuel de « marcher » n'échappait à aucun spectateur lors de la création. Il était d'ailleurs illustré par toute la mimique de la Môme, on ne peut plus explicite.

Page 113.

1. L'interminable « récit de Théramène », à la fin de *Phèdre*, a été tenu par des générations d'élèves pour ce qu'il y a de plus « rasoir » dans toute la tragédie classique.

Page 114.

1. La « victoria » est une voiture hippomobile, apparue vers 1840 en Angleterre, et désignée du nom de la reine Victoria.

2. Le Général établit, par son clin d'œil, une complicité avec le public. Le même jeu de scène aura lieu quatre fois

au cours de la pièce. Plus loin, il lance un « Qué drôle de maison ! », tout à fait bizarre : « qué » appartient à un niveau de langue tout à fait populaire, alors que le Général, en bon militaire qu'il est, recourt plutôt à un langage très familier, à la limite de l'argot des casernes, tout en ne répugnant pas, à l'occasion, à un langage fleuri, par exemple à la fin de la scène 1 de l'acte II (vocabulaire, structure et rythme de la phrase).

Page 124.

1. La scène 18 est riche d'allusions à l'actualité : les aéroplanes viennent de faire leurs premiers sauts de puce (Clément Ader en 1890) ; l'invention de l'électricité médicale était mise au compte par Feydeau d'un certain docteur Moutier... qui, précisément, était l'un de ses adeptes. D'où le procès que perdit Feydeau : il se vengea en donnant à son inventeur le nom de Tunékunc ; les rayons X, quant à eux, furent découverts par l'Allemand Roentgen, en 1895.

Page 141.

1. Dans les années 1900, Loïe Fuller (1862-1928) fascinait les foules par sa danse faite d'amples mouvements de voiles éclairés de couleurs changeantes par des projecteurs.
2. *Loin du bal* est un boléro pour piano de Ponce de Léon.

Page 152.

1. Feydeau décrit minutieusement un décor fixe, valable pour tout l'acte II. Mais, comme les mouvements complexes et plus ou moins chorégraphiés des figurants vont être très nombreux, il prévoit des « chaises volantes » (qu'il distingue des « chaises ») que l'on peut déplacer selon les besoins. C'est dire l'acuité du regard du metteur en scène.

Page 154.

1. La chanson de la « Marmite à Saint-Lazare » : voir *infra*, n. 1, p. 239.

Page 161.

1. La cloche est un peu « culottée », noircie par le temps. Elle a en effet été volée par les soldats de Bonaparte lors de sa campagne d'Italie en 1796.

Page 165.

1. Le Général parle bref, avec apocopes et aphérèses ; ce qui ne l'empêche pas, à la réplique suivante, d'user d'un langage soutenu avec inversion élégante du sujet dans une phrase commençant par l'adverbe « aussi ».

Page 168.

1. La note de Feydeau est tout à fait significative de son désir de maintenir la conduite de la Môme à un haut degré d'invraisemblance et de fantaisie, et de rendre contagieux ses attitudes et son langage. Les minauderies de la Môme et de Mme Vidauban à la scène suivante sont un bon exemple de pur burlesque.

Page 173.

1. Les « Acacias » relèvent de l'argot parisien : « faire ses Acacias », c'est se promener dans le plus brillant équipage le long de l'allée dite des Acacias qui va de la Porte Maillot à la Concorde. De l'idée de « promenade mondaine » Feydeau passe à celle de « divertissement mondain ».

Page 175.

1. En bon metteur en scène, Feydeau se soucie d'indiquer non seulement les postures et les mouvements de ses personnages, mais les occupations des uns et des autres, même de ceux qui n'ont pas de texte à dire. Il fait sortir les uns, revenir les autres, pour que se dégage d'un acte assez statique une impression de renouvellement.

Page 179.

1. La « serinette » n'est pas la femelle du serin mais une

personne qui répète toujours la même chose comme une mécanique.

Page 188.

1. Petypon, jusqu'alors infantilisé à la limite du ridicule, essaie de reprendre le dessus et se moque du Général qui n'est peut-être pas aussi stupide qu'on le croirait : dans l'échange avec le sous-préfet c'est bien ce dernier qui faisait preuve d'ignorance et si le Général associe Bartholo à Desdémone c'est que le nom de Bartholo, en tant que barbon jaloux et ridicule, convient mieux à Petypon qu'Othello. En croyant au manque de culture de son oncle, Petypon ne se rend pas compte que c'est lui qui est moqué.

Page 190.

1. « Qu'est-ce qui vous fait rire ? » : la question de la Môme fait problème. N'a-t-elle pas conscience de détonner par son langage et par ses gestes (ce qui surviendra plus tard : « ... *ayant subitement conscience de son étourderie et toute confuse*», p. 198) ? Ou se moque-t-elle alors simplement de l'ignorance de la Duchesse, ignorante elle-même des usages linguistiques des aristocrates ? Feydeau veut-elle qu'elle soit prioritairement «nature » (*en délire... et en gambadant comme une gosse*, p. 200) ? Il semble — si l'on cherche à toute force à donner une cohérence au personnage — que le contrôle qu'elle exerce sur sa manière d'être naturelle se relâche progressivement jusqu'au «meeerde» de la p. 244. À moins que tout cela ne soit que de la pure provocation : «J'y ai parlé de ce qui m'a plu ! Et puis, si tu n'es pas content, zut ! » (p. 198), réplique-t-elle avec brutalité à son faux mari.

Page 209.

1. «Les autres invités *ad libitum*» : c'est la première fois de toute la pièce que Feydeau laisse à son personnel dramatique la liberté de se placer comme il l'entend, sur les «chaises volantes»!

Page 235.

1. Provocation de la part de la Môme ? Ignorance ? Naïveté poussée jusqu'à l'inconscience ?

Page 239.

1. « La Marmite à Saint-Lazare » : Saint-Lazare, prison-hôpital pour prostituées atteintes de maladies vénériennes, a inspiré maintes chansons, d'Aristide Bruant (1851-1925) notamment. La « marmite » est aussi la « peau » (c'est-à-dire la prostituée, voir plus bas) qui entretient son « protecteur ». Feydeau se livre ici à un pastiche adroit, avec toutes les ambiguïtés désirables.

Page 254.

1. La « belière » est un bracelet de cuir ou de métal servant à suspendre au ceinturon le fourreau d'une arme.

Page 266.

1. L'air « des côtelettes » est un extrait de *Pomme d'Api* (1873), opérette d'Offenbach sur des paroles de Halévy et Busnach.

Page 270.

1. « Les premiers seront les derniers » : voir Matthieu (XX, 16).

Page 273.

1. Petypon se donne le loisir de composer un alexandrin (« Qu'entre vos mains... »), signe qu'il n'est pas si affolé qu'il le dit.

Page 319.

1. Le « musée Grévin » a été créé à Paris, en 1882.

Page 320.

1. La « Monaco » est une danse populaire en forme de ronde, datant de la Révolution. Le boléro de *La Cruche*

cassée (1870) vient d'un opéra-comique de Pessard, Lucas et Abraham, tandis que le refrain suivant («Vous êtes si jolie, etc.») est tiré d'une chanson sentimentale de Paul Delmet; celui de «As-tu vu la casquette, la casquette, etc.» est un chant militaire de l'armée d'Afrique.

2. «Oh parle encore…» : nouvelle allusion au *Faust* de Gounod, cette fois à l'acte I, scène 11 :

MARGUERITE

Je veux t'aimer et te chérir !
Parle encore ! Je t'appartiens !
Je t'adore ! Pour toi je veux mourir !
Parle… parle encore ! Ah ! je t'adore, etc.

Page 326.

1. Révérence parler, si le Général, sous les assauts amoureux de la Môme, ramène «nerveusement un côté de sa redingote sur l'autre», c'est qu'il a quelque chose à cacher.

Page 329.

1. Le Général est tellement aveuglé par son penchant pour la Môme qu'il ne trouve rien de bizarre à ce qu'elle embrasse goulûment le Duc. À moins qu'à cet instant Feydeau se moque totalement des vraisemblances.

Page 341.

1. Encore un jeu de mots qui appartient en propre à l'auteur : Potin est aussi le nom de famille d'un épicier en gros (Félix Potin) ; son affaire, lancée en 1844, prit une extension considérable entre les deux guerres mais elle n'est plus représentée aujourd'hui que par quelques boutiques de luxe.

Page 358.

1. «Pigé» : au sens d'attrapé («j'ai pigé un rhume», disait-on à l'époque).

2. Loïe Fuller : voir supra, n. 1, p. 141.

RÉSUMÉ

ACTE I

Le cabinet-appartement du docteur Petypon

Petypon, chirurgien respectable habitant un quartier bourgeois de Paris, se réveille sous un canapé, avec la gueule de bois mais sans aucun souvenir de ce qui l'a causée. Son ami Mongicourt, qui le réveille, lui (et nous) apprend qu'ils ont été boire un verre chez Maxim, restaurant à la mode mais que, après le départ de Mongicourt, Petypon a dû se laisser entraîner à quelque excès de boisson. Bientôt l'on découvre — c'est le premier coup de théâtre de la pièce — que la môme Crevette, danseuse du Moulin-Rouge, a fini la nuit dans son lit. Horreur ! Petypon est marié et doit absolument empêcher sa femme Gabrielle de découvrir cette entorse à la fidélité conjugale. Heureusement, celle-ci est toquée de religion et s'attend à une révélation d'en haut. La Môme, qui a tout entendu, cachée sous les couvertures, provoque un second coup de théâtre en apparaissant en séraphin dans l'alcôve, enveloppée d'un drap et surmontée d'une auréole, aux yeux crédules de Gabrielle ; elle l'expédie à l'autre bout de Paris où l'attend cette révélation espérée. Petypon et Mongicourt entrent dans le jeu et invitent Gabrielle, avec la plus grande conviction, à obéir à son destin : elle sort. Petypon respire, mais pas pour longtemps : tandis qu'il est passé dans une autre pièce chercher un vêtement décent pour couvrir la Môme, arrive le général Petypon du Grêlé, oncle du docteur ; rentrant d'Afrique, il ne connaît pas l'épouse de Petypon, et trouvant une femme dans son lit, il ne peut la prendre que pour sa légitime, tout en la trouvant bien affriolante pour tenir ce rôle (scènes 1 à 10).

Petypon revient dans son cabinet et, après un moment de panique et de dénégation, admet que cette dame, dans son lit, est sa femme. La Môme s'amuse et joue le jeu : elle appelle le Général « m' n' onc' », gros comme le bras. Mongicourt, qui s'était aussi absenté, revient, ainsi que la vraie Gabrielle Petypon qui découvre le Général et lui saute au cou, à sa grande surprise. Cette surprise se mue en inquiétude : cette dame ne serait-elle pas une folle, étant donné l'histoire abracadabrante qu'elle raconte : elle a pris un simple gardien de la paix, sur les Champs-Élysées, pour « l'élu d'en Haut » lui annonçant (sans le dire) qu'elle enfantera « l'enfant qui sauvera la France ». Brisée par tant d'émotion, elle sort, en lançant un « Je vous laisse avec mon mari ! » qui laisse le Général perplexe. Il réfléchit un moment et comprend : cette toquée est la femme de Mongicourt qui ne l'entend pas de cette oreille et est tout près de gaffer. La Môme, dissimulée dans l'alcôve pendant tout ce temps, réapparaît, habillée, et le Général l'invite, en tant que Mme Petypon, à venir faire la maîtresse de maison dans son château de Touraine, lors des fiançailles de sa nièce Clémentine avec le lieutenant Corignon, dont on a appris incidemment qu'il a été l'amant de la Môme. Celle-ci accepte en inaugurant son fameux geste : lancer de jambe par-dessus une chaise, avec un clai-ronnant : « Eh ! allez donc ! c'est pas mon père ! » Le Général sort, lui donnant rendez-vous pour l'emmener à la gare ; la Môme sort également peu après, non sans avoir promis à Petypon, qui l'accompagne en Touraine, de bien se tenir (scènes 11 à 18).

La fin de l'acte est composée de deux hors-d'œuvre : l'arrivée du «fauteuil extatique», instrument de haute technologie, destiné, professionnellement, à endormir les patients mais, théâtralement, à les immobiliser dans des attitudes burlesques et à neutraliser les gêneurs ou les bavards : Petypon en fait la démonstration aux dépens de Mongicourt. Surviennent ensuite deux comparses, témoins d'un certain lieutenant qui, la nuit précédente, a eu des mots avec Petypon : un duel s'impose. Lequel ne se souvient évidemment de rien. Le lieutenant en question arrive, c'est Corignon, le futur cousin de Petypon par Clémentine interposée. Tout s'arrange ? Non, car Gabrielle lit la lettre où le Général l'invite à venir faire les honneurs lors des fiançailles de sa nièce. Elle décide d'y aller pour remplacer Petypon qui doit, a-t-il dit, partir pour une opération très urgente. Elle tente bien de l'informer mais il l'envoie promener, pressé qu'il est, lui aussi, de partir et harcelé par le Général qui survient : Petypon n'a que le temps d'immobiliser Gabrielle sur le «fauteuil extatique» et de la recouvrir d'un drap. Ils sortent tous deux, laissant Gabrielle entre les mains d'un balayeur, providentiellement survenu, à qui Petypon a demandé de réveiller sa femme en appuyant sur le bouton idoine. Ce qui est fait : terreur et glapissements de Gabrielle à son réveil. Le rideau tombe (scènes 19 à 24).

ACTE II

Le grand salon du château du Grêlé, en Touraine

Les premières scènes, avant l'arrivée de Gabrielle, sont consacrées à créer une atmosphère de fête provinciale, voire folklorique, avec cantate chantée sous la direction de l'abbé par les enfants en l'honneur du Général, don par celui-ci d'une cloche à l'église du village, réception des pompiers du lieu et de leur fanfare municipale, tandis que la Môme se multiplie, alternant politesse compassée, gestes vulgaires et mots d'argot, pour faire les honneurs du lieu, sous l'œil attendri (et quelque peu égrillard) du Général. Sa nièce Clémentine est une godiche que la Môme, à la demande du Général, a pour mission de dégourdir, ce qui n'empêche pas la fausse Mme Petypon de jeter très rapidement son dévolu sur un invité, stupide mais riche, le jeune duc de Valmonté, à qui elle fait des avances directes reçues avec délectation. Petypon se multiplie aussi pour parer au grain et éviter le scandale public. Ce qui est plusieurs fois sur le point de se produire, bien que le charme de la Môme, son entrain et son parler faubourien (pris pour le dernier chic parisien) séduisent hommes et femmes : elle est la reine de la soirée (scènes 1 à 5).

L'arrivée de Gabrielle, à la scène suivante, risque de flanquer par terre un équilibre déjà fragilisé : comment les deux femmes de Petypon, la vraie et la fausse, vont-elles cohabiter ? La tactique de la Môme relève du génie : pas le moins du monde étonnée et embarrassée, quand survient Gabrielle, elle se précipite sur elle, fait comme si elle la connaissait de longue date et lui donne des nouvelles, inventées de toutes pièces, des uns et des autres. Mme Petypon, anesthésiée par une telle faconde, acquiesce et reste muette. Elle voudrait bien savoir néanmoins qui est cette dame et elle interroge à la ronde. Personne ne veut lui répondre et elle trouve toute seule la solution : cette dame doit être l'épouse du Général qui s'est remarié. C'est la deuxième fausse identité attribuée à la Môme ! (scènes 6 et 7).

La fête continue donc comme devant, Gabrielle prenant en main le rôle de maîtresse de maison tandis que la Môme éblouit tout son monde en chantant une chanson de corps de garde ! Clémentine fait à son fiancé Corignon, enfin arrivé, une démonstration de sa nouvelle éducation en le faisant asseoir sur ses genoux et en lui parlant en style « Môme ». Laquelle ne peut que survenir : les anciens amants tombent dans les bras l'un de l'autre, décident de tout plaquer et de filer à l'anglaise. Préalablement Petypon avait réussi à enfermer sa femme dans une chambre, mais elle finit par en sortir ; le docteur prend alors à son compte le rôle du séraphin et il lui enjoint de rentrer à Paris. Le subterfuge est sur le point de réussir, sinon que Corignon annonce qu'il s'en va précipitamment et le fait dire par lettre au Général qui apprend qu'il ne s'est pas enfui seul mais avec la fausse Mme Petypon. On décide de partir à la poursuite des coupables et, outré, le Général lance à son neveu : « Lucien, madame Petypon est une drôlesse », mot qui provoque une réaction en chaîne : Gabrielle envoie un soufflet retentissant au Général qui n'a d'autre moyen de rétorsion que d'appliquer à son tour un soufflet retentissant sur la joue du supposé mari de Gabrielle : Mongicourt (scènes 8 à 14).

ACTE III

Retour au cabinet-appartement du docteur Petypon

Le Duc qui s'est toqué de la Môme (alias Mme Petypon) va occuper une bonne part de l'acte III. Comme le docteur lui a donné son adresse, il vient rendre visite et il est reçu par Gabrielle : scène désopilante où chacun attend que l'autre parle, le Duc ignorant évidemment à qui il a affaire. Désappointé de ne pas voir la « vraie » Mme Petypon, il s'en va mais promet de revenir. Feydeau greffe sur ce quiproquo une fausse scène de jalousie où Petypon fait semblant de prendre le Duc pour un rival, anticipation de la scène de ménage qui ne manquerait pas de se produire si Gabrielle savait la vérité. Pour l'instant (à la scène 5), il n'en est pas question et seule reste non réglée l'avanie faite à Mongicourt, récepteur d'une gifle qui n'était pas pour lui (scènes 1 à 6).

Malheureusement, le Général revient, avec la Môme : une explication a eu lieu ; elle n'est pas coupable et il entend réconcilier les époux ! L'épisode de la gifle donnée à Mongicourt pris pour le mari de Gabrielle entretient une confusion dont on ne sort que pour voir la Môme quitter le petit salon et venir recevoir son pardon de son faux mari. Petypon s'y refuse un court moment avant de céder pour éviter la révélation de la vérité. Pour entretenir la pression — ingrédient indispensable de tout bon vaude-ville — les scènes 10 et 11 sont consacrées tant au duel que Petypon doit avoir avec son supposé rival Corignon qu'à Mongicourt toujours désireux de sortir du quiproquo et d'effacer sa gifle. La tension est à son comble et Petypon n'a d'autre solution que d'immobiliser tout le monde avec le « fauteuil extatique ». Mais il tombe dans son propre piège en voulant éviter que Gabrielle ne touche le Général déjà « anesthésié ». Ce n'est pas tout : Étienne, le valet, puis les deux témoins de Corignon sont à leur tour statufiés dans des attitudes burlesques. C'est Mongicourt qui « res-suscite » tout le monde. Malgré cet intermède qui intro-duit une rupture dans le rythme de l'acte, il s'en faut que le danger soit écarté : Un « je vais chercher ta femme » adressé par le Général à Petypon provoque chez Gabrielle une suspicion écartée par un à-peu-près des plus risqués (scènes 7 à 12).

La scène 13 est un quasi-duo d'amour entre le Général et la Môme, tous les autres ayant été repoussés en coulisse par Petypon. À nouveau le fauteuil est mis (accidentelle-ment) à contribution et c'est la Môme qui en est la victime avant qu'à son tour le Duc, revenu faire sa cour, ne soit immobilisé, « sa figure dans le cou de la Môme » (scène 14). Une rencontre décisive a lieu à la scène 16 : c'est la pre-mière fois que se retrouvent seuls les membres du quatuor moteur de la pièce : Gabrielle, le Général, Petypon et la Môme. C'est aussi la première fois que Gabrielle revoit la Môme depuis l'acte II. Situation explosive s'il en est. Pour-tant rien ne se passe malgré la mise au point nette (mais vite reniée) de Petypon. Les comparses (les deux témoins et le Duc) retardent encore l'explication décisive qui arrive enfin à la scène 18. Petypon a perdu sur toute la ligne : Gabrielle, que le Général a cru être sa maîtresse, le chasse (scènes 13 à 18).

La pièce n'en finit pas de finir : le Duc revient encore et cette fois Gabrielle, qui n'a pas compris que ce n'était pas à elle qu'il en voulait, s'offre à lui, en vain. Petypon essaie encore de sauver la mise en jouant, maladroitement, à l'ange Gabriel, ce qui ne fait qu'aggraver son cas. Il fuit et Gabrielle le poursuit. Pendant qu'ils s'expliquent dans la coulisse et résolvent en quelques minutes (avec un nouveau mensonge de la part du mari) ce que trois actes n'ont pas réussi à faire, Mongicourt règle son problème de gifle reçue du Général. Quand Petypon revient, réconcilié avec sa bourgeoise, on apprend que la Môme et le Général partent pour l'Afrique bras dessus, bras dessous, en formant le couple insolite, si l'on ose dire, de la culotte de peau et de la « peau[1] » sans culotte ou, pour rester décent, de l'armée et du music-hall, du chiqué et du chic, de la bêtise et de la rouerie (scène 19).

---

1. Pour le sens de ce mot, relire la chanson *La Marmite à Saint-Lazare* (p. 239). Signalons que Sivadier avait remplacé cette chanson par un extrait des *Nuits d'une demoiselle* de Colette Renard, d'une paillardise appuyée.

COLLECTION
FOLIO THÉÂTRE

Préface de Guy Goffette. Édition de Jacqueline Blancart-Cassou.

80. Alain-René LESAGE : *Turcaret*. Édition présentée et établie par Pierre Frantz.

81. William SHAKESPEARE : *Le Songe d'une nuit d'été*. Édition de Gisèle Venet. Traduction de Jean-Michel Déprats. Édition bilingue.

82. Eugène IONESCO : *Tueur sans gages*. Édition présentée et établie par Gilles Ernst.

83. MARIVAUX : *L'Épreuve*. Édition présentée et établie par Henri Coulet.

84. Alfred de MUSSET : *Fantasio*. Édition présentée et établie par Frank Lestringant.

85. Friedrich von SCHILLER : *Don Carlos*. Édition de Jean-Louis Backès. Traduction de Xavier Marmier, revue par Jean-Louis Backès.

86. William SHAKESPEARE : *Hamlet*. Édition de Gisèle Venet. Traduction de Jean-Michel Déprats. Édition bilingue.

87. Roland DUBILLARD : *Naïves hirondelles*. Édition présentée et établie par Michel Corvin.

88. Édouard BOURDET : *Vient de paraître*. Édition présentée et établie par Olivier Barrot et Raymond Chirat.

89. Pierre CORNEILLE : *Rodogune*. Édition présentée et établie par Jean Serroy.

90. MOLIÈRE : *Sganarelle*. Édition présentée et établie par Patrick Dandrey.

91. Michel de GHELDERODE : *Escurial* suivi de *Hop signor !* Édition présentée et établie par Jacqueline Blancart-Cassou.

92. MOLIÈRE : *Les Fâcheux*. Édition présentée et établie par Jean Serroy.

93. Paul CLAUDEL : *Le Livre de Christophe Colomb*. Édition présentée et établie par Michel Lioure.

94. Jean GENET : *Les Nègres*. Édition présentée et établie par Michel Corvin.

95. Nathalie SARRAUTE : *Le Mensonge*. Édition présentée et établie par Arnaud Rykner.

Composition Interligne
Impression Maury-Imprimeur
45330 Malesherbes
le 19 novembre 2017.
Dépôt légal : novembre 2017.
1ᵉʳ dépôt légal dans la collection : octobre 2011.
Numéro d'imprimeur : 223170.

ISBN 978-2-07-044208-9. / Imprimé en France.

331382